beck ^lsche
reihe

W0076265

b ^{sr}

Dieses Nachschlagewerk enthält in chronologischer Reihenfolge alle wichtigen Daten und Ereignisse des «Dritten Reiches». Dabei stehen die politischen und militärischen Ereignisse im Vordergrund, aber auch wichtige Vorgänge in Gesellschaft, Kultur und Wirtschaft werden eingehend berücksichtigt. Neben die Wiedergabe der Fakten treten in vielen Fällen zeitgenössische Zitate, mit deren Hilfe die Geschehnisse illustriert werden. Mit diesem Band liegt ein zuverlässiges Handbuch für jeden vor, der sich rasch und präzise über die Daten des «Dritten Reiches» informieren möchte.

Christoph Studt, Dr. phil., ist wissenschaftlicher Assistent am Historischen Seminar der Universität Bonn. Er hat bei C. H. Beck die sehr erfolgreichen Bände *Das Dritte Reich. Ein Lesebuch zur deutschen Geschichte 1933 – 1945* (bsr 1257) und *Die Deutschen im 20. Jahrhundert. Ein historisches Lesebuch* (bsr 1292) herausgegeben.

Christoph Studt

Das Dritte Reich in Daten

unter Mitarbeit von
Daniela von Itzenplitz
und Henriette Schuppener

Verlag C. H. Beck

Die Deutsche Bibliothek – CIP-Einheitsaufnahme

Ein Titeldatensatz für diese Publikation ist bei
Der Deutschen Bibliothek erhältlich

Originalausgabe

© Verlag C.H.Beck oHG, München 2002
Satz: Fotosatz Reinhard Amann, Aichstetten
Druck und Bindung: Druckerei C.H.Beck, Nördlingen
Umschlagabbildung. Bücherverbrennung auf dem Opernplatz
in Berlin am 10. Mai 1933 (Photo: AKG Berlin)
Umschlagentwurf: +malsy, Bremen
Printed in Germany
ISBN 3 406 47635 X

www.beck.de

Inhalt

Für Johanna, Christian,
Jakob und Tobias

Vorwort

Mit diesem Buch wird ein ebenso handliches wie handhabbares Nachschlagewerk zur Geschichte des «Dritten Reiches» vorgelegt. Es folgt einem streng chronologischen Prinzip, wobei die einzelnen Tagesinformationen durch interne Querverweise vernetzt sind und zusätzlich über ein ausführliches Register erschlossen werden können.

Ganz unterschiedliche Erwartungen und Bedürfnisse der Benutzer werden zwangsläufig dazu führen, daß die eine Information vermißt, die andere für überflüssig gehalten wird. Die Auswahl der Daten aus einer gewaltigen Masse an Informationen ist allerdings nicht nach dem Zufallsprinzip erfolgt, sondern soll dem Leser das «Dritte Reich» in all seinen Facetten beispielhaft vor Augen führen: das Normale ebenso wie das Pervertierte, den Alltag wie die Ausnahmesituation, den «Fortschritt» für die einen wie die Entrechtung der anderen.

Über den verbrecherischen Charakter des «Dritten Reiches» gibt es keinen Zweifel. Insofern bedarf es auch nicht des belehrend erhobenen Zeigefingers, denn die Zeit, die Ereignisse sprechen für sich. Darum verzichtet dieses Buch auch lieber auf «noch ein» Datum, um stattdessen durch einschlägige zeitgenössische Zitate zum einen die Geschehnisse zu illustrieren, zum andern aber – und vor allem – den Zynismus, die unmenschliche Brutalität und grausame Mitleidlosigkeit der kleinen und großen Machthaber hervortreten zu lassen.

Wenn der Schwerpunkt der angeführten Daten auf dem staatlichen Handeln liegt, so ist dies nicht nur auf die Überzeugung des Verfassers zurückzuführen, daß der Staat gewissermaßen das Gehäuse bildet, in dem sich alles andere Dasein erst entwickeln kann (oder auch nicht). Auch wird der totalitäre Charakter des NS-Regimes auf diese Weise um so besser sichtbar. Ein Zitat von Robert Ley, dem Reichsorganisationsleiter der NSDAP, mag dies verdeutlichen: «Nein, in Deutschland gibt es keine Privatsache mehr! Wenn du schläfst, ist das deine Privatsache, sobald du aber wach bist und mit einem anderen Menschen in Berührung kommst, dann mußt du eingedenk sein, daß du ein Soldat Adolf Hitlers bist und nach einem Reglement zu leben und zu exerzieren hast, ob Unternehmer, ob Arbeiter, ob Bürger, Bauer oder Beamter. Privatleute haben wir nicht mehr. Die Zeit, wo jeder tun und lassen konnte, was er wollte, ist vorbei.» Ob diese Aussage mehr Anspruch als Wirklichkeit markiert, mag offenbleiben. Aber wer die vorliegende Datenauswahl zur Kenntnis nimmt, der kann die vielen kleinen Schritte nachvollziehen, die von der Normalität – für die meisten an einen Rechtsstaat gewöhnten Zeitgenossen lange Zeit unbemerkt – in die «deutsche Katastrophe» führten, in der praktisch jeder, durch Tun oder Unterlassen, durch Begeisterung oder Gleichgültigkeit, durch Fanatismus oder Überlebensangst, ja selbst noch durch das eigene Davonkommen, sich schuldig machte.

Irrtümer sind bei einem solchen Unternehmen fast unvermeidlich, auch wenn ein Höchstmaß an Zuverlässigkeit angestrebt wurde. Der Autor hofft auf verständnisvolle Kritik und ist dankbar für Anregungen, Korrekturen und Ergänzungsvorschläge, die ihn über den Verlag oder direkt (Historisches Seminar, Konviktstr. 11, 53113 Bonn) erreichen.

1933

Reichspräsident Paul von Hindenburg ernennt Adolf Hitler zum 30.1. Reichskanzler. Dieser leistet den Eid auf die Verfassung. Seiner Koalitionsregierung der «nationalen Konzentration» gehören an: Franz von Papen als Vizekanzler und Reichskommissar für Preußen; Konstantin Frhr. von Neurath als Außen-, Wilhelm Frick (NSDAP) als Innenminister; Reichswehr: Generalleutnant Werner von Blomberg; Finanzen: Lutz Graf Schwerin von Krosigk; Post und Verkehr: Paul Frhr. von Eltz-Rübenach; Wirtschaft, Ernährung, Landwirtschaft sowie Reichskommissar für Osthilfe: Alfred Hugenberg (DNVP); Arbeit: Franz Seldte (Stahlhelm); Reichsminister ohne Geschäftsbereich sowie Reichskommissar (ab 5. Mai Reichsminister) für den Luftverkehr und kommissarischer Innenminister in Preußen: Hermann Göring (NSDAP). Das Justizministerium wird zunächst nicht besetzt. Sachkenntnis und Ansehen der parteilosen Fachminister sind Hitler in der ersten Zeit seines Regimes wichtig. Und umgekehrt glauben die konservativen und reaktionären Mitglieder des Kabinetts, Hitler einrahmen und «zähmen», seine Alleinherrschaft verhindern zu können: «Wir haben ihn uns engagiert. In zwei Monaten haben wir Hitler in die Ecke gedrückt, daß er quietscht.» (Franz von Papen) Eine folgenreiche Fehleinschätzung.

Aufruf von SPD-Parteiausschuß, SPD-Reichstagsfraktion und Ei- 31.1. serner Front zur Bekämpfung der neuen Regierung allein auf dem «Boden der Verfassung»; vergeblicher Aufruf der KPD-Führung zur Bildung einer Einheitsfront aller Arbeiterorganisationen und zum Generalstreik. Die von der KPD bislang scharf als «Sozialfaschisten» bekämpften Sozialdemokraten trauen dem angeblichen Gesinnungswandel nicht. Selbst wenn «die kommunistischen Arbeiter mitmachten, so sei in der Bewegung doch immer eine gewisse Spaltung, denn wir kämpften für die Verfassung und die Kommunisten dagegen», argumentieren SPD- und ADGB-Vorstand.

Vervollständigung der Reichsregierung: der bisherige Reichsju- 1.2. stizminister Franz Gürtner (DNVP) wird in seinem Amt bestätigt.
Hitler spricht mit der Verlesung des «Aufrufs der Reichsregierung an das deutsche Volk» erstmals im Rundfunk: «Die Regierung der

nationalen Erhebung will arbeiten, und sie wird arbeiten. Sie hat nicht 14 Jahre lang die deutsche Nation zugrunde gerichtet, sondern sie will sie wieder nach oben führen. Sie ist entschlossen, in vier Jahren die Schuld von 14 Jahren wieder gutzumachen. (...) Nun deutsches Volk, gib uns die Zeit von vier Jahren und dann urteile und richte uns!»

Gegen den Widerstand seiner Koalitionspartner erreicht Hitler, daß Reichspräsident Hindenburg aufgrund Art. 25 der Weimarer Reichsverfassung den Reichstag auflöst, da «sich die Bildung einer arbeitsfähigen Mehrheit als nicht möglich herausgestellt» habe. Neuwahlen werden für den 5. März angesetzt. Hitlers Ziel ist die absolute Mehrheit für die NSDAP mit der Möglichkeit, die Verfassung «legal» abzuschaffen. Die skrupellose Ausnutzung legaler und scheinlegaler Mittel führt zu einem Klima der «gesetzmäßigen Rechtsunsicherheit» (K. Hildebrand) und des offenen Terrors.

2.2. Demonstrationsverbot für Kommunisten in Preußen, Thüringen, Oldenburg, Braunschweig, Mecklenburg und Baden.

Änderungen des Reichstagswahlgesetzes: Verschärfung der Voraussetzungen für Wahlvorschläge, Erleichterung des Wahlrechts für Auslandsdeutsche.

In Genf beginnt die zweite internationale Abrüstungskonferenz. Deutschland fordert «Rüstungsgleichberechtigung» sowie Verstärkung und Modernisierung der Reichswehr. Als das Projekt des britischen Premierministers MacDonald – Einschränkung der Landheerstärken (Deutschland sollen 200 000 Mann zugestanden werden) – scheitert, wird die Konferenz unterbrochen. Sie tritt erst im Oktober wieder zusammen.

3.2. Geheimrede Hitlers vor den Befehlshabern der Reichswehr über die geplante «völlige Umkehrung der gegenwärtigen innenpolitischen Zustände» durch «straffste autoritäre Staatsführung» und «Beseitigung des Krebsschadens der Demokratie.» Daneben gehe es um die «Erkämpfung neuer Export-Möglichkeiten, vielleicht – und wohl besser – Eroberung neuen Lebensraumes im Osten und dessen rücksichtslose Germanisierung.»

Stereotype Äußerung Hitlers in Interviews mit britischen, amerikanischen und italienischen Journalisten: «Niemand wünscht mehr den Frieden als ich.» Daneben fordert er die Gleichberechtigung Deutschlands in Rüstungsfragen und eine Revision des Versailler Vertrages. Den polnischen Korridor brandmarkt er als eine große Ungerechtigkeit.

Die Notverordnung «Zum Schutz des deutschen Volkes» bietet er- 4.2.
weiterte Möglichkeiten zum Eingriff in die Versammlungs- und
Pressefreiheit und sieht u. a. (vorbeugende) «Schutzhaft» bei staatsfeindlicher Tätigkeit vor.
Der Gauleiter von Südhannover-Braunschweig, Bernhard Rust,
übernimmt kommissarisch das preußische Ministerium für Wissenschaft, Kunst und Volksbildung (vgl. 1. Mai 1934).

Der preußische Landtag lehnt einen Antrag auf Selbstauflösung 4.–7.2.
ab; auch Hanns Kerrl kann sich gegen Konrad Adenauer und
Otto Braun im sog. «Dreimännerkollegium» nicht dafür durch-
setzen. Erst als der Reichspräsident durch eine Notverordnung
«zur Herstellung geordneter Regierungsverhältnisse» (6. Februar) die Befugnisse der preußischen Regierung auf den Reichskommissar für Preußen (von Papen) überträgt, wird am 7. Februar das gewünschte Ergebnis erzielt. Neuwahlen sollen hier
ebenfalls am 5. März stattfinden.

Hitler verzichtet auf sein Gehalt als Reichskanzler, «da er sich als 5.2.
Schriftsteller sein Einkommen selbst verdient».

Hitler und von Blomberg setzen im Reichskabinett den Vorrang 8.2.
der Aufrüstung bei allen wirtschaftspolitischen Maßnahmen
durch. Erst danach sei zu prüfen, «wie viele Mittel für zivile Maßnahmen übrig» blieben.

DNVP und Stahlhelm schließen sich für die bevorstehenden 13.2.
Wahlen zu einer «Kampffront Schwarz-Weiß-Rot» zusammen.

Heinrich Mann und Käthe Kollwitz verlassen die Preußische Aka- 15.2.
demie der Künste.

Hitler bittet um Entlassung als Regierungsrat des Landeskultur- 16.2.
und Vermessungsamtes in Braunschweig. Dem Gesuch wird umgehend stattgegeben.

Sog. «Schießerlaß» des preußischen Innenministers Göring: Es 17.2.
wird Straffreiheit für jeden Waffengebrauch gegen «Staatsfeinde»
zugesichert, von «polizeilichen Beschränkungen und Auflagen
darf insoweit nur in dringendsten Fällen Gebrauch gemacht werden. (...) Gegen kommunistische Terrorakte und Überfälle ist mit
aller Strenge vorzugehen und, wenn nötig, rücksichtslos von der
Waffe Gebrauch zu machen.»

1933

20./21.2. Treffen Hitlers und Görings mit führenden Industriellen und Bankiers, denen das Wirtschaftsprogramm der neuen Regierung vorgestellt wird.
Im Anschluß an dieses Treffen wird für die NSDAP und die DNVP ein Fonds von 3 Millionen Reichsmark zur Finanzierung der Reichstagswahlen am 5. März zur Verfügung gestellt.

22.2. Göring ordnet für Preußen die Aufstellung einer etwa 50 000 Mann starken, mit Gummiknüppeln und Pistolen bewaffneten Hilfspolizei vorwiegend aus Angehörigen von SA, SS und Stahlhelm an. Wenig später wird eine entsprechende Hilfspolizei auch in anderen Ländern eingeführt (vgl. 15. Aug.).

24.2. Reichsinnenminister Frick erklärt, daß die Reichsregierung auch «ausharren» werde, falls sie wider Erwarten bei den Wahlen am 5. März keine Mehrheit erzielen sollte. Da ja auch eine andere Mehrheit unmöglich sei, wäre in diesem Fall der Staatsnotstand gegeben. Dementsprechend bringen die Parteiführer der Regierungsparteien in ihren Wahlreden zum Ausdruck, daß sie ihren Regierungsantritt nicht als gewöhnlichen Regierungswechsel, sondern als eine endgültige Wendung der deutschen Politik betrachten.

27.2. Reichstagsbrand, der – unabhängig von der bis heute nicht eindeutig geklärten Täterschaft (M. van der Lubbe oder NS-Täter) – umgehend politisch genutzt wird und die terroristische Ausschaltung aller politischen Gegner der NSDAP einleitet. Beispielsweise werden alle greifbaren kommunistischen Abgeordneten und Funktionäre verhaftet, kommunistische und sozialdemokratische Presseorgane für längere Zeit verboten (vgl. 20. Sept.).

28.2. Notverordnung des Reichspräsidenten «Zum Schutz von Volk und Staat» (sog. «Reichstagsbrandverordnung»): Beschränkung bzw. Aussetzung der Grundrechte, Ermöglichung willkürlicher «Schutzhaft» ohne richterliche Kontrolle, Zugriffsmöglichkeiten der Reichsregierung auf die Länder, insgesamt: Begründung eines dauerhaften Ausnahmezustandes, der reichsweit gilt und bis 1945 das eigentliche Grundgesetz des «Dritten Reiches» repräsentiert, obschon die Weimarer Verfassung während dieser zwölf Jahre formell weiter existiert.
Eine weitere Notverordnung gegen «Verrat am deutschen Volk» und hochverräterische Umtriebe verschärft die Strafen für Landesverrat oder Verrat und Ausspähung militärischer Geheimnisse.

Der KPD-Vorsitzende Ernst Thälmann wird in Berlin verhaftet und bleibt bis zu seiner Ermordung 1944 im KZ.

Der frühere preußische Ministerpräsident Otto Braun (SPD) flieht in die Schweiz.

Reichstagswahl: bei einer Wahlbeteiligung von 89% erlangen: NSDAP: 43,9%; DNVP bzw. Kampffront Schwarz-Weiß-Rot: 8%; Zentrum: 11,2%; SPD: 18,3%; KPD: 12,3%. Trotz nationalsozialistischem Terror und verfassungswidriger Behinderung anderer Parteien in dieser letzten «halbfreien» Wahl wird nur eine knappe absolute Mehrheit für die Regierungskoalition erzielt. Mit diesem Ergebnis hätte sich im Sinne verfassungsmäßiger Zustände regieren lassen, doch Hitler sieht es nur als legalistische Fassade für sein eigentliches Ziel, ebendiese Verfassung abzuschaffen.

Machtübernahme der NSDAP in den Ländern durch die Einsetzung von Reichskommissaren (zunächst für die Polizeibefugnis) auf der Grundlage der «Reichstagsbrandverordnung» und anschließende Regierungsneubildungen.

Der deutsche Rundfunk wird «nur noch melodiöse Jazzmusik, dagegen keine ausschließlich auf Schlaginstrumenten beruhenden negermusikartigen Darbietungen» mehr bringen.

Reichsinnenminister Frick kündigt die Errichtung von Konzentrationslagern an.

Frick erklärt, «daß die Kommunisten bei Reichstagszusammentritt durch dringende und nützlichere Arbeit an der Teilnahme verhindert sein würden.» Man werde ihnen «in Konzentrationslagern Gelegenheit geben, sich an fruchtbringende Arbeit zu gewöhnen». Wenn sie sich zu nützlichen Gliedern der Nation erziehen ließen, werde man sie wieder willkommen heißen, sonst aber «auf Dauer unschädlich zu machen wissen».
Sturz der Regierung Held (BVP) in Bayern. Franz Xaver Ritter von Epp wird als Reichskommissar für Bayern, Heinrich Himmler als kommissarischer Polizeipräsident in München eingesetzt. Reinhard Heydrich übernimmt die Leitung des politischen Referates der Abteilung VI der Münchener Kriminalpolizei. «Jetzt haben wir das ganze Reich in unserer Hand», urteilt Joseph Goebbels: «Wir können also mit dem Neubau beginnen.»

11.3. Besetzung der Zentrale der republikanischen Selbstschutzorganisation «Reichsbanner Schwarz-Rot-Gold» in Magdeburg.

12.3. Bis zu einer endgültigen Regelung der Flaggenfrage bestimmt der Reichspräsident, reichsamtlich die schwarz-weiß-rote Fahne des Kaiserreiches und die Hakenkreuzfahne gemeinsam zu hissen. Sie sollen zusammen die «ruhmreiche Vergangenheit des Deutschen Reiches und die kraftvolle Wiedergeburt der Deutschen Nation» symbolisieren.
Bei den preußischen Provinzialwahlen erringen NSDAP und DNVP bei gleichzeitigen Verlusten von KPD und SPD in allen Provinzen bis auf Rheinland und Westfalen (hier wird das Zentrum stärkste Partei) die absolute Mehrheit.

13.3. Der Reichspropagandaleiter der NSDAP und Gauleiter von Berlin, Joseph Goebbels, wird zum Chef des neugeschaffenen Reichsministeriums für Volksaufklärung und Propaganda ernannt. Die Aufgaben dieses Ministeriums hat Hitler als Reichskanzler zu bestimmen. Er kann dem RMVP Geschäftsbereiche anderer Ministerien zuweisen, selbst wenn dadurch «der Geschäftsbereich der betroffenen Ministerien in den Grundzügen berührt wird.» Welche das sind, gibt eine Verordnung vom 30. Juni bekannt.
Der Kölner Oberbürgermeister Konrad Adenauer wird beurlaubt.

17.3. Hjalmar Schacht wird (wieder) Reichsbankpräsident.
Gründung der SS- Leibstandarte «Adolf Hitler» (LAH) aus 120 Mann der ehemaligen Münchener Leibwache Hitlers unter ihrem Kommandeur Josef (Sepp) Dietrich. Am 9. November auf Hitler persönlich vereidigt, ist sie eine Art Privatarmee des «Führers», die weder an den Staat noch an die Partei gebunden ist.

21.3. «Tag von Potsdam»: Staatsakt in der Potsdamer Garnison-Kirche als von Goebbels effektvoll inszenierte «Rührkomödie» (F. Meinecke) einer «Vermählung zwischen den Symbolen der alten Größe und der jungen Kraft»: volkspsychologisch ein Erfolg.
Eröffnung des neuen Reichstags ohne die gewählten Mitglieder der KPD, für die ohnehin keine Plätze in der Kroll-Oper, dem Ersatzquartier, mehr vorgesehen sind.
Erlaß der Verordnung «zur Abwehr heimtückischer Angriffe gegen die Regierung der nationalen Erhebung», deren Aburteilung durch neu einzurichtende Sondergerichte durchgeführt werden soll. Praktisch jede, auch mündliche Kritik an der Regierung wird unter Strafe gestellt. Starke Einschränkung der Rechte der Be-

klagten, denn Rechtsmittel gegen Entscheidungen der Sondergerichte sind nicht zulässig (vgl. 20. Dez. 1934).

In einer ehemaligen Pulver- und Munitionsfabrik am Ortsrand   22.3.
von Dachau wird das erste (offizielle) Konzentrationslager «für
Kommunisten und marxistische Funktionäre» eröffnet. Weitere
Konzentrationslager werden in ganz Deutschland errichtet.
Bildung des Referats «Rassenhygiene» im Reichsinnenministerium.

Das «Gesetz zur Behebung der Not von Volk und Staat» (sog.   24.3.
«Ermächtigungsgesetz») tritt in Kraft und ermöglicht der Regierung für vier Jahre als Gesetzgeber tätig zu werden. Das bedeutet
de facto die Abdankung der parlamentarischen Demokratie, denn
Reichstag und Reichsrat werden ausgeschaltet. Geleitet von der
rechtsstaatlich orientierten Überlegung, nicht durch Ablehnung
und Verweigerung, sondern – wenn überhaupt – nur durch Zustimmung und Mitarbeit Einfluß auf die Regierung nehmen und
Schlimmeres verhüten zu können, haben alle Reichstagsfraktio-
nen – außer der sozialdemokratischen Reichstagsfraktion und
den an der Teilnahme gehinderten kommunistischen Abgeordneten – der Vorlage zugestimmt.

Die deutschen katholischen Bischöfe halten ihre Mitgliedschafts-   28.3.
verbote und Warnungen vor dem Nationalsozialismus nicht länger für notwendig, nachdem der Reichskanzler «öffentlich und
feierlich» die Unverletzlichkeit der katholischen Glaubenslehre
und die vollinhaltliche Geltung der Kirchenverträge bekundet
habe. Die weltanschaulichen Vorbehalte gegen den Nationalsozialismus werden gleichwohl aufrechterhalten.

Das als «Lex van der Lubbe» bezeichnete «Gesetz über Verhän-   29.3.
gung und Vollzug der Todesstrafe» erweitert die Reichstagsbrandverordnung gegen den Grundsatz *nulla poene sine lege*
rückwärts bis zum 31. Januar 1933, um die Angeklagten im
Reichstagsbrandprozeß härter bestrafen zu können (vgl. 20. Sept.).

Ein «Vorläufiges Gesetz zur Gleichschaltung der Länder mit   31.3.
dem Reich» regelt die Neubildung der Länderparlamente und
Kommunalvertretungen entsprechend den Wahlergebnissen der
Reichstagswahl: «Hierbei werden die auf Wahlvorschläge der
kommunistischen Partei entfallenden Sitze nicht zugeteilt.» Erweiterte Gesetzgebungsvollmachten für die Landesregierungen
(vgl. auch 7. April).

1.4. Reichsweiter organisierter Boykott jüdischer Geschäfte, Ärzte und Rechtsanwälte, der offiziell der «Abwehr der jüdischen Greuel- und Boykottpropaganda im Ausland» dient. Tatsächlich ist es der Beginn der Verdrängung der Juden aus allen Wirkungsbereichen und Berufen. Bis Ende 1933 verlassen ca. 37 000 Juden Deutschland.

Ernennung Heinrich Himmlers zum «Politischen Polizeikommandeur Bayerns».

Zum Leiter des in bewußter Konkurrenz zum Auswärtigen Amt neugeschaffenen Außenpolitischen Amtes (APA) der NSDAP wird Alfred Rosenberg, der Chefredakteur des «Völkischen Beobachters», ernannt.

3.4. Erste Reichstagung der «Glaubensbewegung Deutsche Christen» (DC) in Berlin. Ziel der DC war die am «Führerprinzip» ausgerichtete evangelische Reichskirche auf der Grundlage von Rasse und Volk.

4.4. «Gesetz zur Abwehr politischer Gewalttaten»: Verschärfung der strafrechtlichen Bestimmungen hinsichtlich politisch motivierter Gewalt. Zuständig sind die Sondergerichte (vgl. 21. März).

7.4. Ein «Zweites Gesetz zur Gleichschaltung der Länder mit dem Reich» regelt die Einsetzung von Reichsstatthaltern. Diese haben die Aufgabe, «für die Beobachtung der vom Reichskanzler aufgestellten Richtlinien der Politik zu sorgen». Für Preußen behält sich der Reichskanzler die Reichsstatthalterschaft selbst vor (vgl. auch 31. März).

Franz von Papen tritt als Reichskommissar für Preußen zurück.

«Gesetz zur Wiederherstellung des Berufsbeamtentums»: Entlassung oder Zwangspensionierung politisch «unzuverlässiger Elemente» und von Beamten «nichtarischer» Herkunft; am 4. Mai folgt eine analoge Regelung für Arbeiter und Angestellte im öffentlichen Dienst. Diese politischen und rassistischen «Säuberungen» sollen aus der Staatsbürokratie ein gefügiges Instrument der Machthaber machen.

11.4. Hitler ernennt Hermann Göring zum stellvertretenden Reichsstatthalter und Ministerpräsidenten von Preußen.

12.4. Die in Wiesbaden tagende Rektorenkonferenz beschließt die Gleichschaltung des Hochschulwesens.

Eine neue preußische Studentenrechtsverordnung, nach der volleingeschriebene Studenten bei ihrer Immatrikulation ihre arische Abstammung ehrenwörtlich zu versichern haben, tritt in Kraft.

Empfehlung der Führung der «Freien Gewerkschaften» (ADGB), sich an den staatlichen Feiern zum 1. Mai «allerorts (...) festlich zu beteiligen». Der 1. Mai ist per Gesetz vom 10. April zum «Feiertag der nationalen Arbeit» bestimmt worden. 15.4. u. 19.4.

In der Osterbotschaft des Oberkirchenrates der Evangelischen Kirchen in Preußen («Altpreußische Union») wird zunächst der «Aufbruch der tiefsten Kräfte unserer vaterländischen Nation zu nationalem Bewußtsein, echter Volksgemeinschaft und religiöser Erneuerung» begrüßt. 16.4.

In Potsdam, Plön und Köslin werden die ersten drei Nationalsozialistischen Erziehungsanstalten (Napola) gegründet: Ausleseschulen in Internatsform, die Schulunterricht, nationalsozialistische «Formationserziehung» und Bewährung in «Einsätzen» (Landdienst im «Osten», Fliegerschulung, Arbeit im Industriebetrieb oder Bergwerk) zu kombinieren versuchen. 19.4.

Rudolf Heß wird von Hitler zum «Stellvertreter des Führers» mit Entscheidungsvollmacht «in allen Fragen der Parteiführung» ernannt. Heß nimmt zukünftig an Kabinettssitzungen teil. 21.4.

Allen «marxistischen» und «nichtarischen» Ärzten wird die Zulassung zur Krankenkassentätigkeit entzogen. 22.4.

Der bayerische Justizminister Hans Frank wird zum «Reichskommissar für die Gleichschaltung der Justiz in den Ländern und für die Erneuerung der Rechtsordnung» ernannt. 24.4.

Ein Gesetz gegen die Überfüllung der deutschen höheren Schulen und Hochschulen tritt in Kraft und begrenzt den Anteil jüdischer Schüler und Studenten auf maximal 1,5% jeder Schule bzw. Fakultät.
Hitler stellt sich erstmals öffentlich hinter die Bewegung der «Deutschen Christen» (DC) und ernennt den Königsberger Wehrkreispfarrer Ludwig Müller zu seinem «Bevollmächtigten für die Angelegenheiten der evangelischen Kirche». 25.4.

Mit dem Gesetz über die Geheime Staatspolizei wird eine neue, dem Innenminister unmittelbar unterstellte Sonderbehörde, das 26.4

Geheime Staatspolizeiamt (Gestapa) in Preußen gegründet, dessen Leitung Rudolf Diels, ein Vertrauter Görings, übernimmt.
Die SPD-Reichskonferenz billigt den Legalitätskurs der Parteiführung.

28.4./5.5 Aus dem Luftfahrtkommissariat entsteht das Reichsministerium für Luftfahrt, dessen Chef Hermann Göring wird.

29.4. Gründung des Reichsluftschutzbundes (RLB): Der frühzeitige Ausbau des zivilen Luftschutzes ist als defensive Flankierung der militärischen Aufrüstung gedacht. Dem RLB obliegt die Ausbildung ehrenamtlicher Luftschutzwarte für die Luftschutzgemeinschaften in einzelnen Häusern oder Blocks.

1.5. Der 1. Mai wird als gesetzlich geregelter Feiertag («Tag der nationalen Arbeit») mit großen Kundgebungen begangen: «Der große Tag des deutschen Volkes ist angebrochen (...) richtiges Hitlerwetter», notiert Joseph Goebbels in sein Tagebuch.
Aufnahmestopp der NSDAP zur Abwehr von Opportunisten (sog. «Märzgefallene»). Der Mitgliederstand liegt zu dieser Zeit bei ca. 2,5 Millionen, von denen 1,6 Millionen seit dem 30. Januar eingetreten sind.

2.5. Lange vorbereitete Zerschlagung der «Freien Gewerkschaften» (ADGB) und Angestelltenverbände (Afa); Besetzung und Beschlagnahmung von Häusern und Betrieben sowie der Arbeiterbank; «Schutzhaft» für führende Funktionäre dieser Organisationen. Die Gewerkschaften werden in die acht Tage später gegründete «Deutsche Arbeitsfront» (DAF) überführt (vgl. 10. Mai).

3.5. Die Nationalsozialistische Volkswohlfahrt (NSV) wird durch Verfügung Hitlers zur parteiamtlichen Wohlfahrtsorganisation. Der Paritätische Wohlfahrtsverband und die Arbeiterwohlfahrt gehen noch 1933 in der NSV auf. 1938 stellt die NSV mit fast 11 Millionen Mitgliedern die größte nationale Wohlfahrtsorganisation der Welt dar. Dieser große Zulauf liegt nicht zuletzt daran, daß eine NSV-Mitgliedschaft aus Sicht der Bevölkerung die am wenigsten kompromittierende und zeitraubende Möglichkeit ist, Linientreue zu beweisen.

3./4.5. Gründung von NS-Zwangskartellen (sog. «Reichsständen») für Handwerk und Handel.

Erste und einzige Vollsitzung des neugewählten SPD-Parteivor- 4.5.
standes; Beschluß zur Bildung einer Auslandszentrale und Trans-
fer von Teilen des Parteivermögens ins Ausland.

Ratifizierung der Verlängerung des durch den damaligen Außen- 5.5.
minister Stresemann zustande gekommenen «Berliner Vertrags»
mit der Sowjetunion vom 24. April 1926.

Bücherverbrennungen als Demonstration gegen «undeutschen 10.5.
Geist» in zahlreichen deutschen Universitätsstädten; zumeist organisiert vom Kampfausschuß der deutschen Studentenschaft.
Öffentliche Bibliotheken waren zuvor einer entsprechenden «Säu-
berungsaktion» unterzogen worden. Diese Maßnahmen werden
von der Bevölkerung mehr oder weniger klaglos hingenommen
und noch nicht als eminenter Kulturverlust erkannt.
Beschlagnahmung des verbliebenen Parteivermögens der SPD und
des Reichsbanners. Dazu gehören etliche Druckereien und Verlage,
die meist der NS-Presse zur Verfügung gestellt werden.
Gründung der «Deutschen Arbeitsfront» (DAF) als Zwangs-»Organisation aller schaffenden Deutschen der Stirn und der Faust»
unter Robert Ley. Aufgabe der DAF soll die Überwindung des
«Klassenkampfes» durch die Idee der nationalsozialistischen
«Volksgemeinschaft» sein.

Hitlers sog. «Friedensrede» vor dem Reichstag: «Die deutsche Re- 17.5.
gierung wünscht, sich über alle schwierigen Fragen politischer
und wirtschaftlicher Natur mit den anderen Nationen friedlich
und vertraglich auseinanderzusetzen. Sie weiß, daß jeder militärische Akt in Europa auch im Falle seines vollständigen Gelingens,
gemessen an seinen Opfern, in keinem Verhältnis steht zum möglichen endgültigen Gewinn.» Die SPD-Fraktion nimmt an der
Reichstagssitzung teil und stimmt Hitlers Erklärung entgegen der
Aufforderung der emigrierten Mitglieder des Parteivorstandes aus
Furcht vor möglichen Konsequenzen der Machthaber und in der
Hoffnung auf eine Honorierung dieser Haltung zu. Diese Haltung
führt zu internen Konflikten und am 19. Mai zur Neuwahl einer
innerdeutschen SPD-Führung, während sich der Exilvorstand der
SPD (Sopade) in Prag unter Otto Wels und Hans Vogel konstitu-
iert.
Der «Börsenverein Deutscher Buchhändler» veröffentlicht eine
Liste «undeutscher» Schriftsteller und fordert seine Mitglieder
auf, deren Bücher nicht mehr zu verkaufen.

1933

19.5. Das «Gesetz zum Schutz der nationalen Symbole» verbietet, «die Symbole der deutschen Geschichte, des deutschen Staates und der nationalen Erhebung öffentlich in einer Weise zu verwenden, die geeignet ist, das Empfinden von der Würde dieser Symbole zu verletzen».

Das «Gesetz über Treuhänder der Arbeit» beseitigt die Tarifautonomie, da diese nun anstelle der Arbeitgeber und Arbeitnehmer rechtsverbindlich «die Bedingungen für den Abschluß von Arbeitsverträgen» regeln. Von der Propaganda wird das Gesetz als entscheidender Schritt zur «Überwindung des Klassenkampfes» durch «Ausschaltung aller einseitigen Interessen» gefeiert.

26.5. Mit dem «Gesetz über die Einziehung kommunistischen Vermögens» werden nachträglich entsprechende Beschlagnahmungen legalisiert. Dieses Vermögen habe in seiner Gesamtheit dem Hochverrat gedient.

27.5. Pfarrer Fritz von Bodelschwingh wird in Loccum gegen den Kandidaten und «Bevollmächtigten des Führers» für Fragen der evangelischen Kirche, Pfarrer Ludwig Müller, zum «Reichsbischof» der neuen Evangelischen Reichskirche gewählt. Er wird aber demonstrativ weder von Hitler noch von Hindenburg empfangen. Mit allerlei Verfahrenstricks (fehlende Verfassung einer Reichskirche) und Bestellung staatlicher Kirchenkommissare schikaniert man Bodelschwingh, der schließlich zurücktritt.

Beginn des Kirchenkampfes in der evangelischen Kirche als Auseinandersetzung zwischen den nationalsozialistisch orientierten «Deutschen Christen» (DC) und Gläubigen, die sich den politischen Beeinflussungsversuchen der NS-Führung widersetzen.

28.5. Richard Walther Darré, der Leiter des «Agrarpolitischen Apparates» der NSDAP, wird als «Reichsbauernführer» Chef der gleichgeschalteten landwirtschaftlichen Verbände.

29.5. Einführung des Visumzwangs für die Ausreise nach Österreich. Die hohe Gebühr erschien einerseits als «1000 RM-Sperre» für deutsche Österreichtouristen (Reisedevisen), war jedoch in erster Linie der Versuch, über die Blockierung des österreichischen Fremdenverkehrs eine ökonomische Aushöhlung und innenpolitische Destabilisierung der Alpenrepublik herbeizuführen, sich den kleinen Nachbarn im Süden willfährig zu machen. Unbeabsichtigter Nebeneffekt war andererseits der «rasante Aufstieg» Ruhpoldings als Ersatzferienort innerhalb der deutschen Grenzen.

«Gesetz zur Verminderung der Arbeitslosigkeit» (sog. Reinhardt-Programm). Wegen der Konjunkturwende und durch Arbeitsbeschaffungsmaßnahmen kann die Zahl der Arbeitslosen bis Ende Juni um rund eine Million gesenkt werden (vgl. 21. September).
Errichtung der «Deutschen Rechtsfront» als Standesorganisation aller in der Rechtspflege Tätigen unter der Leitung von Hans Frank.
«Gesetz zur Regelung der landwirtschaftlichen Schuldverhältnisse» und Einstellung der bisherigen Osthilfe.

Nach mehrmonatigen Verhandlungen paraphieren in Rom Deutschland, England, Frankreich und Italien den Viererpakt (Vertrag der Verständigung und Zusammenarbeit). Dieser sucht «eine Politik wirksamer Zusammenarbeit zwischen allen Mächten zur Erhaltung des Friedens zur Anwendung zu bringen» und ist von Benito Mussolini als Ersatz für die ergebnislosen Versuche der Abrüstungskonferenz vorgeschlagen worden. Bei betonter Anerkennung des Völkerbundes, des Locarno- und des Kelloggpaktes wird versucht, die Politik Europas auf eine neue Grundlage zu stellen. Die Unterzeichnung in Rom folgt am 15. Juli. 7.6.

Die SPD-Abgeordneten des preußischen Landtages erklären, daß es nur eine Parteiführung gebe, nämlich die in Berlin. Zugleich geben sie ihrer Hoffnung Ausdruck, daß in allernächster Zeit die verhafteten Parteimitglieder freigelassen und die Beschränkungen der Parteiarbeit aufgehoben werden. Dieser Erklärung schließen sich am folgenden Tag auch die noch in Berlin befindlichen Parteivorstandsmitglieder und SPD-Reichstagsabgeordneten an (vgl. 17. Mai). 8.6.

Die Einfuhr von «Faustfeuerwaffen aus dem Auslande wird aus sicherheitspolizeilichen Gründen bis auf weiteres verboten». 12.6.

Der Reichsjugendführer der NSDAP, Baldur von Schirach, wird mit der Leitung einer neu errichteten Dienststelle des Reiches unter der Bezeichnung «Jugendführer des Deutschen Reiches» betraut.
Die Spitzenverbände der deutschen Wirtschaft organisieren eine «Adolf Hitler-Spende der deutschen Wirtschaft» als «Ausdruck des Dankes an den Führer». Eine «freiwillige» Zuwendung an die NSDAP, etwa 5 Promille der Lohnsumme, vereinheitlicht unkoordinierte Einzelsammlungen der Partei. 17.6.

19.6. Der Reichsverband der Deutschen Industrie und die Vereinigung der deutschen Arbeitgeberverbände schließen sich zum «Reichsstand der Deutschen Industrie» zusammen, bewahren jedoch noch eine vergleichsweise hohe Selbständigkeit.
Der neugewählte Vorstand der SPD in Berlin distanziert sich von Erklärungen des Prager Emigrationsvorstandes der Partei: Niemand im Ausland habe das Recht, die Partei zu repräsentieren. Vor illegaler Arbeit wird eindringlich gewarnt.

21.6. Geschäfte mit «arischen» Inhabern können als Warenzeichen der deutschen Mittelstandsgeschäfte von der SA-Selbsthilfe-Arbeitsgemeinschaft ein parteiamtliches Schild mit der Aufschrift «Deutsches Geschäft» gegen eine Jahresgebühr beziehen.

22.6. Verbot der SPD wegen angeblicher hoch- und landesverräterischer Unternehmungen gegen Deutschland. Alle Mandate von Sozialdemokraten in Volksvertretungen gelten als erloschen, Zeitungen und Zeitschriften der SPD dürfen nicht mehr erscheinen, Versammlungen der Partei sowie ihrer Hilfs- und Ersatzorganisationen sind nicht länger erlaubt, das Vermögen der Partei wird beschlagnahmt, jede Propaganda für die SPD wird verboten (vgl. 7. u. 14. Juli).

25.6. Goebbels erklärt vor alten Mitgliedern der NSDAP, daß die Revolution in Deutschland erst zu Ende sei, wenn die Partei den ganzen Staat besitze. Außer ihr dürfe es überhaupt keine Partei und keine Organisationen mehr geben.

27.6. Die Reichsregierung hat die Errichtung eines der Reichsbahngesellschaft angegliederten Unternehmens «Reichsautobahnen» beschlossen, das ein Netz modernster kurven- und kreuzungsfreier Kraftfahrstraßen (sog. Nur-Autostraßen) durch Deutschland legen soll, die sich als eine Art gigantisches Gesamtkunstwerk «schwingend» und in «kühnen Kurven» in die Landschaft einpassen sollen (vgl. 19. Mai 1935).
Selbstauflösung der DNVP; Rücktritt Hugenbergs als Reichsminister für Wirtschaft, Ernährung und Landwirtschaft. Nachfolger als Wirtschaftsminister wird Kurt Schmitt, als Ernährungs- und Landwirtschaftsminister Richard Walther Darré.

27./28.6 Die deutsche Staatspartei und die Deutsche Volkspartei (DVP) haben ihre Selbstauflösung einschließlich aller Nebenorganisationen beschlossen.

Als ständige Einrichtung wird die «Reichspressekonferenz» insti-   1.7.
tutionalisiert. Die bisherige Pressekonferenz *bei der* Reichsregierung wird auf diese Weise in eine staatlich-offizielle Pressekonferenz der Reichsregierung umgewandelt.
Ab sofort wird eine zweijährige Bewährungsfrist für Mitglieds-
kandidaten der NSDAP eingeführt.
Martin Bormann wird zum «Leiter des Stabes des Stellvertreters
des Führers», Rudolf Heß, ernannt.

Auf einer Tagung der höheren SA- und SS-Führer in Bad Reichen-   1.–3.7.
hall wendet sich Hitler gegen die Forderung der SA nach einer
«zweiten Revolution.»
Er bekräftigt, daß die Reichswehr «alleiniger Waffenträger der
Nation» sein solle.

Das Zentrum und die Bayerische Volkspartei (BVP) haben ihre   4.–5.7.
Selbstauflösung beschlossen.

Dr. Fritz Todt wird zum «Generalinspektor für das deutsche   5.7.
Straßenwesen» bestellt. Als solcher leitet er zunächst v. a. den Bau
der Autobahnen (vgl. 27. Juni).

Reichsstatthalterkonferenz in Berlin: Hitler erklärt, daß die Revo-   6.7.
lution kein permanenter Zustand und in die Evolution überzulei-
ten sei. Man dürfe keinen Wirtschaftler absetzen, weil er zwar ein
guter Wirtschaftler, aber noch kein Nationalsozialist sei, zumal
wenn der Nationalsozialist, den man an seine Stelle setzen wolle,
von der Wirtschaft nichts verstehe. Der Hintergrund sind Läh-
mungserscheinungen in Verwaltung und Wirtschaft infolge von
SA-Willkür.

Mit Hilfe einer «Verordnung zur Sicherung der Staatsführung»   7.7.
werden die Sitze von Sozialdemokraten im Reichstag und in den
Landtagen kassiert (vgl. 22. Juni). Die Volksvertretungen im
ganzen Reich bestehen nur noch aus Nationalsozialisten, Hospi-
tanten der NSDAP und Fraktionslosen.
Heß verbietet Aktionen gegen die großen jüdischen Warenhäuser
wegen der Gefährdung von Arbeitsplätzen.

Die Deutsche Evangelische Kirche hat sich eine neue Verfassung   11.7.
gegeben.

12.7. Reichsinnenminister Frick veröffentlicht Richtlinien für den Ge-
schichtsunterricht an allen Schulen. Darin heißt es u. a.: «In der
Vorgeschichte ist der herkömmlichen Unterschätzung der Kultur-
höhe der germanischen Vorfahren entgegenzuwirken und in der
Vorzeit bis zur Gegenwart die Bedeutung der Rasse gebührend zu
berücksichtigen. Der völkische Gedanke ist im Gegensatz zum internationalen zu betonen.»
Die Neuaufnahme in die Berufsverbände der DAF bzw. die Fortführung der Mitgliedschaft der von den aufgelösten Vorgänger-
verbänden übernommenen Mitglieder wird vom Nachweis der
«arischen» Abstammung abhängig gemacht.

13.7. Nachdem der ehemalige Reichskanzler Philipp Scheidemann
(SPD) in einem Auslandsblatt einen «Schmähartikel» gegen
Deutschland veröffentlicht hat, verhaftet die Gestapo vier Ver-
wandte Scheidemanns und liefert sie in ein Konzentrationslager
ein. Diese frühe Form der «Sippenhaft» wird erst Mitte August
wieder aufgehoben, nachdem Scheidemann feierlich erklärt hat,
der Artikel sei von ihm nicht autorisiert gewesen.
Für alle Beamten, Angestellten und Arbeiter von Reichs- und
Landesbehörden wird der sog. Hitler-Gruß eingeführt.

14.7. Durch ein «Gesetz über Volksabstimmung» wird für die Reichsregierung die Möglichkeit geschaffen, das Volk zu befragen, ob es
einer beabsichtigten Maßnahme zustimmt oder nicht. Auch bei
verfassungsändernden Maßnahmen entscheidet die einfache
Mehrheit der abgegebenen gültigen Stimmen. Damit wird der
zukünftigen Führerherrschaft per Akklamation eine (Schein-) Le-
gitimation verschafft (vgl. z. B. 14. Okt.).
Durch das «Gesetz gegen die Neubildung von Parteien» wird
das NSDAP-Monopol legalisiert und die Gleichschaltung der
Parlamente vollendet. Das Deutsche Reich ist jetzt ein Einpartei-
staat.
Mit dem «Gesetz über die Einziehung volks- und staatsfeindlichen Vermögens» werden die Vorschriften des Gesetzes über die
Einziehung kommunistischen Vermögens auch auf die «Sachen
und Rechte» der SPD und der Gewerkschaften ausgedehnt.
Das «Gesetz über den Widerruf von Einbürgerungen und Aberkennung der deutschen Staatsangehörigkeit» richtet sich u. a. gegen sog. «Ostjuden» und nicht zuletzt prominente Emigranten
aus Politik, Wissenschaft und Kultur (bis 1939 rund 9000 na-
mentliche Ausbürgerungen).
Das «Gesetz zur Verhütung erbkranken Nachwuchses» ermög-

licht Zwangssterilisierungen, denen bis 1945 über 350 000 Personen zum Opfer fallen. Betroffen sind laut Gesetz alle, die an «1. angeborenem Schwachsinn, 2. Schizophrenie, 3. zirkulärem (manisch-depressivem) Irresein, 4. erblicher Fallsucht, 5. erblichem Veitstanz (Huntingtonsche Chorea), 6. erblicher Blindheit, 7. erblicher Taubheit, 8. schwerer körperlicher Mißbildung» leiden. «Ferner kann unfruchtbar gemacht werden, wer an schwerem Alkoholismus leidet.» Das Gesetz tritt zum 1. Januar 1934 in Kraft. Zuständig für die Entscheidungen sind die am 25. Juli neu eingerichteten «Erbgesundheitsgerichte».

Abschluß eines Konkordats zwischen dem Deutschen Reich und dem Vatikan. Dem Verbot jeder parteipolitischen Betätigung von Priestern und Ordensleuten durch den Vatikan steht die Zusicherung von Bestand und Tätigkeit der katholischen Organisationen (sofern sie ausschließlich religiösen, rein kulturellen und karitativen Zwecken dienen) durch den Staat gegenüber. Die «Freiheit des Bekenntnisses und die öffentliche Ausübung der katholischen Religion» wird zugesichert. Für Hitler ist der Abschluß eines Konkordats, das in Zeiten der Weimarer Republik nie zustande gekommen war, vor allem ein außenpolitischer Erfolg.   20.7.

Die aufgrund der neuen Kirchenverfassung der Evangelischen Kirche in Deutschland anhängigen Kirchenwahlen führen nach massiver Intervention Hitlers (u. a. Rundfunkrede am 22. Juli) zu starken Mehrheiten für die «Deutschen Christen» (DC) in den Synoden.   23.7.

Der preußische Ministerpräsident Göring hat aufgrund des ihm zustehenden Begnadigungsrechts eine Amnestie bzw. Straffreiheit für Angehörige der SA, der SS und des Stahlhelms angeordnet, wobei «vor allem Straftaten in Frage kommen, die zur Durchsetzung des nationalsozialistischen Staates begangen wurden».   27.7.

Änderungen in der Geschäftsordnung der Reichsregierung: Da im allgemeinen das Kabinett nunmehr Gesetze beschließt, erhalten sie auch eine entsprechende Einleitung: «Die Reichsregierung hat das folgende Gesetz beschlossen, das hiermit verkündet wird.» Der Reichskanzler kann Verträge mit ausländischen Staaten ohne vorherige Vorlage im Reichstag abschließen.   6.8.

Verbot für Beamte und Angehörige der Reichswehr, «Nichtarier» zu heiraten.   7.8.

1933

Aufgehen des «NS-Kampfbundes für den gewerblichen Mittelstand» in der neugegründeten «Nationalsozialistischen Handwerks-, Handels- und Gewerbe-Organisation» (NS-Hago).

9.8. Per Erlaß werden außer den kommunistischen Studierenden auch alle «marxistisch und antinational eingestellten» Studenten vom Besuch preußischer Hochschulen ausgeschlossen.

15.8. In Preußen wird die Hilfspolizei (vgl. 22. Febr.) wieder aufgelöst, in Bayern erst im Frühjahr 1934.

25.8. Die erste Liste von Personen, die aufgrund des Gesetzes zur Aberkennung der deutschen Staatsangehörigkeit (vgl. 14. Juli 1933) ausgebürgert werden, wird veröffentlicht. Gleichzeitig wird mitgeteilt, daß deren Vermögen beschlagnahmt wird.

30.8. Auf der Jubiläums-Funkausstellung in Berlin wird ein neues, besonders preiswertes Empfangsgerät, der «Volksempfänger», vorgestellt. Der Preis dieses nach standardisierten Vorschriften von allen 28 deutschen Radiofirmen in gleicher Bauweise und Qualität hergestellten Geräts beträgt 76 Reichsmark und wird rasch zu einem Bestseller.
Durch Verfügung des bayerischen Kultusministers erhalten die bayerischen Universitäten eine neue Verfassung nach dem «Führerprinzip». Der Rektor wird vom Kultusminister ernannt und ernennt sodann selbst seinen Vertreter und die Mitglieder des Senats sowie die Dekane der Fakultäten. Eine ähnliche Maßnahme wird auch in den anderen Ländern durchgeführt.

31.8.–3.9. NSDAP-«Reichsparteitag des Sieges» in Nürnberg, der künftigen «Stadt der Reichsparteitage».

5.9. Einführung des «Arierparagraphen» für Pfarrer durch die Generalsynode («braune Synode») der Evangelischen Kirche der Altpreußischen Union.

12.9. Eingabe Kardinal Adolph Bertrams (Breslau, Vorsitzender der Fuldaer Bischofskonferenz) an Reichsinnenminister Frick gegen die Zwangssterilisierungen gemäß des «Gesetzes zur Verhütung erbkranken Nachwuchses» (vgl. 14. Juli).

13.9. Unter der Parole «Kampf gegen Hunger und Kälte» wird das nationalsozialistische Winterhilfswerk (WHW) unter der Leitung der NS-Volkswohlfahrt eingeführt. Dazu gehören Straßen- und Haussammlungen von Geld und Kleidung, ein monatlicher Eintopfsonntag, zwangsweise eingeführte Lohn- und Gehaltsabzüge, Lotterien etc. Das WHW erbringt zwischen 1933/34 und 1938/39 ein Spendenaufkommen von 2,5 Milliarden Reichsmark.

Das «Gesetz über den vorläufigen Aufbau des Reichsnährstandes und Maßnahmen zur Markt- und Preisregelung für landwirtschaftliche Erzeugnisse» erfaßt zwangsweise auch Forstwirtschaft, Gartenbau, Fischerei, Jagd, Genossenschaften, Groß- und Kleinlandhandel, Be- und Verarbeitung von Agrarprodukten. Dem «Reichsnährstand» werden ebenso alle landwirtschaftlichen Interessenverbände und öffentlich-rechtlichen Einrichtungen (Landwirtschaftskammern) zugeordnet. An seiner Spitze steht Reichsbauernführer und Landwirtschaftsminister Richard Walther Darré.

17.9.   Gründung der «Reichsvertretung der deutschen Juden» (ab 1935: Reichsvertretung-, ab 1939: Reichsvereinigung der Juden in Deutschland) als Selbsthilfeorganisation angesichts rapide zunehmender Diskriminierung und Entrechtung (Präsident: Leo Baeck, Geschäftsführer: Otto Hirsch).

20.9.   Reichstagsbrandprozeß (vgl. 27. Febr.) vor dem Reichsgericht: Angeklagt sind u. a. der Holländer Marinus van der Lubbe, Ernst Torgler (Vorsitzender der KPD-Reichstagsfraktion) und Georgi Dimitroff (Mitglied des Exekutivkomitees der Komintern). Auf Betreiben Willi Münzenbergs findet in London ein internationaler Gegenprozeß statt. Weltweites Aufsehen erregt die im «Braunbuch über Reichstagsbrand und Hitler-Terror» vertretene These einer Brandstiftung durch die Nationalsozialisten. Der Prozeß endet am 23. Dezember 1933 mit dem Todesurteil für van der Lubbe (vgl. 10. Jan. 1934) und Freisprüchen für alle anderen Angeklagten.

21.9.   Gründung des evangelischen «Pfarrernotbundes» durch Pfarrer Martin Niemöller als Reaktion auf die «braune Synode» (vgl. 5. September). Beginn der Formierung der «Bekennenden Kirche» (BK) gegen die von den «Deutschen Christen» (DC) dominierten evangelischen Amtskirchen, vor allem aber gegen das Eindringen von nationalsozialistischem Gedankengut in die Kirche. Anfang 1934 gehört fast die Hälfte der evangelischen Geistlichen dem «Pfarrernotbund» an.

«Zweites Gesetz zur Verminderung der Arbeitslosigkeit» (Zweites Reinhardt-Programm): die «Arbeitsschlacht» wird eröffnet, der «Rationalisierungswahnsinn» bekämpft und zum Verzicht auf den Einsatz «maschineller Hilfsmittel» aufgerufen (vgl. 1. Juni).

22.9. Errichtung der Reichskulturkammer als berufsständische Zwangsorganisation aller im kulturellen Bereich Tätigen mit den sieben Fachkammern: Reichsschrifttumskammer, Reichspressekammer, Reichsrundfunkkammer, Reichstheaterkammer, Reichsmusikkammer, Reichskammer der bildenden Künste und Reichsfilmkammer. Die Reichskulturkammer (Präsident: Joseph Goebbels) dient v. a. der ideologischen Überwachung ihrer Mitglieder. Der Entzug bzw. die Verweigerung der Mitgliedschaft in einer der Kammern aus politischen oder rassischen Gründen bedeutet Berufsverbot. Der tatsächliche Gründungsakt findet allerdings erst am 15. November statt.

23.9. Erster Spatenstich Hitlers in Frankfurt zum Baubeginn der militärstrategisch wichtigen Autobahnen. Am 19. Mai 1935 wird die Teilstrecke Frankfurt-Darmstadt freigegeben, im Dezember 1938 existieren bereits 3000 Kilometer Autobahn.

27.9. Die evangelische «Nationalsynode» in Wittenberg wählt Ludwig Müller zum Reichsbischof (im Volksmund bald: «Reibi»), dessen Autorität und Kompetenz umstritten bleiben (vgl. 25. April 1933).

28.9. Gleichschaltung aller deutschen Frauenverbände im «Deutschen Frauenwerk» (DFW): Organisatorisch und finanziell eigenständig, aber durch Personalunionen eng mit der Nationalsozialistischen Frauenschaft (NSF) verbunden.

1.10. Das «Reichserbhofgesetz» tritt in Kraft: Bauernhöfe zwischen 7,5 und 125 Hektar Größe werden unter der Voraussetzung, daß die «Blutreinheit» der «bauernfähigen» Besitzer bis zum 1. Januar 1800 nachgewiesen ist, zu «Erbhöfen» erklärt. Sie können nur noch ungeteilt vererbt werden, sind grundsätzlich unveräußerlich und unbelastbar.
In der Tschechoslowakei wird unter der Führung von Konrad Henlein eine «Sudetendeutsche Heimatfront» gegründet. Als «Sudetendeutsche Partei» (seit 30. April 1935) erringt sie mit ihrer Forderung nach Gleichberechtigung und Autonomie in den nachfolgenden Wahlen bis zu 90% der deutschen Stimmen.

Das «Schriftleitergesetz» regelt die Zulassung und Ausbildung zu Presseberufen. Schriftleiter (d. h. Redakteure) sind nicht länger ihrem Verleger, sondern dem Staat verantwortlich: Journalistische Arbeit wird «bereits an der Quelle erfaßt und reguliert», so daß zukünftig eine Zensur nicht mehr nötig sein soll.

Mit dem «Gesetz zur Gewährleistung des Rechtsfriedens» wird 13.10. Funktionsträgern in SA, SS, Polizei und Justiz besonderer Schutz vor politisch motivierten Gewalttaten gewährt. Als Strafmaß für entsprechende Vergehen droht die Todesstrafe bzw. langjähriges Zuchthaus. Ebenfalls unter schwerste Strafe gestellt wird das Herstellen «hochverräterischer Druckschriften» und deren Vertei-lung.

Deutschland verläßt die Abrüstungskonferenz, da in einem vom 14.10. britischen Außenminister John Simon vorgelegten neuen Plan der vorgesehene Rüstungsausgleich um vier Jahre verschoben werden soll.
Das Deutsche Reich erklärt seinen Austritt aus dem Völkerbund (zum 20. Oktober). Die Rüstungsverhandlungen gehen gleich-wohl weiter.
Um «dem deutschen Volk Gelegenheit zu bieten, selbst zu den ge-genwärtigen Schicksalsfragen der Nation Stellung zu nehmen und seiner Verbundenheit mit der Reichsregierung Ausdruck zu ge-ben», wird der Reichstag aufgelöst. Neuwahlen sind für den 12. November ausgeschrieben. Gleichzeitig haben aufgrund des er-sten Gleichschaltungsgesetzes auch die Landtage als aufgelöst zu gelten. Neuwahlen zu den Landtagen sollen bis auf weiteres je-doch nicht stattfinden. Mit den Reichstagswahlen soll erstmals auch eine Volksabstimmung über die Politik der Reichsregierung in der Abrüstungsfrage durchgeführt werden (vgl. 14. Juli).

Grundsteinlegung zum «Haus der Deutschen Kunst» in Mün- 15.10. chen durch Hitler.

Auch für das Handwerk werden per Gesetz Pflichtinnungen mit 17.10. Führerprinzip für Meister, Gesellen und Lehrlinge eingeführt.

Der «Stellvertreter des Führers», Rudolf Heß, hat in einer Anord- 8.11. nung mitgeteilt, daß die Zeit der Feiern ihr Ende gefunden habe: In Zukunft sei für Feiern größeren Stils, Fackelzüge und größere Empfänge die Genehmigung der Reichsleitung einzuholen. Fest-essen und Spazierritte in Uniform sowie Übertreibungen in Ausstattung und Verwendung von Diensträumen, Dienstwagen etc. werden untersagt und auf die notwendige Einfachheit des Auftretens ausdrücklich hingewiesen (vgl. 14. Nov. 1934).

12.11.   Sog. Reichstagswahl mit NSDAP-Einheitsliste: Bei einer Wahlbeteiligung von 95,2% stimmen 92,2% für die NSDAP, während 7,8% der abgegebenen Stimmen ungültig sind. Gleichzeitig findet eine Volksabstimmung über Hitlers Außenpolitik statt: bei einer Wahlbeteiligung von 96,3% stimmen 95,1% mit «Ja», 4,9% mit «Nein».

13.11.   Die «Deutschen Christen» (DC) fordern in einer Großkundgebung im Berliner Sportpalast die Lösung vom «jüdischen» Alten Testament und den Ausschluß aller Nicht-Arier vom Kirchendienst.

15.11.   Unterredung Hitlers mit dem neuen polnischen Gesandten Józef Lipski über einen deutschen Verzicht auf eine gewaltsame Lösung der Grenzfragen im Osten.

24.11.   Das «Gesetz gegen gefährliche Gewohnheitsverbrecher» regelt die Sicherheitsverwahrung nach Strafhaft für Rückfalltäter.

27.11.   Gründung der NS-Gemeinschaft «Kraft durch Freude» (KdF) als Unterorganisation der DAF (vgl. 10. Mai). KdF will durch ein üppiges Angebot an Freizeitgestaltung (Theater, Konzert, Bildungsveranstaltungen, Urlaubsreisen, auch Kreuzfahrten) bis hin zur Sparaktion für den «Volkswagen», die dem Nationalsozialismus noch ferner stehende Arbeiterschaft gewinnen und die Bevölkerung damit auf das Regime verpflichten.

30.11.   Um dem Reichsinnenminister im Zuge der Zusammenlegung der preußischen Ministerien mit den entsprechenden Reichsministerien das Geheime Staatspolizeiamt zu entziehen, wird dieses – ein in der deutschen Verwaltungsgeschichte beispielloser Akt – direkt dem preußischen Ministerpräsidenten unterstellt. «Chef der Geheimen Staatspolizei» wird damit der Ministerpräsident, also Hermann Göring.

Nov./Dez.   Die politischen Polizeien in Württemberg, Baden, Mecklenburg, Hessen, Anhalt, Thüringen, Lübeck, Bremen und Hamburg werden Heinrich Himmler unterstellt.

Das «Gesetz zur Sicherung der Einheit von Partei und Staat» er- 1.12.
klärt die NSDAP, die bislang im Vereinsregister eingetragen war,
zu einer Körperschaft des öffentlichen Rechts. Sie ist nunmehr
«Trägerin des deutschen Staatsgedankens und mit dem Staate un-
löslich verbunden». Zur «Gewährleistung engster Zusammenarbeit der Dienststellen der Partei und der SA mit den öffentlichen
Behörden» werden Rudolf Heß und SA-Stabschef Ernst Röhm zu
Reichsministern ohne Geschäftsbereich ernannt.
Die bisher existierenden Lehrer- und Hochschullehrerverbände
gehen in der «Deutschen Erziehergemeinschaft» auf.

Zwangsfusion des Wolffschen Telegraphen-Büros und der Tele- 5.12.
graphen-Union zum offiziellen Deutschen Nachrichtenbüro
(DNB). Diese Abkürzung wird im Volksmund bald spöttisch mit
«Darf Nichts Bringen» übersetzt.

Das «Gesetz über die Übernahme von Garantien zum Ausbau der 13.12.
Rohstoffwirtschaft» garantiert der Industrie rückwirkend ab dem
1. Dezember Preise und Absatz. Als Folge werden beispielsweise
im Herbst 1934 die Braunkohle-Benzin A.G., die Zellwollindu-
strie etc. aufgebaut.

Der sog. «Benzinvertrag» zwischen dem Reichswirtschaftsmini- 14.12.
sterium und der I.G. Farben über den Aufbau einer deutschen Mi-
neralölindustrie für wehrwirtschaftliche Zwecke mit staatlicher
Unterstützung wird abgeschlossen. Ziel ist die Produktion von
synthetischem Treibstoff.

Memorandum der Reichsregierung zur Rüstungsfrage: Es enthält 18.12.
die Forderung nach Gleichberechtigung und den Vorschlag einer
Umwandlung der Reichswehr in ein kurzdienendes Heer von
300 000 Mann sowie Einzelvorschläge zur allgemeinen Rüstungs-
beschränkung.

Die evangelische Jugend wird in die Hitlerjugend (HJ) eingeglie- 19.12.
dert.

Durch Reichsgesetz wird für das Jahr 1934 eine Höchstzahl von 28.12.
15 000 Abiturienten (darunter höchstens 10% Frauen) festgelegt,
denen die Hochschulreife bescheinigt werden darf. Für die kommenden Jahre sei mit dauernd fallenden Richtzahlen zu rechnen.
In allen Schulen wird der Hitler-Gruß eingeführt, statthaft sind
die Formeln «Heil Hitler!» oder «Heil!».

1933
Dez.   Kardinal Faulhaber wendet sich in aufsehenerregenden Advents-
       predigten gegen die Diffamierung des Alten Testamentes als «Ju-
       denbuch».

Das «Prager Manifest» (datiert zum 30.1.) der Sopade ruft zum 8.1.
«revolutionären Sturz» des Hitler-Regimes auf und übt Selbstkritik am falschen Taktieren der SPD in der Zeit der Weimarer Republik. Darin heißt es u. a.: «Mit dem Sieg des totalen Staates ist die Frage seiner Überwindung mit grausamer Eindeutigkeit gestellt. Die Antwort lautet: Totale Revolution! Ziel ist die Einheit der anti-nationalsozialistischen Opposition.»

Pressemitteilung, daß der (angebliche) Brandstifter des Reichstages, Marinus van der Lubbe, mit dem Fallbeil hingerichtet wurde (vgl. 20. Sept. 1933). 10.1.

Das preußische Kultusministerium teilt mit, daß «Nichtarier» nur 11.1. dann einen Doktortitel erwerben können, wenn sie Kinder oder Brüder von Frontkämpfern des Ersten Weltkrieges oder Zugelassene im Sinne des Überfremdungsgesetzes (höchstens ein jüdischer Elternteil) sind.

Reichsaußenminister von Neurath überreicht dem französischen 19.1.
Botschafter die deutsche Antwort auf das französische Aide-Mémoire vom 1. Januar. Darin fordert Deutschland eine gleichmäßige Abrüstung aller Nationen. Es erklärt, sich an jedem quantitativen und qualitativen Abrüstungsvorgang beteiligen zu wollen, sofern dies in gleicher Weise auch in allen anderen Staaten geschehe.

Das «Gesetz zur Ordnung der nationalen Arbeit» bildet die Grundlage 20.1. des nationalsozialistischen Arbeitsrechts. Auch das Wirtschaftsleben wird im Sinne des «Führerprinzips» organisiert, Arbeit als «Dienst am Volksganzen» definiert. Der jetzt Betriebsführer genannte Unternehmer steht zu seiner Gefolgschaft (Arbeitnehmer) in einem Fürsorge-Treue-Verhältnis. Die als Reichsbeamte dem Reichsarbeitsminister unterstellten «Treuhänder der Arbeit» kontrollieren die zu erlassenden Betriebsordnungen, sorgen für Tarifordnungen, sind bei Arbeitskonflikten und Entlassungen einzuschalten.

Rudolf Heß warnt Ernst Röhm auf einer SA-Führertagung in Berlin 22.1. vor militärisch-revolutionären Ambitionen der SA (vgl. 2. Febr.).

Hitler ernennt Alfred Rosenberg zum «Beauftragten des Führers 24.1. für die Überwachung der gesamten geistigen und weltanschaulichen Schulung und Erziehung der Partei und aller gleichgeschalteten Verbände sowie des Werkes ‹Kraft durch Freude›». Gleichwohl verliert Rosenberg, der von Hitler gezielt als Konkurrent zu anderen Amtsinhabern eingesetzt wird, insgesamt an Einfluß.

26.1. Der Abschluß eines Nichtangriffspakts mit Polen auf zehn Jahre wirkt sensationell, da er die Stoßrichtung der Außenpolitik aller Weimarer Kabinette umzukehren scheint. Hitler hofft, mit Polen einen Partner im bevorstehenden Kampf gegen die Sowjetunion gefunden und gleichzeitig Frankreich einen Stein aus seiner Umfriedungsmauer, dem «Cordon sanitaire», gebrochen zu haben.

30.1. Das «Gesetz über den Neuaufbau des Reiches» hebt die Volksvertretungen der Länder auf. Die Hoheitsrechte der Länder gehen auf das Reich über, die Länder werden zu Mittelbehörden des Reiches. Die Reichsregierung, so heißt es in Artikel 4, «kann neues Verfassungsrecht setzen».

2.2. Hitler grollt auf der Gauleiter-Tagung in Berlin, daß diejenigen Narren seien, «die da behaupten, die Revolution sei nicht beendet»; sie täten dies lediglich in der Absicht, sich selbst an bestimmte Stellen zu setzen. (vgl. 22. Jan.)
Verbot aller monarchistischen Verbände.

5.2. Eine neue Prüfungsordnung für Ärzte und Zahnärzte schließt «nichtarische» Studenten vom Examen aus.
An die Stelle der Staatsangehörigkeit bei den einzelnen Ländern tritt ab sofort die deutsche Staats- (Reichs-)angehörigkeit.

7.2. Die katholische Kirche setzt Alfred Rosenbergs 1930 erschienenes Hauptwerk «Der Mythus des 20. Jahrhunderts» auf den Index.

14.2. Aufhebung des Reichsrates, der nach der Weimarer Reichsverfassung (Art. 60–67) als Vertretung der Länder bei der Gesetzgebung und Verwaltung des Reiches tätig zu sein hatte.

16.2. Ein «Erstes Gesetz zur Überleitung der Rechtspflege auf das Reich» besagt u. a., daß sämtliche Gerichte «im Namen des Deutschen Volkes» (bisher im Namen der Länder) Recht sprechen, daß zukünftig der Reichspräsident das Begnadigungsrecht ausübt (nicht mehr die Länderregierungen), daß Amnestien nur noch durch Reichsgesetz erlassen werden können.
Das »Lichtspielgesetz» verschärft und formalisiert die Filmzen-

sur; es tritt zum 1. März in Kraft und legt u. a. fest, daß Dreh-
bücher vor ihrer Verfilmung vom Reichsfilmdramaturgen zu ge-
nehmigen sind. Filme dürfen nur aufgeführt werden, wenn sie von
einer amtlichen Prüfstelle zugelassen sind. Filme von und mit Juden werden verboten.

Im Rahmen der Planung, über das gesamte Deutsche Reich verteilt   19.2.
400 Thingplätze als kultische Versammlungsorte einzurichten,
wird auf den Brandbergen bei Halle/ Saale der erste Spatenstich zu
einem solchen «Freilichttheater» getan. Dieses soll am 1. Mai gemeinsam mit einem weiteren Thingplatz bei Heringsdorf an der
Ostsee feierlich seiner Bestimmung übergeben werden. 1935 sind
zehn Thingplätze spielbereit.

Auf Anordnung des Reichspräsidenten übernimmt die deutsche   20.2.
Reichswehr auf den Mützen bzw. Stahlhelmen das Hoheitszeichen der NSDAP (Adler, der in den Krallen einen Eichenkranz
trägt, der wiederum ein Hakenkreuz umrahmt).
In einer Besprechung mit dem britischen Lordsiegelbewahrer
Anthony Eden schlägt Hitler eine deutsche Flotte in der Stärke
von 35% der britischen vor. Am folgenden Tag bringt er eine Re-
duzierung der SA um 2/3 ihrer Stärke ins Gespräch.

In einem geheimen deutsch-polnischen Presseabkommen sichern   24.2.
sich beide Seiten eine freundschaftliche Atmosphäre und gutnach-
barliche Beziehungen zu.

Der bisherige Volkstrauertag wird erstmals als Heldengedenktag   25.2.
gefeiert. Neben den Toten des Ersten Weltkrieges wird an diesem
Staatsfeiertag auch der toten «Helden» der nationalsozialistischen Bewegung gedacht (ab 1939: 16. März).
Im Deutschen Reich sind insgesamt rund 1 017 000 politische Leiter und Amtswalter der NSDAP tätig, die an diesem Tag auf Adolf
Hitler eingeschworen werden.
Hitler erklärt, daß die Regierung mindestens einmal jährlich eine
Volksabstimmung durchführen werde: «Wenn die deutsche Regierung über keine Kanonen verfüge, so wolle sie doch wenigstens
das ganze Volk hinter sich wissen. Hierin liege auch die beste Frie-
densgarantie, da sich ein Führer, der sich für das ganze Volk verantwortlich fühle, sich die Folgen eines leichtsinnigen Konfliktes
ganz anders überlege als jemand, der nur einen Klüngel hinter
sich habe und durch äußere Erfolge die mangelnden inneren aus-
zugleichen versuche.»

1934

27.2. Das «Gesetz zur Vorbereitung des organischen Aufbaus der deutschen Wirtschaft» zielt im Grundsatz darauf, die Eigenständigkeit der Wirtschaft zugunsten des Staates einzuschränken. Es führt das «Führerprinzip» im Verbandswesen der Wirtschaft ein und ermächtigt die Reichsregierung zur Errichtung bzw. Auflösung sowie zu Satzungsänderungen von Wirtschaftsverbänden.

28.2. Treffen Hitlers mit den Spitzen der SA und der Reichswehr: Scharfe Absage an Röhms Milizkonzept, da Hitlers Kriegspläne nur mit der Reichswehr (allgemeine Wehrpflicht) durchführbar seien.

7.3. Ein deutsch-polnischer Wirtschaftsvertrag beendet den jahrelangen Wirtschaftskrieg beider Länder.

12.3. Der «Arierparagraph» aus dem Gesetz zur Wiederherstellung des Berufsbeamtentums gilt jetzt auch für die Reichswehr (vgl. 7. April 1933).

März/
April Nach dem Arbeitsordnungsgesetz vom 20. Januar sind in Betrieben mit über 20 Arbeitnehmern Vertrauensräte als Beratungsgremien zu wählen. Bei den ersten Wahlen in den Betrieben spricht sich fast die Hälfte der Arbeiter gegen die nationalsozialistische Einheitsliste aus bzw. verweigert die Teilnahme an der Wahl. Nach einem weiteren Mißerfolg 1935 werden keine weiteren Vertrauensratswahlen mehr angesetzt.

1.4. Die regionalen Rundfunkanstalten werden zu «Reichssendern», d. h. zu unselbständigen Filialen herabgestuft.
Die Deutsche Reichspost startet einen Fernseh-Versuchsbetrieb (ab dem 22. März 1935 gibt es in Berlin Fernsehstuben).

15.4. Errichtung der «Parteiamtlichen Prüfungskommission zum Schutze des nationalsozialistischen Schrifttums» (PPK) im Stab des Stellvertreters des Führers unter der Leitung von Philipp Bouhler. Sie hat darüber zu wachen, «daß das nationalsozialistische Ideengut nicht von Unberufenen verfälscht und in einer die breite Öffentlichkeit irreführenden Weise geschäftlich ausgewertet wird.»

17.4. Gleichzeitig nimmt eine «Reichsstelle zur Pflege und Förderung deutschen Schrifttums» unter Alfred Rosenbergs Führung die Arbeit auf. Diese soll sich auch mit jenem Schrifttum befassen, das nicht direkt nationalsozialistisch sei, jedoch in Kreisen der Partei nach Absatz strebe bzw. ihn dort finde.

Heinrich Himmler wird zum Leiter der politischen Polizei auch in Preußen ernannt. Göring bleibt nur noch formal «Chef der Gestapo» und gibt schließlich im November alle seine Kompetenzen ab. Damit untersteht Himmler die Geheime Staatspolizei in allen deutschen Ländern.

Reinhard Heydrich wird Chef des Geheimen Staatspolizeiamtes. Erster öffentlicher gemeinsamer Auftritt von Mitgliedern der «Bekennenden Kirche» (BK) aus dem ganzen Reich in Ulm (Ulmer Einung) als «Reichsbruderrat», der die weitere Koordinierung übernimmt und zur Barmer Bekenntnissynode einlädt (vgl. 29.–31. Mai).

Joachim von Ribbentrop wird vom Reichspräsidenten zum Beauftragten für Abrüstungsfragen ernannt. Der Aufbau der sog. «Dienststelle Ribbentrop» als konkurrierende Institution zum Auswärtigen Amt beginnt (vgl. 1. Juni 1935).
Einrichtung des Volksgerichtshofs (VGH) zunächst als Sondergericht für Delikte des Hoch- und Landesverrats: Als Reaktion auf die Freisprüche im Reichstagsbrandprozeß wird der VGH am 18. April 1936 in ein ordentliches Gericht unter Erweiterung seines Zuständigkeitsbereiches umgewandelt. Hitler selbst ernennt in Abweichung vom Gerichtsverfassungsgesetz die Mitglieder des VGH.

Bernhard Rust, preußischer Minister für Wissenschaft, Kunst und Volksbildung, wird zum Chef des neuen «Reichsministeriums für Wissenschaft, Erziehung und Volksbildung» ernannt. Hermann Göring wird gleichzeitig von der Wahrnehmung der Geschäfte des preußischen Innenministers entbunden. Diese werden an Reichsinnenminister Frick übertragen. Damit ist die Gleichschaltung von Reich und Preußen weitgehend abgeschlossen.

Goebbels ordnet eine achttägige Propagandakampagne «gegen Miesmacher, Kritikaster und Hetzer» an, die die Aufbauarbeit stören. Die Kampagne startet am 11. Mai.

Auf einer Tagung des Bundes nationalsozialistischer Juristen wird festgestellt: «Der nationalsozialistische Staat ist ein Rechtsstaat, der nach den Gesichtspunkten der Gerechtigkeit geführt wird, einer Gerechtigkeit, die sich an der nationalsozialistischen Weltanschauung orientiert.»

1934

15.5. Das «Theatergesetz» wird verkündet. Sämtliche Theater und deren Leitungspersonal werden der «Führung» des Propagandaministeriums unterstellt. Goebbels kann somit Einfluß auf die Spielpläne nehmen. Den Theatern wird die nationale Erziehung des Volkes zur Aufgabe gemacht.

29.–31.5. Erste Reichs-Bekenntnissynode in Barmen (heute Wuppertal), wo sich Vertreter lutherischer, reformierter und unierter Kirchen, freier Synoden, Kirchentage und Gemeindekreise treffen. Die Teilnehmer eint ihr Widerstand gegen die Gleichschaltungsmaßnahmen des Reichskirchenregiments unter Reichsbischof Müller und ihr Kampf gegen die Verfälschung der christlichen Lehre durch nationalsozialistisches Gedankengut.
Die Synode verabschiedet eine «Theologische Erklärung», die in sechs Thesen und sechs Verwerfungen die Grundlagen des evangelischen Bekenntnisses formuliert und den Totalitätsanspruch des nationalsozialistischen Staates ebenso ablehnt wie staatliche Funktionen für die Kirche. Diese Erklärung bildet gleichsam das Grundgesetz der sich formierenden «Bekennenden Kirche» (BK).

1.6. Abschluß der deutsch-französischen Verhandlungen bezüglich des Abstimmungstermins im Saargebiet: festgelegt wird der 13. Januar 1935. Diese Absprache wird wenige Tage später vom Völkerbundsrat gebilligt. Das aus 7 Landkreisen durch den Versailler Vertrag gebildete Saargebiet war der deutschen Souveränität entzogen und Frankreich zur wirtschaftlichen Ausbeutung für erlittene Kriegsschäden überlassen worden. Nach 15 Jahren sollte allerdings eine Volksabstimmung über das weitere politische Schicksal des Saargebietes entscheiden. Dieser Zeitpunkt rückt jetzt heran.

5.6. Der Reichsfinanzminister und der preußische Finanzminister ordnen eine Befragung der verheirateten weiblichen Beamten in Preußen an. Bei wirtschaftlicher Sicherheit der Familien sollen Entlassungen der weiblichen Beamten veranlaßt werden.

6.6. Verschmelzung des «Kampfbundes für Deutsche Kultur» mit dem «Reichsverband Deutsche Bühne» zur «NS-Kulturgemeinde».
Hitler gibt die geheime Anweisung, die baldige Verdreifachung der Mannschaftsstärke der Reichswehr vorzubereiten.

7.6. Hirtenbrief der katholischen Bischöfe gegen die «Irrtümer der Zeit». Dieser wird vor seiner Verteilung durch Polizeistellen beschlagnahmt.

Erstes Treffen Hitlers mit Mussolini in Venedig. Gespräche über die beiderseitigen Beziehungen, die Österreichfrage, Abrüstungsprobleme und Deutschlands Rückkehr in den Völkerbund. Der Besuch bringt keine wirklichen Ergebnisse, gleichwohl kehrt Hitler «ganz berauscht», wie Alfred Rosenberg seinem Tagebuch anvertraut, aus Venedig zurück.

Rede Franz von Papens (verfaßt von Edgar Jung) in Marburg mit 17.6. sehr offener Kritik aus konservativer Rechtsauffassung an der nationalsozialistischen Politik der Einparteiherrschaft. Die Verbreitung der Rede wird verboten, Edgar Jung verhaftet (und am 30. Juni umgebracht).

Das Drängen des SA-Stabschefs Ernst Röhm nach einer «zweiten 30.6.–2.7. Revolution» und konservativ-oppositionelle Regungen werden von Hitler mit der eindeutigen Unterstützung der Reichswehrführung beantwortet. Unter dem Vorwand einer angeblichen Verschwörung werden Röhm, etliche hohe SA-Führer, Gregor Strasser, Kurt von Schleicher, Edgar Jung, Herbert von Bose, Gustav Ritter von Kahr, Erich Klausener u. a. in einer schlagartig durchgeführten Mordaktion mit Hilfe der Gestapo und der SS ohne gerichtliche Urteile umgebracht (sog. «Röhm-Putsch»). Insgesamt kommen rund 100 Menschen ums Leben. Nachfolger Röhms als Stabschef der SA wird Viktor Lutze.

Hitler lehnt den Vorschlag des französischen Außenministers Juni Louis Barthou ab, einen kollektiven Nichtangriffspakt mit den osteuropäischen Staaten einschließlich Deutschlands unter französischer Garantie und Anlehnung an den Völkerbund («Ost-Locarno») zu schließen.
Der deutsche PEN-Club im Exil konstituiert sich in Edinburgh. Präsident wird Heinrich Mann.

Durch einen 2:1-Sieg über den 1. FC Nürnberg wird Schalke 04 1.7. erstmals Deutscher Fußballmeister.

Nachträgliche Legalisierung der Morde (vgl. 30. Juni) durch ein 3.7. «Gesetz über Maßnahmen der Staatsnotwehr» mit nur einem einzigen lapidaren Artikel: «Die zur Niederschlagung hoch- und landesverräterischer Angriffe am 30. Juni, 1. und 2. Juli 1934 vollzogenen Maßnahmen sind als Staatsnotwehr rechtens.» Der damals führende Staatsrechtler Carl Schmitt setzt in der von ihm selbst herausgegebenen «Deutschen Juristenzeitung» vom 1. August dieser Aktion noch die wissenschaftliche Krone auf, als er in seinem Aufsatz mit dem Titel «Der Führer schützt das Recht» feststellt: «Der Führer schützt das Recht vor dem schlimmsten Mißbrauch, wenn er im Augenblick der Gefahr kraft seines Führertums als oberster Gerichtsherr unmittelbar Recht schafft. (...) Der wahre Führer ist immer auch Richter. Aus dem Führertum fließt das Richtertum. (...) In Wahrheit war die Tat des Führers echte Gerichtsbarkeit. Sie untersteht nicht der Justiz, sondern war selbst höchste Justiz.» Die Willkür des Diktators wurde damit zum Gesetz erhoben.

Konstantin Hierl wird zum Reichskommissar für den Arbeitsdienst ernannt und erklärt wenige Tage später, daß alle Vorbereitungen zur Einführung der Arbeitsdienst*pflicht* getroffen seien, die dann mit Gesetz vom 26. Juni 1935 tatsächlich eingeführt wird zur Bewältigung gemeinnütziger Aufgaben.

4.7.   Theodor Eicke wird Inspekteur der Konzentrationslager und Führer der SS-Wachverbände.
Kompetenzabgrenzung zwischen SD (Gegnerermittlung) und Gestapo (Gegnerbekämpfung). Obwohl er staatliche Funktionen wahrnimmt, bleibt der SD de jure stets ein Organ der NSDAP und als solches beim Reichsschatzmeister der Partei etatisiert.

9.7.   Dem Reichsführer SS Heinrich Himmler werden alle Konzentrationslager unterstellt.

16.7.   Die nationalsozialistischen Verschwörer Österreichs treffen sich zu einer letzten Besprechung in München und legen die Einzelheiten für den Putsch in Wien fest, der für den 24. Juli vorgesehen ist.
Reichserziehungsminister Rust verbietet ab Ostern 1935 die Verwendung der Antiqua-Schrift in Schulfibeln. Stattdessen sei die «Sütterlin-Schrift oder eine an diese eng angelehnte Schriftform» zu benutzen. Obwohl als «Deutsche Schreibschrift» obligatorisch geworden, findet sie keinen Anklang und wird 1941 durch eine lateinische Schrift, die «Deutsche Normalschrift» ersetzt (vgl. 1. Sept. 1941).

20.7.   Die SS wird wegen ihrer «großen Verdienste (...), besonders im Zusammenhang mit den Ereignissen des 30. Juni 1934» aus ihrer Unterstellung bei der SA gelöst und zu einer selbständigen Gliederung der NSDAP gemacht. Der Reichsführer SS wird Adolf Hitler «persönlich und unmittelbar» unterstellt.

Eine neue «Justizausbildungsordnung» schließt «Nichtarier»
ebenso wie Ehepartner von «Nichtariern» von der Teilnahme am
Examen aus.

Ein nationalsozialistischer Putsch in Österreich mißlingt. Bundeskanzler Engelbert Dollfuß wird dabei ermordet. Kurt von
Schuschnigg wird sein Nachfolger. Er setzt die gegen einen Anschluß an Deutschland gerichtete Politik seines Vorgängers fort
und sucht dafür Unterstützung bei Mussolini, der umgehend
seine Protektorenrolle wahrnimmt und Truppen am Brenner auf-
marschieren läßt. Dies ist für Hitler eine große Enttäuschung und
ein außenpolitischer Rückschlag.

In einer amtlichen Erklärung läßt Hitler jede deutsche Beteiligung
an dem Putschversuch in Wien bestreiten. Die deutsch-österreichische Grenze wird gesperrt und der deutsche Gesandte Rieth
seines Postens enthoben, weil er «ohne jeden Grund das Deutsche
Reich in eine interne österreichische Angelegenheit hineinge-
zogen» habe. Franz von Papen wird mit einer Sondermission in
Wien beauftragt, wenig später aus seiner Funktion als Vizekanzler entlassen und Gesandter in Wien. Er soll dort zur Entspan-
nung der Gesamtsituation beitragen. Hitler enthebt den Lan-
desinspekteur der NSDAP Österreichs, Theodor Habicht, seines
Amtes.

Der in verschiedener Hinsicht wichtige Begriff des «Alten Kämp-
fers» wird parteiamtlich exakt festgelegt: Mitgliedschaft bei
NSDAP, SA, SS oder Stahlhelm vor dem 30. Januar 1933, also
«Parteigenossen» mit Mitgliedsnummern unter 300 000, oder
einjährige Amtswaltertätigkeit vor dem 1. Oktober 1933. Viele
«Alte Kämpfer» empfinden ihren Einsatz für die «Bewegung»
nach der «Machtergreifung» nicht genügend belohnt. Die Forderung nach einer «Zweiten Revolution» hat unter ihnen viele Anhänger.

Präventives «Gesetz über das Staatsoberhaupt des Deutschen Reiches»: Das Amt des Reichspräsidenten wird mit dem des Reichskanzlers vereinigt. Die Befugnisse des Reichspräsidenten gehen
auf den «Führer und Reichskanzler Adolf Hitler» über. Das Gesetz tritt «mit Wirkung von dem Zeitpunkt des Ablebens des
Reichspräsidenten von Hindenburg in Kraft».

Reichspräsident Paul von Hindenburg stirbt.

Umgehende Vereidigung der Reichswehr auf Adolf Hitler persönlich als den «Oberbefehlshaber», von Reichskriegsminister von
Blomberg in peinlicher Eile veranlaßt, um der Reichswehr und
sich selbst Hitlers Gunst zu sichern. Eine Volksabstimmung soll
am 19. August das Gesetz vom 1. August sanktionieren.
Reichsbankpräsident Hjalmar Schacht wird kommissarischer
Reichwirtschaftsminister.

6.8. In einem Interview für die ‹Daily Mail› führt Hitler aus, daß es,
«soweit es an Deutschland liege, keinen neuen Krieg geben werde,
da Deutschland und fast alle Mitglieder der nationalen Regierung
die Schrecknisse eines Krieges noch in persönlicher Erinnerung
hätten. Es sei die Überzeugung der nationalsozialistischen Bewegung, daß Krieg niemals Nutzen bringen und nur Ruin zur Folge
haben könnte.» Nach einer Regelung der Saarfrage sehe er keine
territorialen Schwierigkeiten mit Frankreich mehr. Der Pakt mit
Polen habe seine friedlichen Absichten zudem unterstrichen.
Einen Anschluß Österreichs an das Deutsche Reich sehe er nur
durch eine von dort kommende Willensäußerung als möglich an.

10.8. Eine Verordnung über Arbeitskräfteverteilung bedeutet praktisch
die Einschränkung der freien Arbeitsplatzwahl.

19.8. Volksabstimmung zum Gesetz vom 1. August. Bei einer Beteiligung von 95,7% stimmen 89,9% mit «Ja», 10,1% mit «Nein».
Trotz dieser überwältigenden Zustimmung wird auch Kritik am
Regime sichtbar, denn in manchen Wahlbezirken stimmen mehr
als ein Viertel der Abstimmenden mit Nein.

30.8. Reichsjugendführer Baldur von Schirach gibt im Rundfunk bekannt, daß über 90% der Jugend in der HJ vereinigt seien. Gleichzeitig betont er «das Prinzip der Freiwilligkeit» beim Eintritt.

5.–10.9. NSDAP-Reichstag «Triumph des Willens» in Nürnberg. In Hitlers Proklamation heißt es: «In den nächsten 1000 Jahren findet in
Deutschland keine Revolution mehr statt!»

8.9. Hitler spricht vor der NS-Frauenschaft über die Stellung der Frau
im Nationalsozialismus: «Das Empfinden und vor allem das
Gemüt der Frau hat zu allen Zeiten ergänzend auf den Geist des
Mannes eingewirkt. (...) Das Wort von der Frauen-Emanzipation
ist nur ein vom jüdischen Intellekt erfundenes Wort, und der Inhalt ist von demselben Geist geprägt. Die deutsche Frau brauchte

sich in den wirklich guten Zeiten des deutschen Lebens nie zu emanzipieren, sie hat genau das besessen, was die Natur ihr zwangsläufig als Gut zur Verwaltung und Bewahrung gegeben hat (...) Was der Mann einsetzt an Heldenmut auf dem Schlachtfeld, setzt die Frau ein in ewig geduldiger Hingabe, in ewig geduldigem Leiden und Ertragen. Jedes Kind, das sie zur Welt bringt, ist eine Schlacht, die sie besteht für Sein oder Nichtseins ihres Volkes.»

Die Sowjetunion tritt dem Völkerbund bei. Die gemeinsame Ausrichtung gegen Hitlers Außenpolitik beschleunigt die Herstellung guter Beziehungen zwischen der UdSSR und den westlichen Mächten. 18.9.

Schachts «Neuer Plan» führt ein Wirtschaftsprogramm der völligen Außenhandelssteuerung durch zentrale Devisenbewirtschaftung ein. Die durch forcierte Aufrüstung erhöhte Inlandsnachfrage bei gleichzeitig zurückgehenden Exporten läßt im Sommer die Devisenvorräte knapp werden. Um die Rüstungsexpansion sicherzustellen, wird der Import nach einer Dringlichkeitsskala auf rüstungswirtschaftlich notwendige Rohstoffe und wichtige Nahrungsmittel beschränkt. Der Export und bilaterale Kompensationsgeschäfte mit Rohstoff- und Agrarländern werden gefördert. Die Verlagerung des Außenhandels vor allem auf Südosteuropa und Lateinamerika kann die außenwirtschaftlichen Engpässe gleichwohl nicht beseitigen. Seine gesetzliche Grundlage findet der «Neue Plan» in der am 24. September in Kraft tretenden «Verordnung über den Warenverkehr» vom 4. September. 24.9.

Erntedankfest auf dem Bückeberg. Hitler spricht vor 700000 Teilnehmern (offizielle Angabe). Der Erntedanktag soll in besonderem Maße der Blut-und-Boden-Ideologie Ausdruck verleihen und zu einem «artgemäßen» und «brauchtümlichen» Fest entwickelt werden. 30.9.

Der Stabsleiter der Parteiorganisation, Robert Ley, hat angeordnet, daß kein politischer Leiter der Partei oder der angegliederten Organisationen das Wort «Führer» – auch nicht in Verbindung mit einem anderen Wort – für sich verwenden dürfe, da die Bezeichnung «Der Führer» zu einem unantastbaren Begriff geworden sei. 15.10.

Die Mitglieder des Reichskabinetts werden auf Hitler vereidigt. 16.10.

1934

19./20.10. Die Zweite Bekenntnissynode der «Bekennenden Kirche» (BK) in Berlin-Dahlem protestiert in einer Botschaft an Hitler gegen die Reichskirchenregierung Müllers. Bekräftigung des «Kirchlichen Notrechts» und Festigung der Organisation durch eine «Vorläufige Kirchenleitung» (VKL) (vgl. 22. Nov.).

24.10. Verordnung Hitlers über «Wesen und Ziel der Deutschen Arbeitsfront» (DAF).

26.10. Das Deutsche Reich und Polen erheben ihre gegenseitigen Gesandtschaften in den Rang von Botschaften.

Herbst Zerschlagung des «Technik-Apparates» und vieler illegaler Bezirksleitungen der KPD durch die Gestapo.

1.11. Einrichtung der «Dienststelle Wirtschafts- und Waffenwesen» im Wehrmachtamt des Reichswehrministeriums (ab Oktober 1935: Wehrwirtschaftsstab, ab 22. November 1939 Wehrwirtschafts- und Rüstungsamt).

11.–18.11. Der zweite Reichsbauerntag in Goslar ruft den Beginn der agrarischen «Erzeugerschlacht» aus. Reichsbauernführer Darré bezeichnet den Bauern als den «Urzustand des Begriffs deutscher Arbeiter».

12.11. Ribbentrop sondiert in London die Möglichkeit eines deutsch-britischen Flottenabkommens. Diese Gespräche werden zwischen Hitler und dem britischen Botschafter Sir Eric Phipps am 27. November fortgesetzt.

14.11. Der Stellvertreter des Führers Heß führt in einem Erlaß aus, «daß er zu seinem größten Bedauern in der Presse immer wieder Aufforderungen zum Flaggen sowie byzantinische, geschmacklose Artikel zur Begrüßung oder zur Feier des Geburtstages führender Parteigenossen finde. Derartiges sei geeignet, den betreffenden Führer, aber auch die Bewegung lächerlich zu machen. (...) Er verbiete hiermit letztmalig jede Beweihräucherung (Veranlassung und Duldung) und werde in Zukunft unnachsichtig die Schuldigen ihrer Ämter entheben.» (vgl. 8. Nov. 1933)

22.11. Bildung der ersten «Vorläufigen Kirchenleitung» (VKL I) der «Bekennenden Kirche» (BK) unter Bischof August Marahrens.

Das Reichstierschutzgesetz versteht den Tierschutz als wichtige Aufgabe einer «arisch-naturverbundenen Volksgemeinschaft».

Die Verordnung über den organischen Aufbau der deutschen Wirtschaft sieht die Gründung einer Reichswirtschaftskammer mit sechs Reichsgruppen vor und schließt den Umbau der nationalsozialistischen Wirtschaftsorganisation ab.

Die Turn- und Sportjugend wird in die Hitlerjugend (HJ) eingegliedert.

Das «Reichsgesetz über das Kreditwesen» unterstellt die Großbanken der Führung durch den Reichsbankpräsidenten.

In einem Erlaß bestimmt Hitler von Blomberg, Heß und Göring zu seinen Stellvertretern. Während von Blomberg für alle Angelegenheiten der Wehrmacht und Heß für die Parteiführung verantwortlich sein solle, habe Göring die Vertretung «in allen übrigen Angelegenheiten der Staatsführung» zu übernehmen.

Eine neue Prüfungsordnung für Pharmakologen schließt «Nichtarier» vom Examen aus.

Hans Frank, der Gründer der Akademie für Deutsches Recht und Leiter der Deutschen Rechtsfront, wird Reichsminister ohne Geschäftsbereich, nachdem durch die Aufhebung der Justizministerien der Länder seine Aufgabe als Reichskommissar für die Gleichschaltung der Justiz obsolet geworden ist.

Das «Gesetz gegen heimtückische Angriffe auf Staat und Partei und zum Schutz der Parteiuniformen» erweitert die Möglichkeiten zur strafrechtlichen Verfolgung politischer Unbotmäßigkeit und löst die Notverordnung vom 21. März 1933 ab.

7.1. Abschluß einer französisch-italienischen Vereinbarung zur militärischen Intervention bei deutschem Zugriff auf Österreich oder Remilitarisierung des Rheinlandes.

13.1. Abstimmung im Saargebiet (vgl. 1. Juni 1934). Trotz intensiver Kampagnen von KPD und SPD («Schlagt Hitler an der Saar») sprechen sich 90,8% der abgegebenen Stimmen für eine Rückgliederung in das Deutsche Reich, 8,8% für die Aufrechterhaltung des gegebenen Zustands und 0,4% für eine Angliederung an Frankreich aus. Bei einer Arbeitslosigkeit von 24,4% im Dezember 1934 haben die Gegner der Sogwirkung des deutschen Wirtschaftsaufschwungs wenig entgegenzusetzen.
Am 17. Januar beschließt der Völkerbundsrat die Rückgabe des Saargebiets zum 1. März an Deutschland, die französische Regierung fügt sich.

19.1. Der Vorsitzende der Deutschen Adelsgenossenschaft und Adelsmarschall Fürst zu Bentheim-Tecklenburg führt auf der Arbeitstagung des Adelskapitels aus, daß die Deutsche Adelsgenossenschaft unbedingt auf dem Boden des Nationalsozialismus stehe. Der Adel bejahe die reine Idee des Nationalsozialismus, die allein Deutschland vor dem Bolschewismus bewahren könne. Gerade der Adel müsse aus eigenem Antrieb die höchsten Forderungen bezüglich der Blutreinheit (alle Ahnen bis 1750) stellen. Nur 1,5% der Mitglieder der Adelsgenossenschaft seien auf Grund dieser Bestimmung auszuschließen. Beim gesamten Adel liege das Verhältnis allerdings etwas ungünstiger, doch sei es eine grobe Unterstellung, von einer Verjudung des Adels zu sprechen.

26.1. Im Einvernehmen mit dem Rassenpolitischen Amt der NSDAP hat das Reichserziehungsministerium Richtlinien für die rassenpolitische Schulung der Jugend erlassen. Diese solle lernen, sich als Glied des Volkes zu fühlen und müsse wissen, daß die wichtigste Eigenschaft des Volkes die Rasse sei, die man scharf von der Sprach-, Kultur- und Bekenntnisgemeinschaft zu trennen habe. Die Weltgeschichte sei als Geschichte rassisch bestimmter Volkstümer darzustellen. Aus dem Rassegedanken müsse eine grundsätzliche Ablehnung der Demokratie oder anderer Gleichheitsbestrebungen abgeleitet und der Sinn für den Führergedanken geweckt werden.

Besuch Hermann Görings in Polen, der von massiver antisowjeti- 27.–31.1.
scher Propaganda begleitet wird.

Die «Deutsche Gemeindeordnung» wahrt grundsätzlich die 30.1.
kommunale Selbstverwaltung, schafft allerdings Gemeindewah-
len ab, da das Volk durch die NSDAP repräsentiert werde. Bür-
germeister werden mithin von der NSDAP bestimmt, wodurch
es «zur Sicherung des Einklangs» zu einer engen Verschränkung
von Gemeindeverwaltung und Parteiorganisation kommt. In
diesem Zusammenhang unterscheidet die Gemeindeverordnung
zwischen «Einwohner» und «Bürger».
Das «Reichsstatthaltergesetz» beseitigt endgültig die Länderho-
heit. Die Reichsstatthalter werden von Hitler ernannt und abberu-
fen, der auch den jeweiligen Amtsbezirk (die Bezeichnung «deutsche Länder» taucht im Gesetz nicht mehr auf) bestimmt.

Die Ernennung und Entlassung von Reichs- und Landesbeamten 1.2.
vom Regierungs-, Amts- und Postrat aufwärts sowie die Ausübung des Gnadenrechts liegt künftig in Hitlers persönlicher
Zuständigkeit.

Eröffnung des fortan jährlich stattfindenden Reichsberufswett- 15.2.
kampfes.

Erste Reichstagung der Nationalsozialistischen Volkswohlfahrt 17.–21.2.
(NSV). Die aus sozialfürsorgerischen Initiativen der NSDAP vor der
«Machtergreifung» entstandene NSV ist zuständig für alle Fragen
nationalsozialistischer Wohlfahrtspflege und Fürsorge und betreut
in diesem Rahmen «bedürftige Volksgenossen», sofern diese politisch, rassisch und erbbiologisch «würdig» sind (vgl. 3. Mai 1933).

Das «Gesetz über die Einführung eines Arbeitsbuches» dient der 26.2.
Kontrolle von Arbeitsverhältnissen und -kräften, um «die zweck-
entsprechende Verteilung von Arbeitskräften in der deutschen
Wirtschaft zu gewährleisten» und «den richtigen Mann an den
richtigen Platz zu stellen». Personen ohne Arbeitsbuch dürfen
nicht mehr beschäftigt werden.

Förmliche Wiedereingliederung des Saargebiets (vgl. 13. Jan.) in 1.3.
das Deutsche Reich. Im Beisein Hitlers wird das Saargebiet
«heim ins Reich» geholt. Es bildet zusammen mit der Pfalz den
Gau Saarpfalz (ab 1940: Westmark) und ist das erste «Reichs-
land», welches unmittelbar einem Reichskommissar als Regie-

rungschef und einem «Reichsregierungspräsidenten» als dessen Stellvertreter unterstellt ist.

4./5.3. Die Bekenntnissynode der Evangelischen Kirche der Altpreußischen Union beschließt Kanzelverkündigungen gegen «Neuheidentum» und NS-Rassenideologie. Die Folge ist die Verhaftung zahlreicher Pfarrer.

10.3. Erste Fahrt von KdF-Schiffen nach Madeira. Vor allem diese Kreuzfahrten der weißen «Flotte des Friedens» tragen zur Popularität von KdF bei. Daß dies nicht aus purer Menschenfreundlichkeit geschieht, belegt eine spätere Äußerung (1940): «Wir schickten unsere Arbeiter nicht auf eigenen Schiffen auf Urlaub oder bauten ihnen gewaltige Seebäder, weil uns das Spaß machte (...) Wir taten das nur, um [sie] gestärkt und neu ausgerichtet an [ihren] Arbeitsplatz zurückkehren zu lassen.» (vgl. 27. Nov. 1933)

11.3. Die Existenz einer deutschen Luftwaffe wird offiziell von Hermann Göring in einem Interview mit Ward Price von der ‹Daily Mail› bekanntgegeben. Die Luftwaffe wird durch einen Erlaß Hitlers vom 14. März zum selbständigen Wehrmachtteil.

16.3. Das «Gesetz für den Aufbau der Wehrmacht» führt die allgemeine Wehrpflicht wieder ein. Damit werden von Hitler einseitig die militärischen Bestimmungen des Versailler Vertrages aufgehoben. Bis 1939 soll die Wehrmacht (wie die deutsche Armee ab jetzt offiziell heißt) auf 36 Divisionen mit 580 000 Mann anwachsen. Begründet wird diese «Wiederherstellung der deutschen Wehrhoheit» in einer Proklamation «An das deutsche Volk» mit dem Scheitern der bisherigen Abrüstungsverhandlungen bzw. den Aufrüstungsmaßnahmen der anderen Staaten.

22.3. Eröffnung des ersten regelmäßigen deutschen Fernseh(probe)betriebs. In 15 «öffentlichen Fernsehstellen» in Berlin und Potsdam ist der kostenlose Empfang des Programms möglich (vgl. 1. April 1934).

25./26.3. Der britische Außenminister John Simon und der Lordsiegelbewahrer Anthony Eden kommen zu Gesprächen nach Berlin. Die Besprechungen berühren die Abrüstungsfrage sowie Projekte wie den Luftpakt und den Ostpakt. Außerdem deutet Hitler die Möglichkeit einer deutsch-englischen Verständigung in der Flottenrüstung an. Grundsätzliches Mißverständnis: Während Hitler darauf spekuliert, England durch ein bilaterales Abkommen an seine Seite zu ziehen, um Krieg gegen die Sowjetunion führen zu können, wollen die Briten Deutschland durch entgegenkommende Behandlung revisionistischer Forderungen zu multilateralen Vereinbarungen bewegen, um es in ein friedliches Europa einzubinden.

Verhaftung der letzten illegal arbeitenden KPD-Inlandsleitung in Berlin. 27.3.

Reichsjustizminister Gürtner erklärt in einem Interview, daß mit dem 1. April die einheitliche deutsche Reichsjustiz geschaffen sei. An diesem Tag werden rund 65 000 Beamte und 2000 Behörden unter Reichshoheit gestellt. Nach Reichspost, Reichswehr, Reichsfinanz und Reichsbahn sei die Reichsjustiz nunmehr die fünfte große geschlossene Reichsverwaltung. 1.4.
Die trotz ihrer Selbstbezeichnung als «Zeugen Jehovas» weiterhin «Ernste Bibelforscher» genannte Glaubensgemeinschaft, die von den Nationalsozialisten im Zuge ihrer Sektenverfolgung als «Schrittmacher des Weltbolschewismus» von Anfang an kompromißlos bekämpft worden ist, wird formell verboten (vgl. Aug./Sept. 1936).

Deutsch-sowjetische Wirtschaftsvereinbarung über einen deutschen Kredit von 200 Millionen Reichsmark mit einer Laufzeit von fünf Jahren. 9.4.

Zusammentritt der Konferenz von Stresa. Die Regierungschefs von Großbritannien, Frankreich und Italien erzielen in diesem Kurort am Südwestufer des Lago Maggiore Einvernehmen darüber, «sich mit allen geeigneten Mitteln jeder einseitigen Aufkündigung von Verträgen zu widersetzen» (vgl. 16. März). Daneben bestätigen sie die bisherige Politik der kollektiven Sicherheit in Osteuropa und bekräftigen die Unabhängigkeit Österreichs. Die sog. «Stresafront» bleibt allerdings deklamatorisch, weil sie sich zu einer einheitlichen Abwehr nicht durchringen kann. 11.–14.4.

Der Völkerbund verurteilt den deutschen Vertragsbruch vom 16. März. 17.4.

Die sog. Amann-Anordnungen des Präsidenten der Reichspressekammer, Max Amann, zur «Beseitigung der Skandalpresse», «über Schließung von Zeitungsverlagen zwecks Beseitigung ungesunder Wettbewerbsverhältnisse» und «zur Wahrung der Unabhängigkeit 24.4.

des Zeitungsverlagswesens» ermöglichen einschneidende Maßnahmen der Pressekonzentration.

25.4. Die Anordnung des Präsidenten der Reichsschrifttumskammer über «schädliches und unerwünschtes Schrifttum» ermöglicht nachträgliche Buchverbote.

1.5. Der von Goebbels im Mai 1933 in Umwandlung des Stefan George-Preises gestiftete «Nationalpreis für Buch und Film» geht in diesem Jahr an Eberhard Wolfgang Möller für seine beiden Gedichtbände «Berufung der jungen Zeit» und «Die Briefe der Gefallenen». In der Sparte Film wird Leni Riefenstahl für ihren Propagandafilm «Triumph des Willens» ausgezeichnet.

Mai Starke Rückwanderungswelle jüdischer Emigranten (bisher etwa 10 000).

17.5. Beginn der Prozeßwelle gegen Klosterangehörige wegen angeblicher «Devisenvergehen».

19.5. Die erste fertiggestellte Teilstrecke der Reichsautobahnen zwischen Frankfurt a.M. und Darmstadt wird von Hitler eröffnet und dem Verkehr übergeben. «Der Führer fuhr sodann die gesamte Strecke ab. In seiner Begleitung befanden sich auf Lastautos die 4000 Arbeiter, die an der Strecke gearbeitet hatten.»

21.5. Hjalmar Schacht wird zum «Generalbevollmächtigten für die Kriegswirtschaft» ernannt.
Ein geheimes Reichsverteidigungsgesetz verpflichtet die Wirtschaft zur Rüstungsproduktion.
Hitler entwickelt im Reichstag sein «Friedensprogramm» von dreizehn Punkten: «Wer in Europa die Brandfackel des Krieges erhebe, könne nur das Chaos wünschen.» Vor allem sein Vorschlag bilateraler Nichtangriffsverträge steht gegen die abbröckelnde Tendenz zu Paktsystemen kollektiver Sicherheit.
Das «Wehrgesetz» des Deutschen Reiches regelt den Wehrdienst als «Ehrendienst am deutschen Volk». Der deutsche Soldat hat «rückhaltlos für den Führer und das nationalsozialistische Reich einzutreten». Bemerkenswert sind u. a. erste Versuche, ein neuartiges Offizierkorps zu schaffen. Denn jeder Wehrfähige, der als Soldat gedient hat, kann «Offizier im Beurlaubtenstande» werden, der erfolgreiche Abschluß einer höheren Bildungsanstalt ist nicht mehr erforderlich.

Internationaler Filmkongreß in Berlin.

Verstärkte Boykott-Propaganda gegen Juden und vielfältige Gewalttakte von Partei- und SA-Trupps gegen Juden und jüdische Geschäfte. Berlin bleibt wegen der Auslandswirkung von dieser Kampagne weitgehend verschont.

Joachim von Ribbentrop wird zum «Außerordentlichen Bevollmächtigten Botschafter des Deutschen Reiches in besonderer Mission» ernannt. Parallel erfolgt ein Ausbau der «Dienststelle Ribbentrop» (vgl. 24. April 1934).

In Alt-Rehse am Tollensesee in Mecklenburg wird in Anwesenheit führender Vertreter von Partei und Staat sowie der Dekane fast aller medizinischen Fakultäten die «Führerschule der deutschen Ärzteschaft» feierlich eröffnet. Hier werden in zwei- bis sechswöchigen Kursen NS-Gesundheitsfunktionäre und vor allem sog. Jungärzte, «nachdem sie vorher schon durch die weltanschauliche Schulung der Partei gegangen sind, zusätzlich auf den Gebieten geschult (...), die sie als ärztliche Führer unbedingt beherrschen müssen», d. h. vor allem in Bevölkerungspolitik, Erblehre, Rasse-, Sozial- und Wehrhygiene.

Dritte Bekenntnissynode der «Bekennenden Kirche» (BK) in Augsburg.

Errichtung von Reichsarbeitskammer und Bezirksarbeitskammern als beratende Gremien, die «Anregungen und Wünsche aus der Praxis der Betriebe an die politische Führung» weitergeben sollen. Die Kammern werden in das «Amt Soziale Selbstverantwortung» der DAF eingegliedert. Das Übergewicht von Parteivertretern führt jedoch rasch zur Umkehrung der ursprünglichen Zielrichtung.

Im deutsch-britischen Flottenabkommen verpflichtet sich das Deutsche Reich im Wesentlichen darauf, auf Dauer nur bis zu 35 % des Bestandes der britischen Seestreitkräfte und in bezug auf die U-Boot-Stärke zunächst nur bis zu 45 % des englischen Bestandes aufzurüsten. Das Abkommen löst Empörung in Frankreich aus, das sich, abgesehen von der Nicht-Konsultierung, durch das historische Datum (Waterloo) zusätzlich getroffen fühlt. Hitler hat damit erreicht, seinen Wunschpartner Großbritannien vom Prinzip multilateraler Abkommen abzubringen. In diesem Sinne soll er den 18. Juni als den bisher «glücklichsten Tag» seines Lebens bezeichnet haben. Auf ein entsprechendes Abkommen für

die Luftrüstung beider Nationen hat sich Hitler bezeichnender-
weise nie ernsthaft eingelassen.

26.6. Der bisher freiwillige Arbeitsdienst (vgl. 3. Juli 1934) wird durch
Reichsgesetz für alle Jugendlichen zum verpflichtenden «Reichsarbeitsdienst» von halbjähriger Dauer. Er soll zwischen dem 18. und
25. Lebensjahr abgeleistet werden, in gesellschaftlicher Hinsicht
egalisierend wirken und alle Standesunterschiede in der «Volksgemeinschaft» des «Dritten Reiches» auf Dauer überwinden.
Ein «Reichsnaturschutzgesetz» soll «des deutschen Volkes Sehn-
sucht, Freude und Erholung» in Feld und Wald erhalten und bewahren helfen: «Der um die Jahrhundertwende entstandenen
‹Naturdenkmalpflege› konnten nur Teilerfolge beschieden sein,
weil wesentliche politische und weltanschauliche Voraussetzungen fehlten; erst die Umgestaltung des deutschen Menschen schuf
die Vorbedingungen für wirksamen Naturschutz.»
Das «Luftschutzgesetz» führt eine allgemeine Dienstpflicht (Ver-
dunkelung, Brandbekämpfung, Erste Hilfe, Räumarbeiten u. a.)
sowie eine Sachleistungspflicht (Bau und Ausstattung von Luft-
schutzräumen etc.) ein.

28.6. Das «Gesetz zur Änderung des Strafgesetzbuches» instrumentali-
siert die Rechtspflege im Sinne der nationalsozialistischen Ideolo-
gie und nimmt gegebenenfalls auch das «gesunde Volksempfinden» zu Hilfe.

1.7. Auf Initiative des nationalsozialistischen Historikers Walter Frank
wird nach Auflösung der Historischen Reichskommission das
«Reichsinstitut für Geschichte des neuen Deutschland» gegründet, dessen Leiter er wird. Die Arbeiten des Instituts sollen die
neuere deutsche Geschichte (1789–1933) so interpretieren, daß
das «Dritte Reich» als ihre Vollendung erscheint. 1936 wird eine
spezielle Forschungsabteilung für die Judenfrage eröffnet.

8.7. Für eine Aufnahme in die Deutsche Studentenschaft bzw. Deutsche Fachschulschaft muß ein «Ariernachweis» vorgelegt werden.

9.7. Ein Verbot der Hetze gegen das «Gesetz zur Verhütung erbkranken Nachwuchses» (vgl. 14. Juli 1933) reagiert auf kirchliche Kritik an der Sterilisierung Behinderter.

12.7. Alle Zuständigkeiten auf dem Gebiet des Fernsehwesens (vgl. 1.
April 1934) gehen wegen ihrer besonderen Bedeutung für die

Flugsicherung und den nationalen Luftschutz auf den Reichsminister der Luftfahrt über. Für die technische Entwicklung bekommt
allerdings im Dezember der Reichspostminister den Zuschlag und
stellt auch dem Propagandaminister für den öffentlichen Bedarf
die erforderlichen Geräte zur Verfügung. Dem Propagandaminister
obliegt seitdem «die darstellerische Gestaltung von Fernsehüber-
tragungen für Zwecke der Volksaufklärung und Propaganda».

Richard Strauss tritt als Präsident der Reichsmusikkammer «aus   13.7.
Gesundheitsgründen» zurück, nachdem er in Konflikt mit dem
Regime geraten war. Er hatte für die Uraufführung seiner Oper
«Die schweigsame Frau» an seinem (jüdischen) Librettisten Ste-
fan Zweig festgehalten. Diese Gelegenheit wird zu einem größe-
ren Revirement in der Reichskulturkammer genutzt.

Gründung eines Reichskirchenministeriums zur «Wiederherstel-   16.7.
lung geordneter Zustände», an dessen Spitze Hanns Kerrl tritt
(vgl. 24. Sept.).

Katholische Jugendorganisationen werden durch Erlaß in ihren   20.7.
Wirkungsmöglichkeiten stark eingeschränkt.

Gründung des Nationalsozialistischen Deutschen Dozentenbun-   24.7.
des (NSDDB), der durch die Zusammenfassung der nationalsozialistischen Hochschullehrer die NS-Weltanschauung in den
Universitäten und Hochschulen zu verbreiten, über politisches
Wohlverhalten der nichtorganisierten Kollegen zu wachen und
für die allgemeine Ideologisierung des Lehrbetriebs zu sorgen
hat.
Auflösung aller Verbände ehemaliger Freikorpskämpfer und Tra-
ditionsvereine.

Eine «Verordnung über die Zulassung von Nichtariern zum akti-   25.7.
ven Wehrdienst» regelt den definitiven Ausschluß von so genannten «Voll- und Dreiviertel-Juden» aus den Streitkräften. Eine weitere Präzisierung und Verschärfung erfolgt am 26. Juni 1936.

Der VII. Weltkongreß der Komintern bereitet eine gegen den Fa-   25.7.–
schismus gerichtete Volksfront vor und korrigiert die «Sozialfa-   20.8.
schismustheorie», welche die Sozialdemokratie zu einem noch vor
dem Nationalsozialismus auszuschaltenden Gegner erklärt hatte.
Der Kongreß verabschiedet die sog. «Dimitroff-Formel»: «Der Fa-
schismus ist die offene terroristische Diktatur der am meisten re-

aktionären, chauvinistischen und imperialistischen Elemente des Finanzkapitals».

26.–27.7. Auf der Konferenz von Reichenberg wird eine Auslandsvertretung der deutschen (Freien) Gewerkschaften in Komotau/CSR (ab August 1938 in Kopenhagen) gegründet.

28.7. In verschiedenen Städten haben die Stadtverwaltungen bekannt gegeben, daß der «Besuch der städtischen Badeanstalten durch Nichtarier unerwünscht» sei.

2.8. Hitler erklärt München offiziell zur «Hauptstadt der Bewegung».

17.8. Verbot sämtlicher noch bestehender Freimaurerlogen auf der Grundlage der «Reichstagsbrandverordnung» (vgl. 28. Februar 1933), da sie «zu volks- und staatsfeindlichen Bestrebungen» bestimmt seien. Ihre Vermögen werden beschlagnahmt.

18.8. Die Reichsregierung hat die Standesbeamten angewiesen, Eheschließungen zwischen Ariern und Nichtariern (so genannte «Rassenmischehen») nicht mehr vorzunehmen.
Alle jüdischen Kulturorganisationen haben sich bis zum 31. August dem «Reichsverband jüdischer Kulturbünde» anzuschließen. Mitglieder können nur «Nichtarier» sein, und nur Mitglieder dürfen sich an den Veranstaltungen als Künstler oder Zuschauer beteiligen.

20.8. Eine Denkschrift der katholischen Bischöfe an Hitler richtet sich gegen nationalsozialistisches «Neuheidentum» und die Verdrängung christlicher Elemente aus der Öffentlichkeit und äußert Kritik an der «Diktatur der Geheimen Staatspolizei» in ihrem Verhalten gegenüber der Kirche.

3.9. Für «bewährte HJ- und Arbeitsdienstführer mit Volksschulabschluß» wird die Möglichkeit des Hochschulstudiums eröffnet.

6.9. Die «Anordnung über den Vertrieb jüdischer Zeitungen und Zeitschriften» verbietet, diese öffentlich anzubieten.

10.9. Der Reichserziehungsminister hat in einem Erlaß die Absicht angekündigt, vom Schuljahr 1936 an für alle Schularten eine möglichst vollständige Rassentrennung durchzuführen. Die gemeinsame Erziehung von Juden und Nichtjuden bilde ein starkes Hindernis für die nationalsozialistische Jugenderziehung.

NSDAP-«Reichsparteitag der Freiheit», der durch die Verkündung der sog. Nürnberger Gesetze in Erinnerung bleibt, die die jüdische Bevölkerung Deutschlands diskriminieren und entrechten: Das «Reichsbürgergesetz» unterscheidet die mit weniger Rechten ausgestatteten bloßen «Staatsbürger», die dem «Schutzverband des Deutschen Reiches angehör[en] und ihm dafür besonders verpflichtet» sind, von den «Reichsbürgern», die als «Träger der vollen politischen Rechte» bezeichnet werden. Letztere müssen «deutschen oder artverwandten Blutes» sein und durch ihr Verhalten stets beweisen, daß sie «gewillt und geeignet» sind, «in Treue dem deutschen Volk und Reich zu dienen».

Im «Gesetz zum Schutze des deutschen Blutes und der deutschen   15.9. Ehre» werden Ehen sowie außereheliche sexuelle Beziehungen zwischen Juden und so genannten «Deutschblütigen» verboten. Das schon bald so genannte «Blutschutzgesetz» ist die Grundlage für eine Vielzahl von Prozessen wegen «Rassenschande». Außerdem wird festgelegt, daß Juden keine weiblichen Staatsangehörigen «deutschen oder artverwandten Blutes unter 45 Jahren in ihrem Haushalt» beschäftigen dürfen. Auch das Hissen der Reichs- und Nationalflagge ist ihnen zukünftig verboten. Der Nachweis «arischer» Abstammung gilt hinfort als Vorbedingung für jedes öffentliche Amt.
Das Reichsflaggengesetz erhebt die Hakenkreuzflagge zur Reichs- und Nationalflagge, während die Reichsfarben schwarz-weiß-rot bleiben. Wenige Tage später verbietet der Reichsinnenminister das Hissen der schwarz-weiß-roten Flagge auf öffentlichen Gebäuden.

Das «Gesetz zur Sicherung der Deutschen Evangelischen Kirche»   24.9. ermächtigt in seinem einzigen Paragraphen den neuernannten Reichskirchenminister Hanns Kerrl, zur «Wiederherstellung geordneter Zustände» Verordnungen mit rechtsverbindlicher Kraft zu erlassen (vgl. 16. Juli).

Treffen von Emigranten unterschiedlichster politischer Proveni-   26.9. enz im Hotel Lutetia in Paris zur Vorbereitung einer deutschen Volksfront (vgl. 2. Feb. 1936).

Italienische Truppen fallen in Abessinien ein. Während der Völ-   3.10. kerbund am 11. Oktober Sanktionen gegen Italien beschließt (Waffenembargo, Kredit- und Rohstoffsperre), die allerdings nicht konsequent durchgehalten werden, unterstützt Deutschland Italien mit Rohstofflieferungen (v. a. Kohle und Stahl). Langfristig ist die Unterstützung Mussolinis der erste Schritt zur «Achse Berlin-Rom». Um die Aufmerksamkeit der Mächte möglichst lange auf diesen Konflikt zu konzentrieren, beliefert das Deutsche Reich heimlich auch den Negus Haile Selassie mit Kriegsmaterial.

3.–15.10. Die «Brüsseler» Konferenz der KPD, die tatsächlich bei Moskau stattfindet, beschließt die Taktik der Einheits- und Volksfront mit Sozialdemokratie und «antifaschistischen» bürgerlichen Gruppen, die später weitgehend scheitert.

5.10. Der Reichsminister für die kirchlichen Angelegenheiten bildet «aus Männern der Kirche einen Reichskirchenausschuß», der die Deutsche Evangelische Kirche leitet. Entsprechende Ausschüsse werden für die Evangelische Kirche der altpreußischen Union gebildet (vgl. 24. Sept.).
Die Zusammenarbeit von DAF und Reichsnährstand wird geregelt.

12.10. Reichssendeleiter Eugen Hadamovsky verbietet die Ausstrahlung von «Nigger-Jazz» im deutschen Rundfunk.

13.10. Die Deutsche Burschenschaft wird offiziell aufgelöst. Auch zahlreiche studentische Korps lösen sich auf, manche werden als «Kameradschaften» in den Nationalsozialistischen Deutschen Studentenbund (NSDStB) überführt.

18.10. Das «Gesetz zum Schutze der Erbgesundheit des deutschen Volkes» («Ehegesundheitsgesetz») erweitert das «Gesetz zur Verhütung erbkranken Nachwuchses» (vgl. 14. Juli 1933) und verbietet die Ehe von/ mit Behinderten und «Erbkranken». Ein «Ehetauglichkeitszeugnis» des Gesundheitsamtes hat vor der Eheschließung die «rassische, gesundheitliche und moralische Befähigung» des Brautpaares nachzuweisen, um auf diese Weise die Fortpflanzung «erbuntüchtiger» Individuen zu unterbinden. Es setzt eine verstärkte Propaganda gegen so genanntes «lebensunwertes Leben» ein.

5.11. Um der «Einheit von Partei und Staat auch in ihren Sinnbildern Ausdruck zu verleihen», wird als Hoheitszeichen des Deutschen Reiches «das Hoheitszeichen der Nationalsozialistischen Deutschen Arbeiterpartei» eingeführt. Die Siegel mit dem bisher übli-

chen Reichsadler oder dem Landeswappen dürfen nur noch eine
begrenzte Zeit benutzt werden.

Der 1918 gegründete Soldatenbund «Stahlhelm», ursprünglich
als Wehrverband gegen sozialistische und kommunistische Auf-
stände konzipiert, hatte 1933 als Steigbügelhalter der NSDAP gedient. Schon seit April 1933 wurden die jüngeren Jahrgänge in die
SA eingegliedert, während der Rest nach Umbenennung in «Nationalsozialistischer Deutscher Frontkämpferbund» (November
1934) nunmehr aufgelöst wird: Der Verband sei – so die offizielle
Begründung – dank der wiedereingeführten Wehrpflicht überflüssig geworden.
Öffentliche Vereidigung des ersten wehrpflichtigen Rekrutenjahr-
gangs (1914) der Wehrmacht auf Hitler. An diesem Tag wird erstmals die neue Reichskriegsflagge gehißt, in deren Mitte nun statt
des Reichsadlers ein großes Hakenkreuz prangt.

7.11.

Am Jahrestag des gescheiterten Putsches vom 9. November 1923
werden in München die damals zu Tode gekommenen 16 «Blut-
zeugen der Bewegung» in die neu errichteten Ehrentempel am
Königsplatz überführt. Weitere Parteibauten in der «Hauptstadt
der Bewegung» sind inzwischen fertiggestellt.

9.11.

Eine «Erste Verordnung zum Reichsbürgergesetz» (vgl. 15. Sept.)
regelt die Entlassung von Juden im Sinne dieses Gesetzes aus dem
Staatsdienst und allen sonstigen öffentlichen Ämtern, denn: «Ein
Jude kann nicht Reichsbürger sein. Ihm steht ein Stimmrecht in
politischen Angelegenheiten nicht zu; er kann ein öffentliches
Amt nicht bekleiden.» Eine Zweite Verordnung präzisiert und erweitert die betroffenen Ämter im Dezember.

14.11.

Einheitsfront-Gespräch von KPD und SPD.

23.11.

Gründung des SS-»Lebensborn e.V.» im Rahmen des Rasse- und
Siedlungshauptamtes (RuSHA) der SS. In Fortführung des Hei-
ratsbefehls von 1932 trägt die Satzung des Lebensborns (vom 13.
September 1936) jedem Mann auf, mindestens vier Kinder zu zeugen. Ob dies eheliche Kinder sind oder nicht, spielt keine Rolle. In
den gut ausgestatteten Lebensborn-Heimen sollen die Kinder zur
Welt gebracht werden, abgeschirmt von der Umwelt. Der Lebensborn beschafft die notwendigen amtlichen Papiere, regelt den Unterhalt und sucht gegebenenfalls Adoptiveltern.

13.12.

1936

3.1. Ein Erlaß des Reichsinnenministers Frick bezieht auch Sinti und Roma sowie Farbige in das «Blutschutzgesetz» ein (vgl. 15. September 1935).

6.1. Mussolini läßt den Deutschen Botschafter in Italien, Ulrich von Hassell, wissen, daß er keine Einwände mehr gegen eine politische Abhängigkeit Österreichs vom Deutschen Reich habe. Diese «Einsicht» läßt sich als Dank für die deutsche Unterstützung in Italiens Abessinienkrieg verstehen.

14.1. Saarlouis bekommt seinen deutschen Namen Saarlautern «zurück», den die Stadt «gelegentlich der französischen Einfälle unter Ludwig XIV.» verloren hatte.

2.2. Im Hotel Lutetia in Paris verabschieden KPD-, SPD-, linkssozialistische und bürgerliche Exilpolitiker unter Federführung von Heinrich Mann eine gemeinsame «Kundgebung an das deutsche Volk» (vgl. 26. Sept. 1935).

4.2. Wilhelm Gustloff, der Leiter der Landesgruppe Schweiz der NSDAP, wird in Davos ermordet. In Deutschland werden, da der geständige Täter Jude ist, sämtliche Veranstaltungen der jüdischen Kulturbünde verboten. Die deutsche Propaganda macht aus der Tat ein Komplott des «Weltjudentums». Hitler ordnet an, ein geplantes KdF-Schiff, welches ursprünglich seinen Namen tragen sollte, in «Wilhelm Gustloff» umzubenennen (vgl. 6. Mai 1937; 30. Jan. 1945).

6.–16.2. IV. Olympische Winterspiele in Garmisch-Partenkirchen mit 756 Athleten aus 28 Ländern. Die Ausrichtung der Olympischen Spiele war Deutschland schon 1931 übertragen worden. Hitler nutzt das sportliche Ereignis zu propagandistischer Selbstdarstellung. Die wegen der nationalsozialistischen Rassenpolitik sich entwickelnde Boykottbewegung kann nur mit großer Mühe eingedämmt werden.

10.2. Das «Dritte Preußische Gesetz über die Geheime Staatspolizei» schreibt die organisatorische Selbständigkeit der Gestapo fest. Die Gestapo ist allein zuständig für politische Delikte und die Beobachtung sowie Verfolgung von «Staatsfeinden».

Die Reichspressekammer untersagt kirchlichen Zeitschriften jede Art von politischer Berichterstattung.

Die Vierte Bekenntnissynode der «Bekennenden Kirche» (BK) in Bad Oeynhausen führt zur Spaltung in eine gemäßigte und eine radikale Richtung, als sich die Gemäßigten zur Zusammenarbeit mit Reichskirchenminister Kerrl bereit zeigen. 17.–22.2

Mussolini sagt Hitler für den Fall einer Remilitarisierung des Rheinlandes Passivität zu und gibt damit den Vertrag von Locarno preis. 22.2.

Der Deutschen Industrie gelingt die Entwicklung synthetischer Produkte (Benzol, Buna, Chemiefasern). Febr.
Bei Fernsehversuchen in Berlin ist es gelungen, Bilder (180 Zeilen und 25 Bildwechsel in der Sekunde) auf dem Kabelweg auf 395 Kilometer Entfernung einwandfrei zu übertragen. Damit sei auf diese Distanz «eine Verbindung von Fernsprechen und Fernsehen möglich» (vgl. 1. April 1934; 12. Juli 1935).

Erste Ausstellung «entarteter Kunst». Unter diesem diffamierenden Schlagwort wird moderne, nicht-naturalistische Kunst zusammengefaßt. Mangelndes Verständnis für moderne Kunst und gezielte Propaganda geben zahlreiche Kunstwerke als «‹Kulturdokumente› des Bolschewismus und jüdischer Zersetzungsarbeit» der Lächerlichkeit preis: «Was wir in dieser interessanten Schau sehen, wurde einmal ernstgenommen.» Werke von «Künstlern der Verfallszeit» (etwa Beckmann, Dix, Klee etc.) werden systematisch aus öffentlichen Sammlungen ausgesondert, da «sie in ihrer zügellosen individualistischen Willkür geistig destruktiv gewirkt (...) und ein Untermenschentum propagiert» hätten. 4.–31.3.

Durch vertragswidrige Besetzung der entmilitarisierten Zone des Rheinlandes stellt das Deutsche Reich seine militärische Souveränität in einem Überraschungscoup wieder her. Vorwand für die Besetzung des Rheinlandes ist die Ratifizierung des französisch-sowjetischen Beistandspaktes, dessen Abschluß gleichfalls im Widerspruch zum Locarno-Vertrag stehe. Ein deutsches Memorandum an die Signatarmächte von Locarno stellt ein Sieben-Punkte-Programm zur «europäischen Friedensordnung» vor. Hitler bietet sogar die Rückkehr in den Völkerbund an, verlangt jedoch auch zum ersten Mal offiziell koloniale Revision für das Deutsche Reich. Der Völkerbund verurteilt Deutschlands Verhalten am 19. März, zieht jedoch keine Konsequenzen. 7.3.

1936

12.3. Der Reichsbruderrat der «Bekennenden Kirche» (BK) wählt die zweite «Vorläufige Kirchenleitung» (VKL II).

24.3. Kinderreiche jüdische Familien bekommen keine staatlichen Beihilfen mehr.

26.3. Jüdische Apothekenpächter bzw. -leiter dürfen ihren Beruf nicht länger ausüben.

29.3. In den «Reichstagswahlen» wird Hitlers Politik mit 99% der abgegebenen Stimmen gebilligt. Die Wahlen waren durch die Auflösung des Reichstages am 7. März notwendig geworden. Erneut sollte das Volk der «Politik der Wiederherstellung der nationalen Ehre und Souveränität des Reiches, verbunden mit dem aufrichtigen Bestreben nach einer wahren Völkerversöhnung und Verständigung auf den Grundlagen gleicher Rechte und gleicher Pflichten» zustimmen. Das hohe positive Ergebnis wurde auch dadurch erzielt, daß «die Anbringung eines besonderen Kennzeichens am Stimmzettel nicht mehr Voraussetzung für seine Gültigkeit» ist, wie ein Schnellbrief des Innenministeriums vom 27. März bekannt gab. Schon die Abgabe eines Stimmzettels sei ein Bekenntnis für den Wahlvorschlag.
Die «SS-Wachverbände» (3500 Mann) werden in «SS-Totenkopf-Verbände» umbenannt. Sie sollen als rücksichtslos gehorchende, mitleidlose Vollstrecker des Führerwillens Dienst in den Konzentrationslagern tun. Teile der Totenkopf-Verbände gehen später in die Waffen-SS über.

1.4. Der Deutsche Sonderbotschafter Joachim von Ribbentrop übergibt in London einen deutschen «Friedensplan», der die Westmächte nach dem Affront der Rheinlandbesetzung besänftigen soll. Auf den ersten Blick leuchtet die deutsche Argumentation ein, weshalb der Plan im Ausland aufmerksam zur Kenntnis genommen wird. Als jedoch Frankreich am 7. April einen Gegenvorschlag macht und Großbritannien einen Fragebogen schickt, der die deutschen Vorschläge erläutern soll, verschwindet das deutsche «Friedensangebot» rasch wieder in Hitlers Schublade.

4.4. Hermann Göring wird zum Beauftragten für alle Rohstoff- und Devisenfragen ernannt. Es setzt eine Intensivierung der deutschen Autarkiebestrebungen bzw. der innerdeutschen Erzeugung zur «Wehrhaftmachung» der deutschen Wirtschaft ein.

Per Gesetz wird der Volksgerichtshof (VGH) zum ordentlichen
Gericht erhoben und als oberstes Strafgericht dem Reichsgericht
gleichgestellt (vgl. 24. April 1934).

Die Oberbefehlshaber von Heer, Marine und Luftwaffe werden 20.4.
befördert und erhalten anläßlich des «Führergeburtstages» Mini-
sterrang.
Die SA richtet das «Dankopfer der Nation» ein: die gespendeten
Gelder stehen Hitler zur Verfügung.

Einweihung der NS-»Ordensburgen» in Vogelsang/ Nordeifel, 24.4.
Crössinsee/ Pommern und Sonthofen/ Allgäu. Die von der DAF fi-
nanzierten Großbauten sind als Schulungsanstalten von «Or-
densjunkern» als Funktionärsnachwuchs für NSDAP, DAF, NSV
und kommunale Verwaltungen gedacht. Tatsächlich findet nur
ein einziger Lehrgang (1937–1939) statt.

Die Reichskulturkammer beginnt, von allen ihren Mitgliedern April
einen Ariernachweis für sich und ihre Ehegatten zu fordern.

Erneute Propagandakampagne gegen katholische Geistliche und 26.5.
Klöster. Wegen angeblicher Devisen- und Sittlichkeitsverbrechen
werden etwa 300 Geistliche angeklagt. Parallel dazu massive anti-
kirchliche Aktionen.

Pfingstdenkschrift der 2. «Vorläufigen Kirchenleitung» (VKL II) 28.5.
gegen staatliche Unrechtsmaßnahmen und NS-Rassenpolitik. Sie
wird am 4. Juni der Reichskanzlei übergeben, was erneut zur Verhaftung zahlreicher Pastoren führt.

Hitler reflektiert in Gegenwart von Goebbels, von Papen und von 8.6.
Ribbentrop auf einen «im Fernen Osten» heraufziehenden Konflikt. Dort werde «Japan (...) Rußland verdreschen», so daß «dieser Koloß» daraufhin «ins Wanken kommen» werde. «Und dann
ist unsere große Stunde da», hält Goebbels dasjenige schriftlich
fest, worauf der «Führer» fanatisch hofft: «Dann müssen wir uns
für 100 Jahre an Land eindecken.»

Wirtschaftspolitisch motivierte Donau- und Balkanreise Schachts 10.–19.6.
(Belgrad, Athen, Sofia, Budapest).

Ein Führererlaß zur «einheitlichen Zusammenfassung der polizei- 17.6.
lichen Aufgaben im Reich» ernennt den Reichsführer SS Heinrich

Himmler zum «Chef der deutschen Polizei im Reichsministerium des Innern». Es werden die Hauptämter Sicherheitspolizei (Reinhard Heydrich) und Ordnungspolizei (Kurt Daluege) errichtet. Da Himmler zugleich «ständiger Vertreter» des Reichsinnenministeriums wird, verfügt Frick nicht mehr über die Polizei, Himmler hingegen über Rechte des Ministers.

Juni   Welle von Kirchenaustritten.

1.7.   An kinderreiche Minderbemittelte werden zusätzliche staatliche Unterstützungsgelder gezahlt.

10.7.   Die unterste Gliederung der Partei, der Block, soll in Zukunft nicht nur die in dem betreffenden Bezirk wohnenden Parteimitglieder umfassen, sondern sich – so die Anordnung des Reichsorganisationsleiters der NSDAP Ley – auf alle Volksgenossen erstrecken. Diese Maßnahme diene dazu, «die Fühlung zwischen Volk und Partei noch enger zu gestalten».

11.7.   Das deutsch-österreichische Abkommen über die Wiederherstellung freundschaftlicher Beziehungen («Juliabkommen») führt zur außenpolitischen Abhängigkeit Österreichs vom Deutschen Reich, denn Österreich hat seine Politik nunmehr «stets auf jener grundsätzlichen Linie [zu] halten, die der Tatsache, daß Österreich sich als deutscher Staat bekennt, entspricht». Auch solle die «nationale Opposition» im Lande «zur Mitwirkung an der politischen Verantwortung» herangezogen werden. Statt einer Beruhigung verstärkt sich jedoch die nationalsozialistische Agitation in der Alpenrepublik: Das Abkommen ist nach dem entlarvenden Urteil von Goebbels nichts weiter als «die Voraussetzung für einen 30. Jänner 1933 in Österreich».

12.7.   Einrichtung des KZ Sachsenhausen (Brandenburg) für etwa 8 – 10 000 Häftlinge.

17./18.7.   Beginn des Bürgerkrieges in Spanien durch Offiziersputsche in Spanisch-Marokko und mehreren Orten Spaniens gegen die «Volksfront» – Regierung. Der Aufstand der Armee steht unter der Führung von General Francisco Franco.

21.7.   Der Volksgerichtshof verurteilt einen Wirtschaftsredakteur der ‹Berliner Börsen-Zeitung› wegen Weitergabe von Presseanweisungen als Landesverräter zu lebenslänglicher Zuchthausstrafe.

Hitler äußert gegenüber dem japanischen Militärattaché General 22.7.
Oshima seine feste Überzeugung, wonach «der Riesenblock Rußland wieder in seine ursprünglichen historischen Teile zerlegt»
werden müsse.

Hitler entscheidet sich nach einem Hilfeersuchen des Generals 25.7.
Franco aus politischen Erwägungen für ein deutsches Eingreifen
in den Spanischen Bürgerkrieg. Er möchte vermeiden, daß neben
dem volksfrontregierten Frankreich auch Spanien Anlehnung an
die Sowjetunion suchen könnte, was ihm jede Freiheit für seine
Expansionspläne im Osten nehmen würde: «Gelingt es wirklich,
ein kommunistisches Spanien zu schaffen», begründet Hitler seinen Entschluß, «so ist bei der derzeitigen Lage in Frankreich die
Bolschewisierung auch dieses Landes nur eine Frage kurzer Zeit
und dann kann Deutschland ‹einpacken›. Eingekeilt zwischen
dem gewaltigen Sowjetblock im Osten und einem starken kommunistischen französisch-spanischen Block im Westen könnten
wir kaum noch etwas ausrichten, falls es Moskau gefällt, gegen
Deutschland vorzugehen». Da auch Italien eingreifen will, kann
Hitler dieses noch enger an sich binden.

Aufstellung der «Legion Condor». Bis 1939 sollen jeweils ca. 26.7.
6000 deutsche Soldaten, die laufend ausgewechselt werden, auf
Francos Seite am Spanischen Bürgerkrieg teilnehmen, während
ca. 5000 deutsche NS-Gegner in den «Internationalen Brigaden»
auf republikanischer Seite kämpfen.

«Fettkrise» oder «Fettlücke» durch Außenhandelsdefizite und Sommer
Devisenknappheit (1936: 45%). Schon im Oktober 1935 sind alle
Staatspolizeistellen aus Berlin informiert worden, daß der «Bedarf an Butter nicht voll gedeckt werden» könne, zum Ausgleich
dafür aber Margarine und Schmalz ausgegeben werde. Aber das
deutsche Volk werde im Übrigen gewiß gerne etwas weniger Fett
und Schweinefleisch verzehren, wie Rudolf Heß im Oktober 1936
in Hof ausführt, da «dieses kleine Opfer» Devisen sparen helfe,
die dann «der Aufrüstung zugute kämen. Heute gelte die Parole
‹Kanonen statt Butter›.»

Hitler eröffnet die XI. Olympischen Sommerspiele in Berlin. Es 1.–18.8.
nehmen 4069 Athleten aus 49 Ländern teil. Der Propagandaerfolg nach innen und außen ist groß.

Joachim von Ribbentrop wird Deutscher Botschafter in London. 11.8.

1936

21.8. Eine streng vertrauliche Weisung des Propagandaministeriums fordert von der deutschen Presse eine verschärfte antisowjetische Propaganda. Damit soll die Öffentlichkeit rechtzeitig auf die zukünftige deutsche Politik eingestimmt werden.

24.8. Einführung der zweijährigen Wehrdienstpflicht.

Ende Aug. Geheime Denkschrift Hitlers zum Vierjahresplan. Von dieser Denkschrift existieren nur drei Exemplare. Ihr Inhalt ist zunächst nur Göring und von Blomberg bekannt. Im Zeichen forcierter Aufrüstung müsse die Wirtschaft auf eine «Kriegswirtschaft im Frieden» umgestellt werden. Die Aktivierung aller Kräfte könne allerdings nur eine «vorübergehende Entlastung» schaffen, während eine «endgültige Lösung» im Sinne einer Autarkie des Deutschen Reiches «nur in einer Erweiterung des Lebensraumes bzw. der Rohstoff- und Ernährungsbasis» zu erreichen sei. Hitler fordert: «Die deutsche Armee muß in 4 Jahren einsatzfähig sein. (...) Die deutsche Wirtschaft muß in 4 Jahren kriegsfähig sein.»

28.8. Der freie Reiseverkehr nach Österreich ist wieder möglich.

Aug./ Sept. Massenverhaftungen von «Zeugen Jehovas» (vgl. 1. April 1935; Dez. 1940; Dez. 1942).

8.–14.9. NSDAP- «Reichsparteitag der Ehre» in Nürnberg. Verkündung des Vierjahresplans (9. September), der eine systematische Aufrüstung zum Ziel hat. Reichsarbeitsdienstführer Konstantin Hierl wird am 10. September zum Reichsleiter der NSDAP ernannt.

3.10. Der Stapellauf des ersten nach dem Ersten Weltkrieg gebauten Schlachtschiffes «Scharnhorst» markiert den Beginn der Flottenaufrüstung.

7.10. Goslar erhält die offizielle Bezeichnung «Reichsbauernstadt Goslar». Bereits im Januar 1934 war Goslar zum Verwaltungssitz des Reichsnährstandes bestimmt worden.

9.10. Fünf Erlasse regeln die Vereinheitlichung der Sicherheitspolizei und die Aufhebung örtlicher Zuständigkeitsbeschränkungen. Im ganzen Reich gelten gleiche Bezeichnungen, Ausweise und Erkennungsmarken.

Der Privatunterricht «Deutschblütiger» durch jüdische Lehrer 15.10.
wird verboten.

Hermann Göring wird mit der Durchführung des Vierjahresplans 18.10.
beauftragt. Zur Erfüllung seiner Aufgaben kann er Rechtsverord-
nungen und allgemeine Verwaltungsvorschriften erlassen und ist
berechtigt, allen Behörden, einschließlich den Obersten Reichsbehörden, allen Dienststellen der Partei und ihren Gliederungen
Weisungen zu erteilen. Diese Berechtigungen führen umgehend
zu Kompetenzstreitigkeiten.

Förmliche Anerkennung des «Italienischen Kaiserreiches Äthio- 24.10.
pien» durch die deutsche Reichsregierung.

Vertrag über deutsch-italienische Zusammenarbeit, der ein ein- 25.10.
heitliches Vorgehen in der spanischen Frage und die Anerkennung
der Regierung Francisco Francos vereinbart sowie die wirtschaftlichen Interessensphären in Südosteuropa abgrenzt.

Göring verlangt im Rahmen des Vierjahresplans Lohnstopp und 29.10.
Arbeitsfrieden (vgl. 18. Oktober).

Benito Mussolini verkündet in Mailand die «Achse Berlin-Rom», 1.11.
«um die sich alle europäischen Staaten, die von dem Willen der
Zusammenarbeit und des Friedens beseelt sind, sammeln können».

Ein Hirtenbrief der katholischen Bischöfe fordert den Schutz der 10.11.
Bekenntnisschule.

Die Hoheit über die deutschen Ströme wird wiederhergestellt 14.11.
durch die Kündigung der entsprechenden Bestimmungen des Versailler Vertrages über die deutschen Wasserstraßen.

Anerkennung der Regierung Franco in Spanien. 18.11.

Dem pazifistischen Schriftsteller Carl von Ossietzky wird der Frie- 23.11.
densnobelpreis für das Jahr 1935 zuerkannt. Von Ossietzky ist bereits 1933 verhaftet worden und wird im Konzentrationslager
festgehalten. Schließlich entlassen, stirbt er an den Folgen der
Haft im Jahre 1938. Die Reichsregierung nimmt scharf Stellung
gegen den Nobelpreis. In der Folgezeit werden weitere Preisträger
(Richard Kuhn, Adolf Butenandt, Gerhard Domagk) durch eine

Verfügung Hitlers (vgl. 30. Januar 1937) gezwungen, ihre Nobelpreise auszuschlagen.

25.11. Der «Antikominternpakt» mit Japan regelt die gegenseitige Unterrichtung über die Aktivität der Kommunistischen Internationale. Ein aktives Einschreiten gegen die Tätigkeit der Komintern wird vorgesehen. In einem geheimen Zusatzabkommen sichern sich die beiden Partner gegenseitig wohlwollende Neutralität für den Fall eines Krieges mit der Sowjetunion zu. Italien wird dem Antikominternpakt am 6. November 1937 ebenso beitreten wie bis 1941 Mandschukuo, Ungarn, Spanien, Bulgarien, Kroatien, Dänemark, Finnland, Nanking-China, Rumänien und die Slowakei.

27.11. Goebbels verbietet die Kunstkritik. An ihre Stelle soll die «Kunstbetrachtung» treten. Diese darf schildern, aber nicht richten, denn eine «absolute Wertbestimmung», so der Völkische Beobachter, «können allein der Staat oder die Partei geben.» Im übrigen, so Goebbels, werde die Kunst «am Verschwinden der Kritik keinen Schaden nehmen, denn falsche Größen sterben rasch.» Hintergrund dieser Weisung ist die Tatsache, daß die nationalsozialistische oder völkisch ausgerichtete Kunst vor 1933 von der Fachkritik meist negativ beurteilt worden war. Dies hatte sich selbst in der gleichgeschalteten Presse nicht wesentlich geändert.

Nov./ Ein geplantes Reichspressegesetz scheitert an Differenzen inner-
Dez.   halb der NS-Führung.
Thomas Mann tritt in der Emigration erstmals öffentlich gegen das NS-Regime auf, was seine Ausbürgerung und den Entzug seiner Doktorwürde an der Universität Bonn zur Folge hat.

1.12. Die Hitlerjugend (HJ) wird per Gesetz zur Staatsjugend erklärt: «Die gesamte deutsche Jugend ist außer in Elternhaus und Schule in der Hitlerjugend körperlich, geistig und sittlich im Geiste des Nationalsozialismus zum Dienst am Volk und zur Volksgemeinschaft zu erziehen.» Dem Deutschen Jungvolk (DJ) für 10–14jährige Jungen und den Jungmädchen (JM) für das gleiche Alter folgt die Hitler-Jugend (HJ) für 14–18jährige Jungen, während die gleichaltrigen Mädchen im Bund Deutscher Mädel (BDM) organisiert sind.
Das Winterhilfswerk (WHW) wird in eine rechtsfähige Stiftung umgewandelt.

Das Gesetz gegen Wirtschaftssabotage sieht Strafen bis hin zur Todesstrafe für entsprechende Delikte vor. Zuständig für die Aburteilung ist der Volksgerichtshof (VGH).

Carl Orff, ein Außenseiter der modernen Musik, vertont eine Sammlung mittelalterlicher Lieder aus dem 12. und 13. Jahrhundert, die unter dem Namen «Carmina Burana» in Frankfurt am Main uraufgeführt werden.

15.1.   Hitler genehmigt die Einrichtung von «Adolf-Hitler-Schulen» zur
        Heranbildung von Führernachwuchs für die NSDAP. Die erste
        derartige Schule wird am 19. April auf der «Ordensburg» Crös-
        sinsee/ Pommern eröffnet. Aufgenommen werden «jene Jungen,
        die das zwölfte Lebensjahr vollendet haben, sich im deutschen
        Jungvolk hervorragend bewährt haben und von den zuständigen
        Hoheitsträgern für den Besuch der Schule in Vorschlag gebracht
        werden. (...) Nach Ablegung der Reifeprüfung steht dem Adolf-
        Hitler-Schüler jede Laufbahn der Partei und des Staates offen.»

26.1.   Ein neues «Deutsches Beamtengesetz» fordert besondere Treue zu
        «Führer und Reich», eine neue «Reichsdienststrafordnung» tritt
        zum 1. Juli in Kraft: «§3(2) Der Beamte hat jederzeit rückhaltlos
        für den nationalsozialistischen Staat einzutreten und sich in sei-
        nem gesamten Verhalten von der Tatsache leiten zu lassen, daß die
        Nationalsozialistische Deutsche Arbeiterpartei in unlöslicher Ver-
        bundenheit mit dem Volke die Trägerin des deutschen Staatsge-
        dankens ist.»

30.1.   Hitler «widerruft» die deutsche Unterschrift unter die Kriegs-
        schulderklärung im Versailler Vertrag.
        Um «für alle Zukunft beschämenden Vorgängen vorzubeugen»,
        verfügt Hitler die Stiftung eines «Deutschen Nationalpreises für
        Kunst und Wissenschaft», der jährlich – und zwar auf dem Reichs-
        parteitag der NSDAP – an drei «verdiente Deutsche» verliehen wird
        und mit je 100 000 Reichsmark dotiert ist. «Die Annahme des No-
        belpreises wird damit für alle Zukunft Deutschen untersagt.» (vgl.
        23. Nov. 1936)
        Das «Ermächtigungsgesetz» (vgl. 24. März 1933) wird vom
        Reichstag um weitere vier Jahre verlängert.
        In seiner Reichstagsrede versichert Hitler, die Zeit der Überra-
        schungen sei nunmehr abgeschlossen.
        Hitler kündigt den Ausbau der größten deutschen Städte an. Für
        die Durchführung dieses Planes seien 20 Jahre in Aussicht genom-
        men (vgl. 4. Okt.).
        Albert Speer ist zum «Generalbauinspektor für die Reichshaupt-
        stadt» ernannt worden. Er hat «einen Gesamtbauplan für Berlin
        aufzustellen und dafür zu sorgen, daß alle das Stadtgebiet beein-
        flussenden Platzanlagen, Straßenzüge und Bauten nach einheitli-
        chen Gesichtspunkten würdig durchgeführt werden.»

Der Gauleiter und Leiter der Auslands-Organisation der NSDAP, Ernst Wilhelm Bohle, wird zum Chef der Auslands-Organisation im Auswärtigen Amt ernannt.

Reichsbank und Reichsbahn werden durch Gesetz der Reichsregierung unterstellt, ihre Dienststellen werden Reichsbehörden.　10.2.

Wegen des bereits eingetretenen fühlbaren Mangels an Metallarbeitern muß ab sofort jeder Arbeitsplatzwechsel in der Metallindustrie, wenn es sich um Facharbeiter handelt, vom Arbeitsamt genehmigt werden.　12.2.

Hitler ordnet per Erlaß die Wahl einer Evangelischen Generalsynode an, nachdem es dem gerade zurückgetretenen Reichskirchenausschuß nicht gelungen sei, «eine Einigung der kirchlichen Gruppen der Deutschen Evangelischen Kirche herbeizuführen.» Nunmehr solle die Kirche «in voller Freiheit nach eigener Bestimmung des Kirchenvolkes sich selbst die neue Verfassung» geben.　15.2.

Reichsbauernführer Darré ernennt einen «Reichsinspektor für die Erzeugungsschlacht».　16.2.

Himmler grenzt NSDAP und SS voneinander ab: Die Aufgabe der Partei liege im Bereich der politischen Führung, die Aufgabe der SS hingegen gehe «ins Menschenzüchterische». Himmler ist, wie er seinem Leibarzt und Masseur Felix Kersten auseinandersetzt, fest davon überzeugt, daß Menschenzucht genauso möglich ist wie Tierzucht.　18.2.

Die Kriminalpolizei verhaftet schlagartig mehrere Tausend Vorbestrafte (sog. «Gewohnheitsverbrecher») und weist sie in Konzentrationslager ein.　9.3.

Papst Pius XI. nimmt in der Enzyklika «Mit brennender Sorge» scharf gegen die nationalsozialistische Kirchenpolitik, aber auch gegen die politischen Verhältnisse in Deutschland Stellung. Den Bischöfen wird unter Berufung auf Artikel 16 des Reichskonkordats Druck, Vervielfältigung und Vertreibung der Enzyklika «in jeder Form verboten», doch mittlerweile ist der Text von den Kanzeln verlesen (21. März) und auch bereits in gedruckter Version zur Verteilung gelangt. Verhaftung zahlreicher katholischer Geistlicher, Beschlagnahmungsaktionen, z.T. verbunden mit Enteignungen, in den Druckereien. Die deutsche Reichsregie-　14.3.

rung verwahrt sich aufs schärfste gegen die Enzyklika beim Vatikan.

20.3. Unterzeichnung eines geheimen deutsch-spanischen Protokolls, das «schon jetzt die Grundlinien für die künftige Gestaltung» der beiderseitigen Beziehungen festlegt. Weitere Ergänzungen findet dieses Protokoll am 16. Juli.

23.3. Göring und Darré propagieren die Autarkiebestrebungen des Deutschen Reiches auf dem Gebiet der Nahrungsmittelerzeugung.

15.4. Juden dürfen nicht mehr promoviert werden.

17.4. Das «Nationalsozialistische Fliegerkorps» (NSFK) wird gegründet, um «den fliegerischen Gedanken im deutschen Volke wachzuhalten und zu vertiefen, eine vor der militärischen Dienstzeit liegende fliegerische Ausbildung durchzuführen und die vielseitigen luftsportlichen Betätigungen in Deutschland einheitlich zusammenzufassen.»

20.4. Die «Adolf-Hitler-Dank»-Stiftung für notleidende «Alte Kämpfer» der NS-Bewegung wird gegründet.

26.4. Deutsche Flieger zerstören im Spanischen Bürgerkrieg die baskische Stadt Guernica. Die Bombardierung (Einzelheiten bis heute umstritten) schutzloser Zivilisten (ca. 200 Tote) ruft weltweite Proteste hervor. Das berühmte gleichnamige Bild des spanischen Malers Pablo Picasso entsteht noch im gleichen Jahr (heute im New Yorker Museum of Modern Art).

1.5. Vorübergehende und beschränkte Aufhebung der NSDAP-Mitgliedersperre (endgültige Aufhebung der Aufnahmesperre am 1. Mai 1939).

3.5. Grundsteinlegung für 543 HJ-Heime durch Reichsjugendführer Baldur von Schirach.

4.5. Propagandaminister Goebbels ordnet an, daß alle ihm unterstehenden höheren Beamten zwei Monate als Hilfsarbeiter in Betrieben tätig gewesen sein müssen, um die Verbindung mit dem «Arbeiter der Hand» aufrechtzuerhalten. Die betreffenden Beamten haben in der fraglichen Zeit von ihrem Arbeitslohn zu leben und sollen in ihrer Tätigkeit keinerlei Vorteile genießen.

In Hamburg läuft das neue große KdF-Schiff «Wilhelm Gustloff»
vom Stapel (vgl. 4. Februar 1936). Im Anschluß an den Stapellauf
fahren sechs Schiffe der KdF-Flotte zur ersten Fahrt in diesem
Jahr mit 6500 Arbeitern an Bord in die norwegischen Fjorde.

Bei seiner Landung in Lakehurst verbrennt das Luftschiff «Hin- 7.5.
denburg», wobei 34 Menschen den Tod finden.

Auf einer Tagung der Reichrundfunkkammer stellt deren Präsi- 3.6.
dent Hans Kriegler klar, daß der Rundfunk das umfassendste
Propagandainstrument des Staates und der Partei sei. Das Programm solle in geschickter Mischung Belehrung, Anregung, Ent-
spannung und Unterhaltung bieten, wobei auf die beiden letztge-
nannten Elemente besonderes Gewicht zu legen sei.

Auf einer Kundgebung des Reichsluftschutzbundes weist Göring 5.6.
darauf hin, daß eine besondere Gefahr im Luftkrieg die Verwendung giftiger Gase sei. Es sei gelungen, «in mühsamer Arbeit eine
richtige Volksgasmaske zu schaffen, die gegen alle bisher bekannten Gase Sicherheit biete und zu einem volkstümlichen Preis hergestellt werden könne.» Sie sei bereits in Millionen Exemplaren
vorhanden und werde demnächst zur Ausgabe gelangen.

Das Recht zu bestimmen, wessen Büste in der als Ehrentempel des 6.6.
deutschen Geistes errichteten Walhalla (1830–42) bei Regensburg
Aufnahme finden solle, ist auf Adolf Hitler übergegangen. Dieser
verfügt, daß anläßlich seines 40. Todestages die Büste des österreichischen Komponisten Anton Bruckner dort aufgestellt werden soll.

Der Chef der Sicherheitspolizei, Reinhard Heydrich, gibt einen 12.6.
Geheimerlaß heraus, der besagt, daß «jüdische Rassenschänder»
und jüdische Partner in «rasseschänderischen» Beziehungen nach
Verbüßung ihrer Haftstrafen nicht freizulassen, sondern in ein
Konzentrationslager einzuweisen sind.
Auf der Reichstagung der NS-Gemeinschaft «Kraft durch Freude»
(KdF) zieht Reichsorganisationsleiter Ley eine Bilanz des bislang
Geleisteten und blickt in die Zukunft: 1940 werde die gesamte
KdF-Flotte eine Weltreise unternehmen und Tausende zu den
Olympischen Spielen nach Tokio bringen. Im Winter 1937 werde es
zunächst Mittelmeerfahrten geben, doch schon 1938 werde man
Europa verlassen und auch in Afrika landen. Im Laufe des Jahres
1936 seien etwa sechs Millionen Personen von der Reisebewegung
KdF erfaßt worden.

1937

14.–24.6. Schauprozeß gegen Führer von Jungnationalem Bund und Pfad-
finder in Essen.

18.6. Eine Doppelmitgliedschaft in kirchlicher Jugend und Hitlerjugend wird verboten.

24.6. Geheime Weisung von Kriegsminister Werner von Blomberg für
die Kriegsvorbereitung der Wehrmacht: die Tschechoslowakei ist
mögliches Kriegsziel.

26.6. NS-Kulturgemeinde, Amt «Feierabend» und Deutsches Volksbil-
dungswerk werden in der DAF-Freizeitorganisation «Kraft durch
Freude» (KdF) zusammengeschlossen.

1.7. Pastor Martin Niemöller (Berlin-Dahlem) wird wegen angeblichen Kanzelmißbrauchs verhaftet und bleibt bis 1945 als «persönlicher Gefangener des Führers» im Konzentrationslager.

4.7. Öffentlicher Protest Kardinal Faulhabers («Flammenzeichen»-
Predigt) gegen die Verhaftung katholischer Geistlicher (u. a. Pater
Rupert Mayer) und die Willkür der Gestapo in München.

7.7. Durch den Zwischenfall an der Pekinger Marco-Polo-Brücke
rückt der japanisch-chinesische Kriegsschauplatz erneut ins weltpolitische Blickfeld. Er bindet in kaum zu unterschätzender Weise
die Aufmerksamkeit Großbritanniens und der USA im Fernen
Osten.

8.7. Das Projekt einer Autobahn Berlin-Rom wird ernsthaft ins Auge
gefaßt, nachdem auch Österreich seine Bereitschaft zur Mitarbeit
erklärt hat.

15.7. In Salzgitter werden die «Reichswerke Hermann Göring» zur
Stahlerzeugung gegründet.

17.7. Deutsch-englisches Abkommen über die Begrenzung der Seerü-
stungen und den Nachrichtenaustausch über Flottenbau.

18.7. Festzug und Eröffnung der «Großen Deutschen Kunstausstellung» im neuen «Haus der Deutschen Kunst» in München.

19.7. Das Konzentrationslager Buchenwald bei Weimar wird errichtet.

Eröffnung der Zweiten Ausstellung «Entartete Kunst» in München. In seiner Eröffnungsansprache sagt der Präsident der Reichskammer der bildenden Künste, Adolf Ziegler, daß er «eine traurige Pflicht erfülle, mit dieser Schau dem deutschen Volke vor Augen zu führen, daß vor nicht langer Zeit Kräfte einen Einfluß auf das Kunstschaffen nahmen, die bewußt alles Kranke und Entartete pflegten und als Offenbarung priesen.» Mit dieser Art Betätigung werde jetzt «endgültig Schluß gemacht».

Der verschärfte Kampf gegen die «Bekennende Kirche» (BK) führt zur Verhaftung von etwa 800 Personen.   Sommer

Beginn der systematischen «Arisierung» jüdischer Vermögen.   Herbst

Erlaß Görings zur «Säuberung» der preußischen Kunstsammlungen «ohne Rücksicht auf Rechtsform und Eigentumsverhältnisse im Sinne der Richtlinien des Führers und Reichskanzlers». Über die Verwendung der «ausgemerzten und dem Staate gehörenden Gegenstände» werde später entschieden.   3.8.

NSDAP-»Reichsparteitag der Arbeit» in Nürnberg.   6.–13.9.
Hitler spricht vom «germanischen Reich», das die deutsche Nation bekommen habe und welches dem Bolschewismus und dem Judentum trotzen werde. Er deutet in seiner Rede als «positives» Ziel seiner zukünftigen Politik die «Schaffung eines neuen Menschen und neuen Volkes» an.

Auf Wehrmachtmanövern in Mecklenburg wird die «Blitzkriegstrategie» erprobt. Parallel zu den Manövern findet eine großangelegte Luftschutzübung nördlich der Linie Mannheim-Leipzig mit Verdunklung etc. statt.   20.–26.9.

Ein «triumphaler» Besuch Mussolinis mit großem Gefolge in Deutschland bekräftigt die «Achse Berlin-Rom». Während Hitler dem «Duce» das bislang nur von ihm selbst getragene «goldene Hoheitszeichen der Partei» überreicht, ernennt Mussolini den «Führer» zum «Ehrenkorporal der faschistischen Miliz». Für Berlin und München wird aus Anlaß des Besuchs gesetzlich ein Feiertag angeordnet.   25.–29.9.

Mit dem «Gesetz über die Neugestaltung deutscher Städte» wird der Rahmen für die gigantische Stadtneugestaltung von Berlin, München, Stuttgart, Nürnberg und Hamburg gesteckt. In den   4.10.

folgenden Jahren kommen noch etliche andere Städte in den «Genuß» dieser Neugestaltungs-Planung (vgl. 30. Jan.).

5.10. Sog. «Quarantäne-Rede» des US-Präsidenten Franklin D. Roosevelt mit unmißverständlicher Warnung an die revisionistischen Staaten der Welt und einer Aufforderung an alle friedlichen Nationen, sich zusammenzuschließen, um Rechtsbrecher aus der Völkerfamilie auszuschließen. Amerika könne sehr wohl aus seiner politischen Abstinenz gegenüber globalen Konflikten heraustreten und durchaus seine weltpolitische Rolle reaktivieren.

18.10. Hitler entscheidet sich, in dem seit 1931 andauernden ostasiatischen Konflikt – entgegen der traditionellen Linie des Auswärtigen Amtes – zukünftig eindeutig zugunsten Japans Stellung zu beziehen.

4.11. Juden wird die Benutzung des Grußes «Heil Hitler» untersagt.

5.11. Hitler gibt den Oberbefehlshabern der Wehrmacht, Kriegsminister von Blomberg und Außenminister von Neurath seinen «unabänderliche[n] Entschluß» bekannt, die «Lebensraumfrage» spätestens 1943/45 auf dem Wege der Gewalt lösen zu wollen. Als erste Ziele werden Österreich und die Tschechoslowakei ins Auge gefaßt (sog. Hoßbach-Niederschrift). Diese mitteleuropäische Ausdehnung soll die strategischen Voraussetzungen für den «Lebensraum» – Krieg im Osten schaffen.

6.11. Italien tritt dem Antikominternpakt bei (vgl. 25. Nov. 1936). Das damit entstandene «weltpolitische Dreieck» Berlin-Rom-Tokio trägt auch eine antibritische Spitze.

8.11. Goebbels eröffnet in München die Ausstellung «Der Ewige Jude».

13.11. Einsetzung «Höherer SS- und Polizeiführer» (HSSPF) für den Mobilmachungsfall. Sie sollen der organisatorischen Integration von SS und Polizei sowie deren politischer Aktivierung im regionalen Bereich dienen (vgl. 18. Sept. 1939).

19.11. Lord Halifax, Lordsiegelbewahrer und britisches Kabinettsmitglied (ab Februar 1938 Außenminister), trifft Hitler auf dem Obersalzberg, um ihn mit der vom neuen britischen Kabinett vorgeschlagenen Appeasementpolitik vertraut zu machen, nicht zuletzt auch, um die deutschen Forderungen und die Möglichkeiten deutsch-britischer Politik zu sondieren. Das Ergebnis ist eine gegenseitige Verstimmung, weil die Briten eine dauerhafte europäische Friedensordnung im Auge haben, Hitler aber genau diese zerstören will. Angebote, die österreichische, tschechische und Danziger Frage einvernehmlich zu lösen, sind für ihn nicht mehr interessant. Hitler wünscht «freie Hand» im Osten, die England ihm nicht zugestehen mag.

Anläßlich der Einweihung der Ordensburg Sonthofen erklärt Hitler in einer Geheimrede, einen «Waffenstaat» aufbauen zu wollen, um das «Lebensraum»-Problem zu lösen.   23.11.

Gegen «Schwarzsender» wird gesetzlich vorgegangen. Wer ohne Genehmigung der Deutschen Reichspost eine Funksendeanlage betreibt, kann mit Zuchthaus bestraft werden.   24.11.

Das «Reichsheimstättengesetz» fördert den Bau von Kleinsiedlungen.   25.11.

Schacht wird auf eigenes Drängen als Reichswirtschaftsminister von seinem Amt entbunden und zunächst durch Göring vertreten, dann durch Walther Funk, den Pressechef der Reichsregierung und Staatssekretär im Propagandaministerium, ersetzt. Zu spät hatte Schacht erkannt, daß sich seine Vorstellungen von Aufrüstung, Wirtschaft und Politik grundsätzlich von denen Hitlers unterschieden, der gar nicht daran dachte, die Aufrüstung zu drosseln, als sich die Wirtschaft erholt hatte.   26.11.

Italien tritt aus dem Völkerbund aus.   11.12.

Weisung für einen Angriffskrieg gegen die Tschechoslowakei: Neufassung des Falles «Grün».   21.12.

Der Flugzeugbauer Willy Messerschmitt stellt mit Erfolg das Flugzeug Me Bf 109 beim Züricher Flugmeeting vor.   1937

2.1.   Ribbentrop faßt in einem großen Bericht als Fazit seiner Bot-
schaftertätigkeit in London seine Sicht der außenpolitischen Lage
des Deutschen Reiches zusammen. Zu einem Übereinkommen
mit Großbritannien in deutschem Sinne zu gelangen, hält er für
aussichtslos. Er geht davon aus, daß man gegen England als «unsere[n] gefährlichsten Gegner» Front zu machen habe.

7.1.   Alle Studentinnen, die zu Ostern 1938 ihr Studium aufnehmen
wollen, haben vorher – wie ihre männlichen Kommilitonen –
einen 26-wöchigen Arbeitsdienst abzuleisten.

19.1.   Das «Bund Deutscher Mädel» (BDM)-Werk «Glaube und Schönheit» für junge Frauen zwischen 17 und 21 Jahren wird gegründet. Eine im Bereich der weiblichen Jugend erkannte «Erzie-
hungslücke» zwischen BDM und NS-Frauenschaft soll damit
geschlossen werden. Vier thematische, jahrgangsweise zu absol-
vierende Arbeitsgemeinschaften – körperliche Schulung, haus-
wirtschaftliche Ausbildung, kulturelle Arbeit und weltanschauliche Erziehung halten zunächst attraktiv erscheinende Angebote
bereit: dazu gehören Gymnastik, Säuglingspflege, Wohnraumge-
staltung, Musik, Tanz und Literatur, aber auch «Rassenkunde»,
«artgemäße Ethik» und «völkisches Leben». Die Vorbereitung
auf die Hausfrauen- und Mutterrolle steht im Vordergrund.

26.1.   Himmler erläßt seine Anweisung für die Aktion «Arbeitsscheu
Reich», die die Einweisung von «Asozialen» in Konzentrationslager zum Ziel hat. Als arbeitsscheu gilt jeder arbeitsfähige stellen-
lose Mann, der in zwei Fällen Arbeitsangebote ausschlägt oder sie
kurz nach Antritt wieder aufgibt. Die Gründe dafür sind uner-
heblich. Hinzu kommen Obdachlose, Bettler, Landstreicher,
Zuhälter, Kleinkriminelle, Fürsorgebetrüger, vorbestrafte männliche Juden und erstmals in großer Zahl auch «Zigeuner». Ziel
der Aktion ist nicht zuletzt die Wiederauffüllung der durch Entlassung zahlreicher politischer Häftlinge entleerten KZs.

27.1.–4.2.   Im Zuge der «Blomberg-Fritsch-Krise» haben der Reichskriegsminister und der Oberbefehlshaber des Heeres ihren Dienst zu
quittieren. Von Blomberg hat eine übelbeleumundete Frau geheiratet, während von Fritsch (fälschlich) der Homosexualität be-
schuldigt wird (vgl. 22. Sept. 1939). Diese Gelegenheit dient Hitler

vor allem dazu, führende Positionen in der Generalität mit ihm ergebenen Männern zu besetzen. Von Neurath wird als Außenminister durch von Ribbentrop ersetzt. Zusammen mit dem Wechsel von Schacht zu Funk im Wirtschaftsministerium sind damit all diejenigen Repräsentanten, die von Hitlers Kriegskurs abweichen, nicht mehr im Amt. Dementsprechend schätzt der französische Botschafter in Berlin, François-Poncet, dieses großangelegte Revirement als «Auftakt zu Operationen großen Stils» ein.

In seinem «Erlaß über die Führung der Wehrmacht» bestimmt Hitler: «Die Befehlsgewalt über die gesamte Wehrmacht übe ich von jetzt an unmittelbar persönlich aus.» Das bisherige Wehrmachtamt wird als von Generaloberst Wilhelm Keitel geleitetes «Oberkommando der Wehrmacht» (OKW) Hitlers militärischer Stab. Das OKW nimmt ab sofort auch die bisherigen Aufgaben des Reichskriegsministeriums wahr. **4.2.**

Walther Funk wird Reichswirtschaftsminister und «Generalbevollmächtigter für die Kriegswirtschaft» (7. Februar): Eine Neuordnung des Wirtschaftsministeriums soll dazu beitragen, «den Vierjahresplan in seinem Arbeitsbereich bis zur letzten Konsequenz durchzuführen».

Zur «Beratung in der Führung der Außenpolitik» bildet Hitler einen «Geheimen Kabinettsrat». Zum Präsidenten dieses völlig unwichtigen Gremiums ernennt er von Neurath, den soeben entlassenen Reichsaußenminister.

Der österreichische Bundeskanzler Kurt von Schuschnigg und Hitler treffen auf dem Obersalzberg zu einer Unterredung zusammen. Dem österreichischen Kanzler wird in rüdem Ton eine Art Gleichschaltungsabkommen aufgezwungen (sog. Berchtesgadener Abkommen): die österreichischen Nationalsozialisten sind endlich (Juliabkommen 1936) an der Regierung zu beteiligen und sollen mit dem Innenministerium den Zugriff auf die Polizei bekommen; der Partei ist zudem eine freie Betätigung zu gestatten. Die österreichische Außen- und Wirtschaftspolitik ist an diejenige des Deutschen Reiches anzupassen. Zwischen den Generalstäben beider Länder soll es regelmäßige Konsultationstreffen geben (vgl. 9. März). **12.2.**

Ein land- und hauswirtschaftliches «Pflichtjahr» für alle ledigen Frauen unter 25 Jahren wird eingeführt. **15.2.**

Kabinettsumbildung in Österreich: der Nationalsozialist Arthur Seyß-Inquart wird Innen- und Sicherheitsminister. **16.2.**

1938

17.2. Hitler erkennt Japans Satellitenregime in Mandschukuo offiziell an.

4.3. Goebbels legt in der Ufa-Stadt Babelsberg den Grundstein für die «Deutsche Film-Akademie». Sie soll, wie es in dem entsprechenden Erlaß vom 18. März heißt, «insbesondere der Filmkunst im Geiste des Nationalsozialismus» dienen.

9.3. Der österreichische Bundeskanzler Schuschnigg ergreift, um wenigstens die staatliche Unabhängigkeit seines Landes zu bewahren, die Flucht nach vorn und setzt für den 12. März eine Volksabstimmung an. In ihr sollen sich die Österreicher «für ein freies und deutsches, unabhängiges und soziales, für ein christliches und einiges Österreich!» aussprechen. Das Wahlalter wird auf 24 heraufgesetzt, um die NS-begeisterte Jugend von der Stimmabgabe auszuschließen.

11.3. Mussolini läßt Hitler wissen, daß er – anders als 1934 – dieses Mal nicht in die deutsch-österreichischen Angelegenheiten einzugreifen beabsichtige. Damit steht Österreich allein: Die «Achse Berlin-Rom» erweist sich damit tatsächlich als «der Spieß, an dem Österreich braun gebraten» (Jean Rudolph von Salis) werden sollte.
Nach massivem deutschem Protest wird auf die Volksbefragung in Österreich verzichtet. Schuschnigg tritt zurück, als ihm mit dem Einmarsch deutscher Truppen gedroht wird. Sein verzweifelter Appell an die europäischen Mächte verhallt. Seyß-Inquart tritt an Schuschniggs Stelle. Als sich nun jedoch der österreichische Bundespräsident Wilhelm Miklas weigert, diesen zum Bundeskanzler zu ernennen, gibt Hitler den Befehl zum Einmarsch.

11./12.3. Selbst ein spätes Einlenken von Miklas kann die militärische Lösung nicht mehr verhindern: den Vorwand liefert ein von Göring bestelltes Telegramm, in dem der zur neuen österreichischen Regierung entsandte SS-Obergruppenführer Wilhelm Keppler unautorisiert einen angeblichen Hilferuf der österreichischen Regierung nach Berlin sendet.

12.3. In den frühen Morgenstunden beginnt der Einmarsch deutscher Truppen in Österreich, nachdem Ribbentrop Göring aus London telephonisch versichert hat, daß England nicht intervenieren werde.

Mit dem «Gesetz über die Wiedervereinigung Österreichs mit dem Deutschen Reich» wird der «Anschluß» Österreichs an das Deutsche Reich vollzogen. Bundespräsident Miklas tritt zurück. Durch eine Volksabstimmung soll der «Anschluß» nachträglich bestätigt werden. Ursprünglich hatte Hitler Österreich und Deutschland nur in einer Union verbinden wollen, entschloß sich jedoch angesichts des Jubels der Bevölkerung spontan, die beiden Länder durch einen völligen «Anschluß» zu vereinigen. Österreich wird ein «Land des Deutschen Reiches».
Aus den westlichen Hauptstädten ist lediglich diplomatischer Protest gegen die Art und Weise des Unternehmens zu hören. Für Hitler bedeutet diese lahme Reaktion, daß er weitere Aktionen offenbar ohne größeres Risiko wagen kann. Gleichzeitig ist die Angliederung der Alpenrepublik territorial, militärstrategisch und wirtschaftlich ein großer Gewinn für das Deutsche Reich.

Hitler verkündet vom Balkon der Wiener Hofburg einer frenetisch applaudierenden Menge: «Als der Führer und Kanzler der deutschen Nation und des Reiches melde ich vor der Geschichte nunmehr den Eintritt meiner Heimat in das Deutsche Reich.»
Seyß-Inquart wird Reichsstatthalter in Österreich, dessen Bundesregierung zur «österreichischen Landesregierung» umgebildet wird. Umgehend beginnt die Verfolgung politischer Gegner und jüdischer Bürger. Es folgt eine Massenauswanderung österreichischer Juden.

Die Sudetendeutschen begrüßen die «Heimkehr des alpenländischen Deutschtums».

Um dem deutschen Volk Gelegenheit zu geben, sich zu dem neugeschaffenen «Großdeutschen Volksreich» bekennen zu können, wird eine Volksabstimmung für den 10. April festgesetzt. Gleichzeitig wird der Reichstag mit Ablauf des 9. April aufgelöst und ebenfalls am 10. April neu gewählt.

US-Präsident Roosevelt lädt angesichts der deutschen Judenaustreibung eine Reihe von Regierungen zur Bildung eines Komitees ein, das über die Erleichterung der Emigration politischer Flüchtlinge beraten solle. Auf dieser Anregung gründet die Konferenz von Evian am Genfer See, auf der Vertreter aus 32 Staaten vom 6.–15. Juli ohne greifbares Ergebnis über Einwanderungsquoten und Einwanderungsgebiete diskutieren.

1938

28.3. Der Führer der Sudetendeutschen Partei, Konrad Henlein, wird von Hitler angewiesen, jeden sudetendeutsch-tschechoslowakischen Ausgleich zu sabotieren. Er möge so ausladende Forderungen stellen, daß sie «für die tschechische Regierung unannehmbar» seien. Es beginnt eine von Berlin gesteuerte gezielte Provokation der Tschechoslowakei, mit der Hitler diese Frage «in nicht allzu langer Zeit zu lösen» beabsichtigt. Die Sudetendeutschen gedenkt er dabei gleichsam als Sprengmittel des kleinen Vielvölkerstaates zu benutzen.

Die jüdischen Kultusvereinigungen verlieren ihre Stellung als Körperschaften des öffentlichen Rechts und können nur noch als eingetragene Vereine tätig sein. Dadurch können die «höheren Verwaltungsbehörden» auf vielfache Weise Einfluß auf die Aktivitäten nehmen. Dieses «Gesetz über die Rechtsverhältnisse der jüdischen Kultusvereinigungen» tritt rückwirkend vom 1. Januar an in Kraft.

9.4. Für Nürnberg, die «Stadt der Reichsparteitage» werden alle städtebaulichen Maßnahmen angeordnet, die «zur Anlage und zum Ausbau des Reichsparteitagsgeländes, zur Durchführung der Reichsparteitage und zur planvollen Gestaltung der Stadt» erforderlich sind.

10.4. Die Wahl zum «Großdeutschen Reichstag» führt ebenso wie die Volksabstimmung über den «Anschluß» zu den mittlerweile üblichen Ergebnissen von über 99% Ja-Stimmen (vgl. 18. März).

20.4. Treue-Eid der evangelischen Pfarrer auf Hitler: von den ca. 18 000 Pfarrern widersetzen sich dem staatlichen Druck nur einige Hundert.

22.4. Die «Verordnung gegen die Unterstützung der Tarnung jüdischer Gewerbebetriebe» droht sog. «Gefälligkeitsariern», die dazu beitragen, den «jüdischen Charakter eines Gewerbebetriebes» zu verschleiern, mit Zuchthaus.

23.4. Die bereits seit geraumer Zeit beschlossene Umstellung des bislang in Österreich geltenden Linksverkehrs auf Rechtsverkehr wird beschleunigt vorangetrieben. Die größten Schwierigkeiten bereiten in dieser Hinsicht die Schienenwege, da sowohl die Weichenverbindungen als auch die Signale umgestellt werden müssen. Zum 1. Juli tritt die deutsche Straßenverkehrsordnung in Kraft, wodurch mit Ausnahme von Wien, Niederdonau, Teilen der Steiermark und des Burgenlandes die Rechtsfahrordnung verbindlich eingeführt wird.

In ihren Karlsbader Beschlüssen stellt die Sudetendeutsche Partei Forderungen auf, deren Erfüllung ein Ende der tschechoslowakischen Republik bedeuten würden.

24.4

Beginn der systematischen «Arisierung» jüdischer Wirtschaftsbetriebe. Die Anmeldepflicht für jüdische Vermögenswerte über 5000 Reichsmark wird eingeführt. Ermächtigung des «Beauftragten für den Vierjahresplan», diese Vermögen ggf. im «Einklang mit den Belangen der deutschen Wirtschaft« sicherzustellen.

26.4.

Das «Gesetz über Kinderarbeit und über die Arbeitszeit der Jugendlichen» (Jugendschutzgesetz) bekräftigte das Verbot von Kinderarbeit und regelt die Arbeitszeiten von Jugendlichen.

30.4.

Einrichtung des Konzentrationslagers Flossenbürg bei Weiden in der Oberpfalz.

3.5.

Hitler auf Gegenbesuch in Rom zur Bekräftigung der «Einheit der Achse». Feierlich spricht Hitler den Verzicht auf Südtirol aus. Er wolle «jene natürliche Grenze anerkennen, die die Vorsehung und die Geschichte unseren beiden Völkern ersichtlich gezogen haben.» Für die Dauer von Hitlers Aufenthalt in Rom verläßt Papst Pius XI. die Stadt.

3.–9.5.

Der Erste Sekretär der britischen Botschaft in Berlin Kirkpatrick äußert dem Gesandten von Bismarck gegenüber, England werde einer Regelung der sudetendeutschen Frage im Sinne des Deutschen Reiches durchaus gewogen sein, falls sie friedlich und vernünftig ablaufe. Gegebenenfalls werde man sogar einen gewissen Druck auf Prag ausüben. Und Premierminister Chamberlain spricht öffentlich davon, daß «eine Grenzrevision» durchaus «eine kleinere, aber gesündere Tschechoslowakei schaffen» könne.

10.5.

Einführung der «Nürnberger Rassegesetze» in Österreich. Die Tschechoslowakei mobilisiert in der unzutreffenden Annahme eines unmittelbar bevorstehenden deutschen Angriffs ihre Truppen. Mit dieser Aktion zwingt das Land die europäischen Mächte, Stellung zu beziehen (sog. Wochenendkrise). Erst jetzt bekunden die Engländer unter der Bedingung, daß auch Frank-

20.5.

reich die Tschechoslowakei unterstützen werde, Entschlossenheit zum Kampf. Beide Mächte, von der Sowjetunion unterstützt, bekräftigen ihre Beistandspflichten.

24.5. Im Rahmen der Düsseldorfer Reichsmusiktage, die vom 22.–29. Mai stattfinden, wird in Halle 7 des Düsseldorfer Kunstpalastes am Ehrenhof die Ausstellung «Entartete Musik» gezeigt. Im Unterschied zur Wanderausstellung «Entartete Kunst», die sich ca. 3,2 Millionen Menschen ansahen, ohne daß sich das NS-Regime des erwünschten Abscheueffekts wirklich sicher sein konnte, bleibt dieser Ausstellung der Propagandaerfolg versagt, sie schließt bereits nach 22 Tagen Laufzeit ihre Pforten.

26.5. Hitler legt «in Fallersleben am Mittellandkanal» den Grundstein zum Volkswagenwerk. Vorgesehen ist der Bau eines eigenen Hafens und einer neuen Stadt, in die etwa 28 Gemeinden einbezogen werden.

Anfang Juli ordnet er die planvolle Gestaltung dieser «Volkswagenstadt» (heute: Wolfsburg) an, für die der «Generalbauinspektor für die Reichshauptstadt» zuständig ist. Zunächst sind 30 000, bei Vollausbau 60 000 Einwohner eingeplant.

Mittlerweile ist eine Vorserie von 30 «Volkswagen» (VW) gebaut und harten Tests unterzogen worden, wobei sich die Ausführung als produktionsreif erwiesen hat: Der VW ist mit Vollschwingachsen ausgestattet, 4,20 m lang, fahrbereit 650 kg schwer und bietet 4–5 Personen Platz. Der luftgekühlte Heckmotor hat 24 PS, verbraucht 6–7 Liter Benzin auf 100 Kilometern Strecke. «Der Wagen ist mit 100 km Dauergeschwindigkeit autobahnfest und kostet ab Werk 990 RM. Um den Kauf zu erleichtern, werde zu Beginn der zweiten Jahreshälfte ein neuartiges Spar- und Versicherungssystem eingerichtet werden. Die Mindestrate wird 5 RM wöchentlich und die Versicherung ca. 1 RM wöchentlich betragen.»

30.5. Um dem europäischen Eindruck entgegenzuwirken, er sei vor den Tschechen und Briten eingeknickt, forciert Hitler die Krise. Die Wehrmacht wird angewiesen, alle notwendigen Vorbereitungen zu treffen, um «die Tschechoslowakei in absehbarer Zeit durch eine militärische Aktion zu zerschlagen». Spätestens ab dem 1. Oktober müsse die Wehrmacht dazu bereit sein, «Böhmen und Mähren rasch in Besitz zu nehmen» und «in das Herz der Tschechoslowakei vorzustoßen». Diese Weisung zum Fall «Grün» ist der Keim einer sich bildenden Militäropposition gegen den Diktator.

Das «Gesetz über Einziehung von Erzeugnissen entarteter Kunst»
ermöglicht die entschädigungslose Enteignung entsprechend de-
finierter Kunstwerke auch aus Privatbesitz.

Bildung der Hilfsstelle der «Bekennenden Kirche» (BK) für evan- Ende
gelische «Nichtarier» unter Heinrich Grüber («Büro Pfarrer Grü- Mai
ber») in Berlin, die insbesondere nach der «Reichskristallnacht»
und während des Krieges Hilfe und Unterstützung für zahlreiche
Protestanten jüdischer Herkunft, aber auch für nicht evangelisch
getaufte Juden organisiert.

Abbruch der Synagoge in München (am 10. August auch in Nürn- 9.6.
berg).

Getarnt als «Dritte Verordnung zum Reichsbürgergesetz», wer- 14.6.
den jüdische Wirtschaftsbetriebe gezwungen, sich in ein besonderes, von jedermann einsehbares Verzeichnis einzutragen. Parallel
dazu werden Juden vom Börsenbesuch ausgeschlossen.

Göring greift als «Beauftragter für den Vierjahresplan» per Ver- 22.6.
ordnung auf alle Arbeitskräfte zu, sofern sie für «besonders be-
deutsame Aufgaben, deren Durchführung aus staatspolitischen
Gründen keinen Aufschub» dulden, benötigt werden. Entsprechende Kräfte können «für eine begrenzte Zeit verpflichtet
werden, auf einem ihnen zugewiesenen Arbeitsplatz Dienste zu
leisten oder sich einer bestimmten beruflichen Ausbildung zu
unterziehen.»
Rückwirkend zum 1. Januar tritt das «Gesetz gegen Straßenraub
mittels Autofallen» in Kraft: «Wer in räuberischer Absicht eine
Autofalle stellt, wird mit dem Tode bestraft», lautet der einzige
Paragraph.

Der Reichsarbeitsdienst (RAD) und die neugegründete Orga- Juni
nisation Todt (OT) beginnen mit dem Bau des 630 Kilometer
langen, militärisch überschätzten «Westwalls», einer Verteidi-
gungslinie von der Schweizer Grenze bis in den Raum Aachen.
Bis September 1939 entstehen ca. 14 000 Bunker, Kampfanlagen
sowie die charakteristischen «Drachenzähne» zur Panzerab-
wehr.

Der «Führer und Reichskanzler» darf auch im Land Österreich 4.7.
kostenlos telephonieren.

1938

6.7. Verbot für Juden, Auskunfteien, Maklergeschäfte, Bewachungsbetriebe, Heiratsvermittlungen, Hausverwaltungen, Fremdenführungen und Wandergewerbe zu betreiben.

Das «Gesetz zur Vereinheitlichung des Rechts der Eheschließung und der Ehescheidung im Lande Österreich und im übrigen Reichsgebiet» regelt im Detail «Ehefähigkeit» und «Eheverbote», die im wesentlichen aus dem «Gesetz zum Schutz des deutschen Blutes und der deutschen Ehre» vom 15. September 1935 übernommen werden.

10.7. Um eine weitere Abwanderung der Landbevölkerung in die Städte zu bremsen, erläßt Göring als Beauftragter für den Vierjahresplan eine Förderverordnung. Sie sieht Ehestands- und Einrichtungsdarlehen vor, die nach zehnjährigem Verbleib «auf dem Land» nicht zurückgezahlt werden müssen. Außerdem wird der Bau von Landarbeiterwohnungen steuerlich begünstigt.

Eröffnung der «Großen Deutschen Kunstausstellung» in München. Hitler erläutert in seiner Ansprache, daß der Nationalsozialismus einen «harten Strich» zwischen der «entarteten» und der neuen deutschen Kunst zu ziehen habe: «Eine Periode der höchsten Leistungssteigerung dürfe nicht symbolisiert werden durch barbarische Demonstrationen zurückgebliebener Kunstnarren oder farbenblind herumexperimentierender Schmierer.»

16.7. In einer Denkschrift an den neuen Oberbefehlshaber des Heeres warnt General Ludwig Beck, der Chef des Generalstabes des Heeres, vor der Konsequenz des großen Krieges, der nach seiner Ansicht unweigerlich aus der tschechoslowakischen Krise erwachsen werde. Dieser Konflikt werde «nach menschlicher Voraussicht mit einer nicht nur militärischen, sondern auch allgemeinen Katastrophe für Deutschland endigen», ja diese werde «das finis Germaniae» bedeuten. Becks Aufforderung an von Brauchitsch, die Generalität solle sich Hitlers Plänen widersetzen, führt zu nichts.

22.7. Als allgemeiner polizeilicher Inlandsausweis wird eine «Kennkarte» eingeführt, die mit Lichtbild und Fingerabdrücken eine eindeutige Personenfeststellung erlaubt. Die Kennkarte ist fünf Jahre gültig und dient nicht zuletzt der Einschränkung der Freizügigkeit bestimmter Personengruppen.

25.7. Die Approbationen jüdischer Ärzte erlöschen am 30. September: lediglich jüdische Patienten dürfen von den jetzt «Krankenbehandler» genannten Ärzten versorgt werden. «Deutsche Menschen» hingegen sollen «nur durch einen deutschen Arzt» behandelt werden.

Berliner Funkausstellung: Goebbels propagiert den «Deutschen Kleinempfänger 1938», der nur noch 35 Reichsmark kosten soll. Die Zahl der Rundfunkteilnehmer, obwohl jetzt schon die höchste in Europa, soll noch weiter zunehmen. 5.8.

Der Reichsinnenminister hat angeordnet, daß sämtliche «nach Juden und jüdischen Mischlingen benannten Straßen unverzüglich umbenannt» werden sollen. 7.8.

Der Reichsbund der Haus- und Grundbesitzer spricht sich für die freie Kündbarkeit jüdischer Mietverhältnisse aus, da «eine Hausgemeinschaft, die sich auf das nationalsozialistische Gedankengut gründe, mit jüdischen Hausgenossen unmöglich» sei (vgl. 30. April 1939).

Das Konzentrationslager Mauthausen in Niederösterreich wird eingerichtet. 8.8.

Juden dürfen in Zukunft nur noch «jüdische» Vornamen tragen, die ausdrücklich auf einer Liste aufgeführt sind. Jeder, der an seinem Vornamen nicht sofort als Jude erkennbar ist, muß ab dem 1. Januar 1939 einen weiteren Vornamen annehmen, und zwar männliche Personen den Namen Israel, weibliche den Namen Sara. 17.8.

Die verfassungsrechtliche Sonderstellung der bewaffneten SS (Verfügungstruppe, Totenkopf-Verbände) neben Wehrmacht und Polizei wird festgeschrieben. Sie ist einsetzbar sowohl für «innenpolitische Aufgaben» als auch zur «mobilen Verwendung im Rahmen des Kriegsheeres».

Die erst am 26. August 1939 im Reichsgesetzblatt veröffentlichte Kriegssonderstrafrechtsverordnung wird beschlossen. Sie sieht drakonische Strafen für Vergehen und Verbrechen in Kriegszeiten vor. Unter anderem wird der neue Straftatbestand der «Wehrkraftzersetzung» (§ 5,1) eingeführt, auf den die Todesstrafe steht.

General Ludwig Beck tritt als Chef des Generalstabs des Heeres zurück, da er die zum Krieg treibende Politik Hitlers nicht länger mitverantworten will. Das von ihm erhoffte Aufsehen in der Öffentlichkeit bleibt aus, da sein Abgang erst am 31. Oktober bekanntgegeben wird, als Beck, zum Generaloberst befördert, endgültig aus der Wehrmacht ausscheidet. Sein Nachfolger wird General Franz Halder, der die Bedenken seines Vorgängers teilt. 18.8.

Gemeinsam mit oppositionellen Kräften im Auswärtigen Amt und bei der militärischen Abwehr bereitet er einen Staatsstreich gegen Hitler vor. Voraussetzung für ein Gelingen scheint ihnen eine feste Haltung Großbritanniens zu sein; damit begeben sie sich von vornherein in eine problematische Abhängigkeit.

18./19.8. Ewald von Kleist-Schmenzin führt im Auftrag der deutschen Opposition Unterredungen mit Winston Churchill und Robert Vansittart in London. Er wirbt für Unterstützung und festes Auftreten der Engländer gegen die deutschen Absichten in der Tschechoslowakei.

19.8. Hirtenbrief der deutschen Katholischen Bischofskonferenz gegen Kirchenhetze und den «Vernichtungskampf», den der Staat «den Konfessionen angesagt» habe.

22.–27.8. Der ungarische Reichsverweser Nikolaus Horthy von Nagybánya besucht Deutschland.

24.8. Gründung des «Hilfswerks beim Bischöflichen Ordinariat Berlin» durch Bischof Konrad von Preysing, das insbesondere nach den Novemberpogromen und während des Krieges für zahlreiche Katholiken jüdischer Herkunft, aber auch für nicht katholisch getaufte Juden Unterstützung und Hilfe organisiert.

28./29.8 Militärische Inspektionsreise Hitlers, u. a. zu den Westwall-Bauten.

5.–12.9. NSDAP-»Reichsparteitag Großdeutschland» in Nürnberg mit einer haßerfüllten Rede Hitlers über die Tschechoslowakei: Er werde der «Unterdrückung» der Sudetendeutschen nicht «in endloser Ruhe» zusehen.

7.9. In vertraulichen Gesprächen fordert Erich Kordt im Namen der deutschen Opposition von der englischen Regierung erneut eine deutliche Stellungnahme gegen die Expansionspläne der deutschen Regierung.

15.9. Proklamation Henleins: auch die Sudetengebiete wollen «heim ins Reich».
Auf dem Höhepunkt der tschechischen Krise fliegt der britische Premierminister Chamberlain zu Hitler nach Berchtesgaden, um den europäischen Frieden zu retten. Er bietet dem deutschen Diktator

die Übergabe der sudetendeutschen Gebiete an, um auf diese Weise eine Einverleibung des gesamten tschechoslowakischen Staates zu verhindern. Die Franzosen tragen diese britische Auffassung mit.

Nach Beratungen im englischen Kabinett kommt es zu erneuten Besprechungen Hitlers und Chamberlains, diesmal in Bad Godesberg. Hitler verlangt plötzlich mehr als nur ein Selbstbestimmungsrecht für die Sudetendeutschen inklusive der Abtretung der entsprechenden Region an das Deutsche Reich. Er will einen sofortigen Einmarsch der Wehrmacht und eine Abstimmung in einem nicht genau definierten Territorium. Er bezieht jetzt auch polnische und ungarische Gebietsforderungen mit ein. Chamberlain jedoch will nicht über das in Berchtesgaden Vereinbarte hinausgehen; die Konferenz scheitert. Europa scheint vor dem Krieg zu stehen, zumal das deutsche Ultimatum zur Erfüllung der «Wünsche» Hitlers auf den 28. September, 14 Uhr befristet ist. *22.–24.9.*

Die deutschen Forderungen werden dem tschechoslowakischen Gesandten abends in London überreicht. Am nächsten Tag lehnt die Tschechoslowakei sie ab. In dieser Situation bittet Großbritannien Mussolini um Vermittlung, der bereitwillig darauf eingeht. Zähneknirschend muß sich Hitler auf eine Viermächtekonferenz einlassen, zumal er sich nicht sicher ist, wo Italien im Kriegsfalle stehen und wie England sich verhalten wird. Die allgemeine Kriegsunwilligkeit der Deutschen hat er bereits deprimiert zur Kenntnis nehmen müssen: «Mit diesem Volk kann ich noch keinen Krieg führen.» *24./25.9.*

Großbritannien versetzt seine Flotte in Kriegsbereitschaft, Frankreich beruft seine Reservisten ein. *25.9.*

Hitlers Rede im Berliner Sportpalast: die Abtretung des Sudetenlandes sei seine letzte Revisionsforderung, dies aber verlange er bis zum 1. Oktober «so oder so!» *26.9.*

Jüdischen Rechtsanwälten wird ihre Tätigkeit untersagt. Einzige Ausnahme ist ab dem 30. November eine Beratung jüdischer Klienten unter der neueingeführten Bezeichnung eines «Konsulenten». Selbst diese Zulassung kann jederzeit widerrufen werden und wird ohnehin nur erteilt, «soweit ein Bedürfnis besteht». Die 2. «Vorläufige Kirchenleitung» (VKL II) der «Bekennenden Kirche» (BK) ordnet angesichts der drohenden Kriegsgefahr für den 30. September einen Gebetsgottesdienst in allen Gemeinden *27.9.*

an. Die von ihr formulierte «Gebetsliturgie für den Frieden» wird jedoch von staatlicher Seite als «politische Kundgebung des Verrats und der Sabotage an der geschlossenen Einsatzbereitschaft des Volkes in ernsten Stunden» verurteilt und schließlich in keiner Gemeinde gehalten.

29.9. Die Staats- und Regierungschefs des Deutschen Reiches, Italiens, Frankreichs und Großbritanniens sowie Minister und Diplomaten treffen sich zur Münchener Konferenz. Der italienische «Duce» legt einen Vorschlag vor, der an Hitler vorbei von deutscher Seite erarbeitet worden war. Kreise im Auswärtigen Amt um Staatssekretär Ernst von Weizsäcker und in den Stäben des «Vierjahresplan-Beauftragten» Hermann Göring haben großes Interesse, einen Krieg zu vermeiden: Die Tschechoslowakei hat die sudetendeutschen Gebiete vom 1.–10. Oktober zu räumen und an das Deutsche Reich abzutreten. Die Ansprüche Polens und Ungarns sollen später geregelt werden. Der tschechoslowakische Reststaat soll eine Garantie der Großmächte gegen unprovozierte Angriffe erhalten.
Die deutschen Forderungen werden erfüllt, der Frieden gerettet. Durch die Einigung der europäischen Großmächte ist der deutschen Opposition für ihre Umsturzpläne der Boden entzogen. Die für den 28. September geplante Verhaftung Hitlers wird durch das Münchener Abkommen überholt.

30.9. Gemeinsame Erklärung Hitlers und Chamberlains: Fragen, die beide Länder angehen, sollen durch Konsultationen gelöst werden. Man wolle sich weiter bemühen, die Ursachen von Meinungsverschiedenheiten aus dem Weg zu räumen, «um auf diese Weise zur Sicherung des Friedens Europas beizutragen». Dieses Papier bestärkt Chamberlain in seinem Glauben, Deutschland doch noch zu einem «General and European Settlement» bewegen zu können.
Wegen anderweitiger Inanspruchnahme aller Transportmittel ist es notwendig geworden, das Erntedankfest auf dem Bückeberg in diesem Jahr ausfallen zu lassen.

1.10. Deutsche Truppen beginnen mit ihrem Einmarsch in sudetendeutsche Gebiete. Konrad Henlein wird zum Reichskommissar für die sudetendeutschen Gebiete bestellt.

5.10. Kennzeichnung der Reisepässe und Kennkarten von Juden mit einem vom Reichsminister des Innern bestimmten Merkmal, dem großen roten «J».

Die sog. Notdienst-Verordnung ermöglicht die zeitlich begrenzte
Heranziehung von «Bewohnern des Reichsgebiets» zu Notdienst-
leistungen. Diese Leistungen können «in einem Handeln, Dulden
oder Unterlassen bestehen».

Geheime Weisung Hitlers, alles Notwendige für die «Erledigung 21.10.
der Rest-Tschechei» militärisch vorzubereiten.

Außenminister Ribbentrop bietet Polen eine «große Regelung» 24.10.
aller bestehenden Probleme an: Danzig soll zum Reich zurückkehren, den sog. «Korridor» sollen exterritoriale Eisenbahn- und
Straßenverbindungen nach Ostpreußen durchqueren, in der westlichen Slowakei soll eine deutsche Militärzone entstehen. Dafür
bietet er eine deutsche Anerkennung der Grenzen, einen langfri-
stigen Nichtangriffspakt sowie wirtschaftliche und außenpolitische Zusammenarbeit. Zugleich wird Polen eingeladen, dem
«Antikominternpakt» beizutreten.

Rund 17000 Juden polnischer Staatsangehörigkeit werden aus 26.–
dem Deutschen Reich ausgewiesen und an die deutsch-polnische 28.10.
Grenze transportiert.

Die Sudetendeutsche Partei soll in der NSDAP aufgehen. 5.11.

Himmler begeistert sich vor SS-Gruppenführern, seinen «lieben 8.11.
Männern», daß Hitler «das größte Reich» schaffen werde, «das
von dieser Menschheit errichtet wurde und das die Erde je gese-
hen hat». Er vermag für die Zukunft allein das «großgermanische
Imperium oder das Nichts» zu erkennen.

«Reichskristallnacht» (9. auf 10. November): von Goebbels insze- 8.–13.11.
nierte «spontane» Ausschreitungen gegen jüdische Einrichtungen
und Juden als angebliche Reaktion auf die Ermordung des deutschen Diplomaten Ernst vom Rath durch den Juden Herschel
Grynszpan (Attentat am 7. November) in Paris. Grynszpan wollte
mit seiner Aktion gegen die Ausweisung polnischer Juden (vgl.
26.–28. Okt.) protestieren. Es werden fast 100 Juden ermordet,
etwa 26000 Männer in Konzentrationslager verschleppt, und
nahezu alle Synagogen sowie weit über 7000 jüdische Geschäfte
schwer beschädigt oder sogar zerstört.

Geheimrede Hitlers vor etwa 400 Journalisten und Verlegern zur 10.11.
Vorbereitung der Deutschen auf den kommenden Krieg: Bislang

habe er gezwungenermaßen «fast nur vom Frieden» reden müssen. Jetzt gehe es darum, «das deutsche Volk psychologisch allmählich umzustellen und ihm langsam klar zu machen, daß es Dinge gibt, die, wenn sie nicht mit friedlichen Mitteln durchgesetzt werden können, mit Mitteln der Gewalt durchgesetzt werden müssen.»

Dafür sei es wichtig, «daß gerade die Presse sich ganz blind zu dem Grundsatz bekennt: Die Führung handelt richtig!» Das Volk müsse lernen, «so fanatisch an den Endsieg zu glauben, daß, selbst wenn wir einmal Niederlagen erleiden würden, die Nation sie nur, ich möchte sagen, von dem höheren Gesichtspunkt aus wertet: Das ist vorübergehend; am Ende wird uns der Sieg sein!»

10./23.11.   Verbot der gesamten jüdischen Presse. Als «Ersatz» erscheint das nationalsozialistisch kontrollierte «Jüdische Nachrichtenblatt».

11.11.   Juden ist der Erwerb, Besitz und das Führen von Schußwaffen und Munition sowie von Hieb- oder Stoßwaffen verboten.

12.11.   Besprechung im Reichsluftfahrtministerium. Unter dem Vorsitz Görings beraten Goebbels, Heydrich, Funk, Schwerin von Krosigk, Gürtner und Frick über die zukünftige antijüdische Politik. Erstmals wird eine Parallelität, vielleicht sogar Deckungsgleichheit von Judenpolitik und Kriegführung erkennbar.

Um den immer deutlicher werdenden Facharbeitermangel zu beseitigen, werden verschiedene Sondermaßnahmen ergriffen. So dürfen Spezialarbeiterstellen nicht mehr mit Facharbeitern besetzt werden, die dadurch freiwerdenden Facharbeiter sind für ihr eigentliches Fachgebiet freizustellen. Die Ausbildungszeit zum Facharbeiter wird abgekürzt. Neben diesen staatlichen Maßnahmen versuchen die Unternehmer, durch verschleierte – weil offiziell verbotene – Leistungen und indirekte Zuwendungen diese raren Arbeitskräfte zu gewinnen und an das Unternehmen zu binden.

Befehl Hitlers an Göring, die «Judenfrage» nun «so oder so zur Erledigung zu bringen», der dies unter dem Rubrum des «Beauftragten für den Vierjahresplan» umgehend in Verordnungsformen gießt: In der «Verordnung zur Wiederherstellung des Straßenbildes bei jüdischen Gewerbebetrieben» wird den Betroffenen auferlegt, alle Schäden, welche «durch die Empörung des Volkes über die Hetze des internationalen Judentums» entstanden sind (vgl. 8.–13. Nov.), sofort zu beseitigen. Etwaige Versicherungsansprüche jedoch werden kurzerhand zugunsten des Deutschen Reiches beschlagnahmt.

Die «Verordnung zur Ausschaltung der Juden aus dem deutschen Wirtschaftsleben» läßt für die Betroffenen praktisch keinen Betätigungsraum mehr übrig. Die praktische «Abwicklung» regelt eine weitere Verordnung am 23. November.

Auferlegung einer jüdischen «Sühneleistung» von 1,12 Milliarden Reichsmark, da die «feindliche Haltung des Judentums gegenüber dem deutschen Volk und Reich, die auch vor feigen Mordtaten nicht zurückschreckt (...) entschiedene Abwehr und harte Sühne» erfordere. Die Durchführungsverordnung vom 21. November legt fest, daß eine Abgabe in Höhe von 20% des Vermögens zu leisten ist (vgl. 23. Oktober 1939).

Goebbels erläßt eine Anordnung, daß Juden die Teilnahme an kulturellen Veranstaltungen (Theater, Kino, Konzerte, Vorträge, Varietés, Kabaretts, Zirkus etc.) nicht mehr erlaubt ist.

Reichserziehungsminister Rust erläßt ein Verbot für Juden, deutsche Schulen zu besuchen, da nach der «ruchlosen Mordtat von Paris (...) es keinem deutschen Lehrer (...) mehr zugemutet werden» kann, «an jüdische Schulkinder Unterricht zu erteilen.» **14.11.**

Per Gesetz werden die sudetendeutschen Gebiete mit dem Deutschen Reich «wiedervereinigt». Die «alteingesessenen Bewohner» werden zunächst nur zu deutschen Staatsangehörigen erklärt. **21.11.**

Hitler weist die Wehrmacht an, Vorbereitungen für eine überraschende Besetzung Danzigs zu treffen. **24.11.**

Bekräftigung des Nichtangriffspaktes zwischen Polen und der Sowjetunion. Nachdem Polen die deutsche Anfrage wegen einer Rückkehr Danzigs zum Deutschen Reich und einer exterritorialen Verbindung durch den sog. «Korridor» (24. Oktober und 19. November) abgelehnt hat, bemüht es sich um eine Rückendeckung im Osten. **26.11.**

Juden kann das Betreten bestimmter Bezirke untersagt werden. Dieser sog. «Judenbann» erstreckt sich in Berlin beispielsweise auf sämtliche Theater, Kinos, Kabaretts, Konzert- und Vortragsräume, Ausstellungshallen am Kurfürstendamm einschließlich Ausstellungsgelände am Funkturm, Deutschlandhalle, Sportpalast, Reichssportfeld, Sportplätze, öffentliche und private Badeanstalten sowie einige ausdrücklich angeführte Straßenzüge. Es können außerdem polizeilich bestimmte Zeiten festgelegt werden, in denen sich Juden «in der Öffentlichkeit nicht zeigen dür- **28.11.**

fen». Zuwiderhandlungen werden mit Geldstrafen oder Haft geahndet. Am «Tag der Nationalen Solidarität» (3. Dezember) wird von dieser Verordnung erstmals Gebrauch gemacht und für die Zeit von 12–20 Uhr ein entsprechendes Ausgehverbot verhängt.

30.11. Um eine Standardisierung voranzutreiben, wird die «Schaffung neuer Typen von Lastkraftwagen» von einer Genehmigung des «Generalbevollmächtigten für das Kraftfahrwesen» abhängig gemacht.

2.12. Auf einer Großkundgebung in Reichenberg (Sudetenland) äußert sich Hitler offen über die Indoktrination der deutschen Jugend. Anschaulich beschreibt er den vorgesehenen Lebensgang vom Jungvolk in die Hitlerjugend, in SA, SS, NSKK etc.: «Und wenn sie dort (...) noch nicht ganz Nationalsozialisten geworden sein sollten, dann kommen sie in den Arbeitsdienst und werden dort wieder sechs und sieben Monate geschliffen (...). Und was dann (...) noch an Klassenbewußtsein oder Standesdünkel da oder da vorhanden sein sollte, das übernimmt dann die Wehrmacht zur weiteren Behandlung auf zwei Jahre. Und wenn sie dann (...) zurückkehren, dann nehmen wir sie, damit sie auf keinen Fall rückfällig werden, sofort wieder in SA, SS und so weiter. Und sie werden nicht mehr frei, ihr ganzes Leben».

3.12. Himmler erläßt «aus allgemeinen sicherheitspolizeilichen Gründen und zum Schutze der Allgemeinheit» eine vorläufige polizeiliche Anordnung, wonach Juden deutscher Staatsangehörigkeit das Führen und Halten von Autos und Motorrädern verboten ist. Führerscheine werden ihnen entzogen. Göring bestimmt, daß Anträge von Juden auf Ausstellung von Jagdscheinen abzulehnen, bereits ausgegebene Jagdscheine sofort einzuziehen sind.
Die Wertfeststellung jüdischen Grundbesitzes wird auf niedrigstem Niveau eingefroren. Der Eigentümer kann gezwungen werden, seinen Betrieb, sein Grundeigentum etc. «ganz oder teilweise binnen einer bestimmten Frist zu veräußern. Mit der Anordnung können Auflagen verbunden werden.» Kunstgegenstände, Wertsachen und Juwelen dürfen beispielsweise nur noch an staatliche Stellen verkauft werden. Ziel ist die «Gesamtentjudung» der Wirtschaft und des Grundbesitzes.

5.12. Den entlassenen jüdischen Beamten werden die Pensionen gekürzt.

Unterzeichnung der deutsch-französischen Erklärung in Paris. Sie
sieht die Pflicht zur Konsultation in allen gemeinsam interessieren-
den Fragen, die Pflege guter Beziehungen sowie die Anerkennung
der Grenze vor, womit Deutschland auf Elsaß und Lothringen zu
verzichten scheint.

Ein Runderlaß Himmlers zur «Bekämpfung der Zigeunerplage» 8.12.
führt zur systematischen Erfassung und erkennungsdienstlichen
Aufnahme aller Sinti und Roma im Reichsgebiet.
Stapellauf des ersten deutschen Flugzeugträgers «Graf Zeppe-
lin»; Baustopp am 30. Januar 1943.

«In Betrieben, deren Unternehmer ein Jude ist», werden vom 14.12.
«Reichstreuhänder der Arbeit» Betriebsführer eingesetzt, die «die
blutmäßigen Voraussetzungen für den Erwerb des Reichsbürger-
rechts» erfüllen.

Als «sichtbares Zeichen des Dankes des Deutschen Volkes» stiftet 16.12.
Hitler das «Ehrenkreuz der Deutschen Mutter» als Orden für Ge-
bärfreudigkeit. Vorgesehen sind drei Stufen: in Bronze für vier bis
fünf, in Silber für sechs bis sieben und in Gold für acht und mehr
Kinder.

Hitler befiehlt der Wehrmachtführung, die «Erledigung der Rest- 17.12.
tschechei» lediglich als eine «Befriedungsaktion» vorzubereiten,
ohne sich auf einen großen Krieg einzustellen.

Ein ergänzender Erlaß des Reichserziehungsministers «schließt 23.12.
die Entfernung von Juden von den deutschen Hochschulen ab».
Jüdischen Professoren und Wissenschaftlern, die bislang ausnahmsweise, privat und ohne jede Fühlungnahme mit den Studenten in Instituten und Bibliotheken arbeiten durften, wird diese
Genehmigung mit sofortiger Wirkung entzogen.

1.1.   Der «Reichsverband Jüdischer Kulturbünde» wird in den «Jüdischen Kulturbund in Deutschland e.V.» umgewandelt (vgl. 28. März 1938).
Deutschland steht mit 4,1 Millionen Fernsprechstellen an der europäischen Spitze. Allein 570 000 Anschlüsse befinden sich in Berlin.

6.–26.1.   Verstärktes Werben um Polen für eine gemeinsame antisowjetische Politik (vgl. 24. Okt. 1938).

9.1.   Die «Neue Reichskanzlei» in Berlin (Voßstraße/Ecke Wilhelmstraße), die in neun Monaten errichtet worden ist (Architekt: Albert Speer), wird in Gegenwart von 8000 Arbeitern eingeweiht. In seiner Ansprache betont Hitler seine persönliche Bescheidenheit.

10.1.   Jüdische Literatur darf nur noch über den Verlag des Jüdischen Kulturbundes bestellt werden.

14.1.   Rechtsanwälten, die der NSDAP oder einer ihrer Gliederungen oder angeschlossenen Verbände angehören, ist «die Vertretung von Juden grundsätzlich verboten».
Die Presse wird angewiesen, Hitler zukünftig nur noch als «Führer» zu titulieren, nicht mehr als «Führer und Reichskanzler».

15.1.   Reichswirtschafts- und Reichsinnenminister legen fest, «daß Juden zu den gesetzlichen Prüfungen der Handwerkskammern sowie der Industrie- und Handelskammern nicht zugelassen sind.» Die Maßnahme ist zur Beschleunigung der Auswanderung gedacht.

17.1.   Die «Achte Verordnung zum Reichsbürgergesetz» bestimmt, daß die Approbationen jüdischer Zahnärzte, Tierärzte und Apotheker zum 31. Januar erlöschen. Juden ist die Ausübung der Heilkunde, Zahnheilkunde und Tierheilkunde überhaupt verboten. Als «Hilfskräfte in der Gesundheitspflege» sind sie allein auf ihre «Rassegenossen» beschränkt.

19.1.   Hitler bestimmt die SA zum «Träger» der vor- und nachmilitärischen Wehrerziehung. In diesem Sinne erhält das SA-Sportabzeichen den Charakter eines «Wehrabzeichens».

Hjalmar Schacht wird als Reichsbankpräsident entlassen und durch Reichswirtschaftsminister Funk ersetzt, weil er gegen die Rüstungsfinanzierung Einspruch erhoben hat. Auch die Reichsbankdirektoren, die Schachts kritisches Memorandum vom 7. Januar mitunterzeichnet haben, werden abgelöst.

Göring weist Innenminister Frick an, «die Auswanderung der Juden aus Deutschland (...) mit allen Mitteln zu fördern» und zu diesem Zweck eine «Reichszentrale für die jüdische Auswanderung» zu gründen. Leiter dieser Institution wird Reinhard Heydrich, der Chef der Sicherheitspolizei (vgl. 27. Sept.).
Das Deutsche Reich und Italien schließen ein Abkommen, nach dem 37 000 italienische Landarbeiter nach Deutschland kommen sollen, um in der «Erzeugungsschlacht» zu helfen.

Die «Grüne Woche» wird eröffnet. Reichsbauernführer und Reichsminister für Ernährung und Landwirtschaft, Darré, spricht über die Bedeutung, die «dem deutschen Bauern als Blutsquell des deutschen Volkes zukomme und wie die deutsche Landwirtschaft ringe, das Volk trotz seiner eingeengten Ernährungsbasis zu ernähren.»

Das Reichswirtschaftsministerium verbietet Juden, auf Märkten Waren zu verkaufen.

Hitlers «Prophezeiung» in seiner denkwürdigen Rede zur Eröffnung des «Großdeutschen Reichstages» in der Krolloper: «Wenn es dem internationalen Finanzjudentum in- und außerhalb Europas gelingen sollte, die Völker noch einmal in einen Weltkrieg zu stürzen, dann würde das Ergebnis nicht die Bolschewisierung der Erde und damit der Sieg des Judentums sein, sondern die Vernichtung der jüdischen Rasse in Europa.» (vgl. 24. Feb. 1942)
Zugleich sagt Hitler den Beginn einer längeren Friedensperiode voraus.
Erneute Verlängerung des «Ermächtigungsgesetzes» bis zum 10. Mai 1943 (vgl. 24. März 1933; 30. Jan. 1937).

Hitler entscheidet sich mit dem sog. «Z-Plan» der Marineführung für den Bau einer großen Überwasserflotte und faßt damit die überseeische Etappe seines in den zwanziger Jahren entworfenen «Programms» doch schon ins Auge.

1939

30.1.–1.2. «Berner» Konferenz der KPD in Draveil bei Juvisy-sur-Seine südlich von Paris, an der 22 Delegierte (davon 12 ZK-Mitglieder) teilnehmen.

1.2. Neugliederung der Luftwaffe: Zu Chefs der drei Luftflottenkommandos Ost, Nord und West werden die Generale Albert Kesselring, Helmut Felmy und Hugo Sperrle ernannt. Mitte März folgt für den Südosten des Reiches das Luftflottenkommando 4 in Wien unter General Alexander Löhr. Staatssekretär Erhard Milch wird Generalinspekteur der Luftwaffe, Hans-Jürgen Stumpff Chef der Luftabwehr, Ernst Udet Generalluftzeugmeister.

Auf Anordnung Hitlers wird in München die nach dem Dichter und Kunstmäzen Adolf Friedrich Graf von Schack (1815–1894) benannte «Schack-Galerie der deutschen Meister des 19. Jahrhunderts» eingerichtet.

Jüdische Emigranten haben auf Anordnung der Prager Regierung die CSR innerhalb von sechs Monaten zu verlassen.

6.2. Die Gestapo löst reichsweit den «Katholischen Jungmännerverband» auf, dessen Vermögen beschlagnahmt wird.

7.2. Der Bildhauer Josef Thorak wird 50. Die NS-Presse feiert ihn als den «wohl bedeutendsten Bildhauer Deutschlands».

10.2. In einer geheimen Ansprache vor Truppenkommandeuren äußert sich Hitler über die ideologischen Motive seiner Außenpolitik. Es gehe um «das Schicksal unserer Rasse in kommenden Jahrhunderten», und deshalb werde «der nächste Kampf (...) ein reiner Weltanschauungskrieg sein, d.h. bewußt ein Volks- und ein Rassenkrieg sein.»

Papst Pius XI. stirbt 82jährig. Hitler läßt beim Nuntius kondolieren und auf den Dienstgebäuden des Reiches in Berlin halbmast flaggen. Nachfolger wird am 2. März Eugenio Pacelli, der Kardinalstaatssekretär Pius' XI. und ehemalige päpstliche Nuntius in Deutschland. Er nimmt den Namen Pius XII. an.

Die deutsche Kraftfahrzeugindustrie verzeichnet einen Trend zum kleinen Auto mit niedrigeren Betriebskosten.

13.2. Die «Verordnung zur Sicherstellung des Kräftebedarfs für Aufgaben von besonderer staatspolitischer Bedeutung» verpflichtet private und öffentliche Betriebe zur Abgabe von Arbeitskräften für o.g. Zwecke, regelt aber gleichzeitig auch deren festere Bindung

an bestimmte Arbeitsplätze bzw. eine Beschränkung des Arbeits-
platzwechsels.

Hitler hält in Hamburg die Taufrede beim Stapellauf des Schlacht-   14.2.
schiffes «Bismarck», nachdem er am Tag zuvor in Friedrichsruh
am Grab Otto von Bismarcks einen Kranz niedergelegt hat.

Goebbels behält sich seine grundsätzliche Zustimmung bei der   15.2.
Verleihung von Kunstpreisen vor.

Die KdF-Urlaubsfahrten gehen jetzt auch an den Gardasee und   16.2.
die Riviera.

Alle Juden haben die ihnen gehörenden Gegenstände aus Gold,   21.2.
Silber, Platin sowie Edelsteine und Perlen binnen zwei Wochen an
die öffentlichen Ankaufsstellen abzuliefern. Die Ablieferung erfolgt gegen «Entschädigung».

Führerscheine und Kraftfahrzeugscheine, die für Juden ausge-   22.2.
stellt sind, sollen aufgrund einer vertraulichen Anweisung des
Reichsverkehrsministers eingezogen werden. Ausgenommen sind
allein ausländische Staatsangehörige und Behinderte.

Der Reichsverkehrsminister ordnet an, Juden die Benutzung der   23.2.
Schlaf- und Speisewagen der Reichsbahn zu verbieten.

Das «Gesetz über die berufsmäßige Ausübung der Heilkunde   25.2.
ohne Bestallung (Heilpraktikergesetz)» soll den Zustand der
«hemmungslosen Kurierfreiheit» und des «Kurpfuschertums» in
Deutschland beenden. Es werde offiziell von staatlicher Seite anerkannt, «daß es heilerische Begabungen und Fähigkeiten auch außerhalb der an den Universitäten herangebildeten Ärzteschaft» gebe.
Die Berufsbezeichnung «Heilpraktiker» ist gesetzlich geschützt.
Hitler bestimmt den 9. November, den Tag des gescheiterten Putsches im Jahre 1923, zum staatlichen Feiertag. Außerdem soll der
«Heldengedenktag als Tag der Wehrfreiheit» künftig am 16.
März gefeiert werden, sofern dies kein Wochentag ist.

Die Gesamtzahl der Rundfunkteilnehmer im «Großdeutschen   1.3.
Reich» wird mit 11,9 Millionen angegeben.

Eine Verordnung über die Typenbegrenzung in der Kraftfahrzeug-   2. u. 14. 3.
industrie wird erlassen. Der Generalbevollmächtigte für das Kraft-

fahrwesen, Oberst von Schell, legt Bauart, Hubraumklassen, Typenzahlen und Nutzlastgrenzen fest, die von den Herstellern einzuhalten sind. Sinn dieser Maßnahme ist die Kriegsvorbereitung: Vom 1. Januar 1940 werden nur noch 30 von bislang 52 PKW-Typen und nur noch 19 von bisher 113 LKW-Typen gebaut.

3.3. Die Ago-Flugzeugwerke in Oschersleben stellen das 1000. Flugzeug fertig, eine Messerschmitt Me Bf 109.

9.3. Der designierte Kolonialminister Franz Xaver Ritter von Epp bekommt die Weisung, die erforderlichen Arbeiten für eine «Wiedererlangung von Kolonien» zügig voranzutreiben.

10.3. Stalin streckt auf dem 18. Parteitag der KPdSU erste Fühler in Richtung Deutsches Reich aus, indem er betont, die Ukraine fühle sich von niemandem (auch nicht vom Deutschen Reich) bedroht.

12.3. Hitler entschließt sich, die Zerschlagung der Tschechoslowakei in Angriff zu nehmen. Der Konflikt zwischen der Prager Regierung und den Slowaken dient ihm als Vorwand.

13.3. Die Führer der Slowaken, Jozef Tiso und Ferdinand Durcanský, in Berlin. Sie sollen die Unabhängigkeit der Slowakei proklamieren.

14.3. Eine von Berlin diktierte Unabhängigkeitserklärung der Slowakei wird akzeptiert.
Ungarn beginnt mit der Besetzung der Karpatho-Ukraine.

14./15.3. Der tschechoslowakische Staatspräsident Emil Hácha und der Außenminister František Chvalkovský, von Hitler zu einer Unterredung kurzfristig herbeizitiert, unterzeichnen unter schärfstem Druck den Vertrag über die Schaffung des «Reichsprotektorats Böhmen und Mähren».
In der Nacht des 15. März Einmarsch der Wehrmacht in die Tschechoslowakei. Die tschechischen Truppen werden ohne Gegenwehr entwaffnet (sog. «Griff nach Prag»). Als Hitler gemeldet wird, es gebe keinerlei militärische Reaktionen Englands oder Frankreichs, ruft er aus: «Ich habe es gewußt! In vierzehn Tagen spricht kein Mensch mehr darüber.»

16.3. Hitler verkündet auf der Prager Burg einen «Erlaß über das Protektorat Böhmen und Mähren». Die beiden Länder werden dem

Deutschen Reich eingegliedert und erhalten als Staat beschränkter Souveränität eine eigene Regierung, Autonomie in Verwaltung, Rechtsprechung und Kultur.
In Prag residiert als Vertreter des Reiches ein Reichsprotektor (der ehemalige deutsche Außenminister Konstantin Frhr. von Neurath), das Protektorat wird in Berlin durch einen Gesandten vertreten.
Bis zum Ende des Jahres fliehen ca. 19 000 Juden aus der ehemaligen ČSR.

Premierminister Chamberlain findet in den improvisierten Passagen seiner Birminghamer Rede harte Worte der Anklage gegen das jüngste Unrecht Hitlers, versucht aber gleichwohl an seiner Appeasementpolitik festzuhalten. 17.3.
In einer Presseanweisung erklärt Goebbels «die Verwendung des Begriffs ‹Großdeutsches Weltreich›» für «unerwünscht». Dieser Begriff sei «für spätere Gelegenheiten vorbehalten».

Das «Gesetz über die Finanzierung nationalpolitischer Aufgaben des Reiches (Neuer Finanzplan-NF)» schafft ausgewählten Institutionen die Möglichkeit, Lieferungen und sonstige Leistungen gewerblicher Unternehmer in Höhe von 40% des Rechnungsbetrags mit sog. Steuergutscheinen zu bezahlen. 20.3.
Im Hof der Berliner Hauptfeuerwache werden zahlreiche Werke moderner Künstler als «entartete Kunst» verbrannt, u. a. Werke von George Grosz. Insgesamt werden ca. 1000 Ölbilder sowie ca. 4000 Aquarelle, Zeichnungen und Graphiken vernichtet.
Nach Abberufung der Botschafter Englands und Frankreichs aus Protest gegen die deutschen Aktionen in der ČSR – der US-Botschafter war schon nach der «Reichskristallnacht» 1938 zurückgerufen worden – sind erstmals seit dem Ersten Weltkrieg alle drei Westmächte nicht mehr auf Botschafterebene in Berlin präsent.

Wiederholung des deutschen Angebots an Polen (vgl. 24. Oktober 1938; 6. Januar 1939). Obwohl mit zukünftiger Beute in der sowjetischen Ukraine geworben wird, bleibt die Haltung Warschaus unverändert ablehnend, nicht zuletzt da das Angebot in dem psychologisch ungünstigen Moment der Vertrauenskrise («Griff nach Prag» am 15. März) erfolgt (endgültige Absage am 26. März). 21.3.

Litauen tritt unter politischem Druck das Memelgebiet an das Deutsche Reich ab. Dem Einmarsch der Wehrmacht folgt die Flucht der Mehrzahl der dort lebenden etwa 9000 Juden nach Li- 22./23.3.

tauen. Per Gesetz wird das Memelland mit dem Deutschen Reich vereinigt. Zum 1. Mai tritt dort das gesamte Reichsrecht in Kraft.

23.3. Die Slowakei stellt sich unter den Schutz des Deutschen Reiches; sie wird mit dem im Reichsgesetzblatt am 31. März veröffentlichten «Vertrag über das Schutzverhältnis zwischen dem Deutschen Reich und dem Slowakischen Staat» ein deutscher Vasall.

Das für das Reich außerordentlich vorteilhafte deutsch-rumänische Handelsabkommen (sog. «Wohlthat-Vertrag») führt zu einer weitgehenden Eingliederung Rumäniens in ein von Deutschland geführtes mitteleuropäisches Wirtschaftssystem. Rumänien garantiert die Sicherstellung der deutschen Erdöleinfuhr und die Lieferung weiterer Bodenschätze (Mangan, Bauxit).

24.3. Das Reichskirchenministerium weist die jüdischen Kultusgemeinden an, für die Beseitigung der Synagogenruinen zu sorgen. Ein Wiederaufbau hingegen sei nicht erlaubt.

25.3. Die allgemeine Jugenddienstpflicht in HJ und BDM wird eingeführt, jedoch erst im Krieg – wenn auch unvollständig – durchgesetzt.

Die «Technische Nothilfe», bis jetzt ein eingetragener Verein, wird in eine Körperschaft öffentlichen Rechts umgewandelt.

26.3. Polen lehnt das deutsche Angebot definitiv ab (vgl. 21. März). Warschau schlägt Verhandlungen vor, verweigert jedoch eine Exterritorialität deutscher Durchfahrtsstrecken. Die Reichsregierung sieht darin allerdings «keine Basis für eine deutsch-polnische Lösung».

27.3. Im Gefolge von Mandschukuo und Ungarn tritt auch Spanien dem «Antikominternpakt» bei.

28.3. Mit der Eroberung von Madrid durch Franco geht der Spanische Bürgerkrieg zu Ende. Hitler gratuliert telegraphisch.

30.3. Das Jagdflugzeug Heinkel He 112 stellt mit 746 km/h den Geschwindigkeitsweltrekord auf. Schon am 27. April wird dieser Weltrekord mit 755,11 km/h von einer Messerschmitt Me Bf 109 überholt.

31.3. Aufgeschreckt durch die unmittelbare Bedrohung Polens gibt Chamberlain im britischen Unterhaus eine Garantieerklärung für Polen «im Falle einer Aktion» ab, «welche die polnische Unabhän-

gigkeit klar bedrohen und gegen welche die Polnische Regierung entsprechend den Widerstand mit ihrer nationalen Streitkraft als unerläßlich ansehen würde». Zugleich versichert er, daß Frankreich den gleichen Standpunkt einnehme und die Dominions «voll unterrichtet» seien. Am 6. April wird diese Äußerung zur Grundlage eines Beistandspakts zwischen Großbritannien und Polen.
Das Propagandaministerium weist die deutsche Presse an, diese Erklärung Chamberlains nur «klein auf der zweiten Seite» zu bringen. Einen Tag später wird ein Londoner Korrespondent hart gerügt, der geschrieben hatte, «daß England im Osten (erstmalig) Versprechungen eingegangen sei, es handle sich also um ein Politikum von ungeheurer Bedeutung. Das war ein schwerer Fehlgriff.» Deutsch-Spanischer Freundschaftsvertrag.

Auch Sinti und Roma erhalten eine besondere Kennzeichnung als «Zigeuner» in ihre Ausweise (vgl. 5. Okt. 1938).

Ab März
1939

Die Howaldtswerke in Kiel gehen in den Besitz der Kriegsmarine über und werden mit dem Kriegsmarinearsenal zur Kriegsmarinewerft Kiel vereinigt.

1.4.

«Führerweisung» an das Oberkommando der Wehrmacht: Ein Angriffskrieg gegen Polen ist so vorzubereiten, «daß die Durchführung ab 1.9.1939 jederzeit möglich ist». Die Operation trägt den Decknamen Fall «Weiß».

3.4.

Ein Erlaß des Reichsinnenministers erläutert die Begriffe «Deutscher Volkszugehöriger» und «Volksdeutscher». Beide Ausdrücke bezeichnen zwar die Zugehörigkeit zum deutschen Volk, der Unterschied sei jedoch, daß «Deutscher Volkszugehöriger» sowohl deutsche wie fremde Staatsangehörige umfasse, während unter «Volksdeutschen» nur deutsche Volkszugehörige fremder Staatsangehörigkeit verstanden werden. «Personen artfremden Blutes, insbesondere Juden, können nach diesem Erlaß nicht deutsche Volkszugehörige sein.»

5.4.

Italien besetzt Albanien als Kompensation für die deutschen Erwerbungen. Viktor Emanuel III. wird am 12. April auch König von Albanien, das damit in Personalunion mit Italien verbunden ist.

7.4.

«Mit Rücksicht auf die Gesamtlage» befiehlt Hitler die «Abstellung der kirchlichen Morgenfeiern im Rundfunk von nun an». Trotz zahlreicher Proteste bleibt diese Verfügung in Kraft.

9.4.

12.4. Martin Bormann ersucht als Stabsleiter bei Rudolf Heß alle Par-
tei-Dienststellen, dafür Sorge zu tragen, daß die Klosterschulen
und kirchlichen Internate «restlos beseitigt» werden. Auch kon-
fessionelle Jugendferienlager seien zu unterbinden.

13.4. Die britisch-französische Garantieerklärung für Polen wird auf
Rumänien und Griechenland erweitert; im Mai folgen für den
Fall eines Mittelmeerkonflikts Beistandspakte mit der Türkei.
Die Wehrersatzinspektionen führen sog. Kraftfahrzeugmusterun-
gen an zivilen KfZ durch. Diese Maßnahme sei «im Dienst der
Landesverteidigung unerläßlich». Das Nichterscheinen bzw. -vor-
führen steht unter Strafe.

14.4. In einer Botschaft an Hitler und Mussolini fordert der amerikanische Präsident Roosevelt beide Diktatoren auf, sich weiterer Überfälle zu enthalten und Nichtangriffs-Zusicherungen für 30 na-
mentlich genannte Staaten abzugeben. Gleichzeitig schlägt er eine
internationale Konferenz vor.
Hitler antwortet auf Roosevelts Botschaft am 28. April in einer
großen außenpolitischen Erklärung vor dem Reichstag. Mussolini
weist die Botschaft des US-Präsidenten bereits am 20. April als
unrealistisch zurück. Es sei ungerecht, die Achsenmächte auf die
Anklagebank zu setzen, nachdem sie so oft und greifbar ihren
Friedenswillen bewiesen hätten.

17.4. Durch ihren Botschafter in Berlin leitet die Sowjetunion eine
Annäherung an das Deutsche Reich ein, die sehr interessiert aufgenommen wird, dann aber vorübergehend einschläft.

18.4. Auf ein französisches Bündnisangebot am 15. April hin besteht
die Sowjetunion auf einem britisch-französisch-sowjetischen
Dreibund unter Einschluß Polens. Zähe Verhandlungen führen
am 24. Juli (fast) zu einem politischen Abkommen, das viel Strit-
tiges kurzerhand ausklammert. Der Ausbau zu einem militärischen Abkommen soll folgen.

20.4. Hitlers 50. Geburtstag wird mit einer großen Truppenparade gefeiert. Der Tag ist zum «Nationalen Feiertag» erklärt worden, was
ein erst drei Tage vorher erlassenes «Gesetz über einmalige Son-
derfeiertage» ermöglichte.
Das SS-Hauptamt Verwaltung und Wirtschaft unter Oswald Pohl
wird eingerichtet.
Jeder Hausbesitzer wird durch eine Verordnung des Reichskom-

missars für die Preisbildung verpflichtet, eine angemessene Zahl von Wohnungen an kinderreiche Familien zu vermieten.

Der Reichsinnenminister ordnet die Aufstellung einer nach Geburtsjahrgängen geordneten «Volkskartei» an, die ein Bild über die persönlichen «Fähigkeiten und Fertigkeiten» jedes Deutschen, seine Wohnung, seinen Familienstand, seine Arbeitsdienst- und Wehrpflichtverhältnisse vermittelt. 21.4.

Der britische Botschafter Nevile Henderson kehrt auf seinen Berliner Posten zurück (vgl. 20. März). 23.4.

Goebbels spricht auf der Ordensburg Vogelsang in der Eifel vor den Propagandaleitern der Partei über die Aufgabe der neuen «Großmacht Propaganda». Die Staatsführung könne das Volk nicht über alle Absichten ins Bild setzen: «In solchen Zeiten muß ein kleiner Kern fanatischer Anhänger die Masse des Volkes durch die Kraft ihres Glaubens mitreißen können, auch wenn zeitweilig die Einsicht und die tiefere Erkenntnis fehlen.» 26.4.

Hitler beantwortet Roosevelts Konferenzvorschlag vom 14. April in einer demagogischen Reichstagsrede negativ. Gleichzeitig kündigt er das deutsch-britische Flottenabkommen (vgl. 18. Juni 1935) und den deutsch-polnischen Nichtangriffspakt (vgl. 26. Jan. 1934) auf und bietet Neuverhandlungen an. 28.4.

Mit Zustimmung des Reichskirchenministeriums werden eine Kirchenbeamtenordnung und eine Disziplinarordnung der Deutschen Evangelischen Kirche erlassen. Für Kirchenbeamte gilt fortan das Beamtengesetz mit seinen Arierparagraphen und der Vereidigung auf Hitler. 29.4.

Mit dem «Gesetz über Mietverhältnisse mit Juden» wird die «rechtliche» Grundlage zur Auflösung von «Hausgemeinschaften mit Juden» und zur zwanghaften Unterbringung der Betroffenen in sog. «Judenhäusern» gelegt. Jeder gesetzliche Mieterschutz entfällt (vgl. 7. Aug. 1938). 30.4.

Konrad Henlein wird zum Reichsstatthalter im Sudentengau ernannt und am 6. Mai in sein Amt eingeführt.
Robert Ley erklärt zum 1. Mai-Feiertag: «Wir wissen, daß Gott die Welt nicht geschaffen hat, um aus ihr eine Hölle zu machen. Deshalb wollen wir unsere Welt erfüllen mit Lebensfreude und 1.5.

Lebenskraft und unseren deutschen Menschen auch in der Zukunft alle Schönheiten des deutschen Lebens, der deutschen Lande und der deutschen Kultur erschließen.»

3.5. Entlassung Litwinows als Außenminister der Sowjetunion. Sein Nachfolger Wjatscheslaw M. Molotow schwenkt auf eine politische Linie mit Deutschland ein. Auch die Reichsregierung sieht nun Möglichkeiten zu einer aktiveren Politik mit Moskau.

5.5. Die deutsche Presse wird angewiesen, «ab sofort die Polemik gegen die Sowjetunion und den Bolschewismus» einzustellen.

12.5. Britisch-türkische Beistandserklärung, der sich auch Frankreich anschließt.

15.5. Das Frauenkonzentrationslager Ravensbrück wird eingerichtet.

17.5. Mit einer Polizeiverordnung wird geregelt, daß der Badenweiler Marsch «nur bei Veranstaltungen, an denen der Führer teilnimmt, und nur in seiner Anwesenheit öffentlich gespielt werden» darf.
Volkszählung im Deutschen Reich: neben detaillierten Angaben zu ihrer «rassenmäßigen» Abstammung müssen die Befragten Familienstand, Beruf und Ausbildung genauestens vermerken.

19.5. Auf einer Massenkundgebung in den Kölner Messehallen verkündet Goebbels: «Die deutsche Nation will keinen Krieg. (...) Der Führer ist ein Friedensfreund. Er will wirklich den Frieden. Die Wahl liegt bei den anderen, nicht bei uns. Wir sind bewaffnet bis an die Zähne und vertrauen blind auf den Mann, der Deutschland aus seinem tiefsten Fall von 1919 zur Höhe von 1939 emporführte.»

22.5. Der sog. «Stahlpakt» wird als Militärbündnis zwischen Italien und Deutschland abgeschlossen. Dieses offensive Abkommen weicht in seinem Text stark von vergleichbaren Verträgen ab. Der entscheidende Artikel III beinhaltet die militärische Beistandspflicht, falls eine der Vertragsparteien in kriegerische Auseinandersetzungen geraten sollte. Italiens Außenminister Graf Ciano kommentiert das Papier mit den Worten: «Ich habe nie einen derartigen Vertrag gelesen, er ist wahrhaft Dynamit.»

23.5. Hitler erläutert der Generalität seine Angriffspläne (sog. «Schmundt-Protokoll»). Er bekräftigt seine Absicht, «bei erster passender Gelegenheit Polen anzugreifen. An eine Wiederholung der Tschechei ist nicht zu glauben. Es wird zum Kampf kommen.» Danzig allerdings sei «nicht das Objekt, um das es geht. Es handelt sich für uns um die Erweiterung des Lebensraumes im Osten und Sicherstellung der Ernährung, sowie die Lösung des Baltikum-Problems.» Polen müsse isoliert und in einem kurzen Krieg besiegt werden, es könne dann jedoch durchaus auch zu einem Waffengang im Westen kommen.

Jede «Luftschutzgemeinschaft» (also jedes Einzelgebäude) hat dafür zu sorgen, daß Selbstschutzgeräte in ausreichender Anzahl zur Verfügung stehen. Dazu gehören Einreißhaken, Handfeuerspritzen, Feuerpatschen, Hausapotheken, Wassereimer, Sandkisten, Äxte etc. Außerdem sind im ganzen Reich Verdunklungsmöglichkeiten vorzubereiten, die «jederzeit sofort durchgeführt werden können».

Staatssekretär von Weizsäcker trifft sich mit dem sowjetischen Geschäftsträger Astachow. Thema des Gesprächs ist an sich der sowjetische Wunsch nach Beibehaltung einer Handelsmission in Prag. Doch geht es auch um das sowjetisch-deutsche Verhältnis insgesamt. Astachow zeigt Verständnis dafür, daß das Deutsche Reich den innenpolitischen Kampf gegen die Kommunisten von seiner außenpolitischen Orientierung getrennt wissen möchte. Damit ist der Weg frei für eine aktive Ostorientierung.   30.5.

Rückkehr der «Legion Condor» aus Spanien. Nach einem feierlichen Einzug und einem «Appell des Sieges» in Berlin am 6. Juni soll sie aufgelöst werden.   31.5.
Die Presse erhält die Anweisung, die Sowjetunion nicht anzugreifen. Auch in Berichten über den Spanischen Bürgerkrieg solle nur vom Bolschewismus im allgemeinen, nicht aber von der UdSSR die Rede sein.

Das Deutsche Reich schließt Nichtangriffspakte mit Estland, Lettland und Dänemark ab. Norwegen, Schweden und Finnland lehnen entsprechende Angebote ab.   31.5.–7.6.

Die Verordnung über das «Rechtsetzungsrecht» des Reichsprotektors für das «Protektorat Böhmen und Mähren» ermöglicht diesem, durch Verordnung «das autonome Recht» zu ändern, «soweit das gemeinsame Interesse es erfordert». Bei Gefahr im Verzuge kann er «Rechtsvorschriften jeder Art» erlassen.   7.6.

12.6. Beginn diplomatischer Verhandlungen der Westmächte mit der Sowjetunion in Moskau.

15.6. Die Deutsche Reichsbank wird dem «Führer und Reichskanzler unmittelbar unterstellt».

18.6. Schalke 04 gewinnt die deutsche Fußballmeisterschaft gegen Admira Wien mit 9:0, dem höchsten bisher registrierten Torverhältnis in einem Endspiel (vgl. 1. Juli 1934).

20.6. Erstflug des raketenangetriebenen Flugzeugs Heinkel He 176 in Peenemünde.

30.6. Die Reichsregierung läßt «entartete Kunst» in Luzern versteigern.

Sommer 1939 Politisch stark differenzierte intellektuelle Oppositionelle formieren sich um den Oberleutnant im Reichsluftfahrtministerium Harro Schulze-Boysen und den Oberregierungsrat im Reichswirtschaftsministeriums Arvid Harnack zur Widerstandsgruppe «Rote Kapelle», in der sich Widerstand und Agententätigkeit (für die Sowjetunion) verbinden. Die nachrichtendienstliche Zusammenarbeit mit der UdSSR ist in ihrem Verständnis jedoch nicht Verrat des Vaterlandes, sondern Befreiung von der Hitlerdiktatur (vgl. Aug. 1942).

4.7. Umbenennung der «Reichsvertretung der deutschen Juden» in «Reichsvereinigung der Juden in Deutschland». Wesentlicher Zweck bleibt die Förderung der Auswanderung. Daneben ist die Vereinigung Trägerin des jüdischen Schulwesens und der jüdischen Wohlfahrtspflege.

21.7. Beim Appell des SA-Führerkorps bezeichnet Stabschef Viktor Lutze vor 20 000 SA-Führern die SA-Männer als «politische Soldaten».
In Hamburg findet die 5. Reichstagung von «Kraft durch Freude» statt, auf der bekanntgegeben wird, daß 1940 die ersten 10 000 KdF-Wagen («Volkswagen») ausgeliefert werden sollen.

24.7. Die Verhandlungen über einen Beistandsvertrag zwischen Frankreich, Großbritannien und der Sowjetunion sind abgeschlossen. Er tritt jedoch nicht in Kraft, weil die anschließenden Verhandlungen über eine Militärkonvention nicht zu einer Einigung führen. Ein besonderes Problem ist das von Moskau verlangte

Durchmarschrecht durch Polen und Rumänien. Auf diese Weise gewinnen die Sowjets Zeit für ihre Geheimgespräche mit Deutschland, während auch die Briten die Anreise ihrer nicht sehr hochrangig besetzten Militärmission auf dem Seeweg nicht eben beschleunigen.

Der deutsch-sowjetische Gesprächsfaden wird wieder aufgenommen. Weil die Deutschen – anders als die skrupulösen Engländer und Franzosen – über das Schicksal «Zwischeneuropas» einfach hinweggehen, kann Ribbentrop am 2. August den sowjetischen Verhandlungsführer wissen lassen, daß es «von [der] Ostsee bis zum Schwarzen Meer» kein Problem gebe, «das nicht zur beiderseitigen Zufriedenheit gelöst werden» könne.   26.7.
Als Ribbentrop am 23. August nach Moskau fliegt, ist der Paktabschluß so gut wie besiegelt, weil Hitler Stalin alles geboten hätte, um zu diesem Pakt zu gelangen, der Polen isolierte, die Russen neutral, die Westmächte vielleicht vom Kriegseintritt fern hielt.

Der neue Einheits-Fernsehempfänger E1 wird auf der 16. Rundfunk- und Fernseh-Ausstellung in Berlin im Betrieb vorgeführt. Damit können Sendungen des Fernsehsenders Berlin-Witzleben «im eigenen Heim» empfangen werden. «Um der Fernsehsendung allgemeine Bedeutung für das ganze Reichsgebiet zu geben, wird eine Anzahl von Fernsehsendern errichtet. Einer auf dem Brocken und einer auf dem Feldberg im Taunus sind knapp vor ihrer Vollendung.» Der Krieg bricht jedoch die Fernsehentwicklung in Deutschland bis 1952 ab.   28.7.
Ca. 60% der deutschen Haushalte sind bereits Rundfunkempfänger.

An Juden dürfen keine Lose der Reichslotterie mehr verkauft werden. Auch die Auszahlung von Gewinnen an sie ist verboten.   1.8.

Die Einrichtung behelfsmäßiger Luftschutzräume wird angeordnet. Detaillierte Zeichnungen erläutern die jeweiligen Notwendigkeiten (vgl. RGBl 1939, S. 1391ff).   17.8.
Die Reichsakademie für Jugendführung in Braunschweig nimmt mit 87 HJ-Führern den Lehrbetrieb auf.

Ärzte werden verpflichtet, mißgebildete Kinder zu melden. Dies ist ein erster Schritt zu deren späterer Ermordung im Rahmen der sog. «Euthanasie» (vgl. 1. Sept.).   18.8.

1939

19.8.   Deutsch-sowjetischer Wirtschaftsvertrag.

22.8.   Rede Hitlers vor der Wehrmachtführung: «Unsere Gegner sind
        kleine Würmchen. Ich sah sie in München!» Und weiter: «Nun ist
        Polen in der Lage, in der ich es haben wollte. (...) Ich habe nur
        Angst, daß mir noch im letzten Moment irgendein Schweinehund
        einen Vermittlungsplan vorlegt.»
        Chamberlain rät Hitler brieflich zur Mäßigung gegenüber Polen
        und erklärt, daß Großbritannien seiner Bündnispflicht nachkom-
        men werde (vgl. 31. März; 25. Aug.).

23.8.   Außenminister von Ribbentrop in Moskau: in den späten Abend-
        stunden unterzeichnen er und Molotow im Beisein Stalins den
        deutsch-sowjetischen Nichtangriffsvertrag, der über das bilate-
        rale Nichtangriffsversprechen hinausgehend bedingungslose Neu-
        tralität verspricht: Der Pakt gilt also selbst dann, wenn einer der
        Vertragspartner mit Absicht Krieg beginnt. In einem geheimen
        Zusatzprotokoll vereinbaren die beiden Mächte «für den Fall
        einer territorial-politischen Umgestaltung» eine Aufteilung ihrer
        Interessensphären: Polen soll entlang der Flüsse Pissa, Narew,
        Weichsel und San geteilt werden. Estland, Lettland, Finnland und
        Bessarabien sollen der Sowjetunion als Interessensphäre zufallen.
        Der rasche Abschluß eines Vertrages zwischen den beiden an sich
        bis aufs Blut verfeindeten Ideologien ruft in der Welt Verwirrung
        und Bestürzung hervor (vgl. 26. Juli).
        Der Hitler-Stalin-Pakt bedeutet für den ohnehin nur noch margi-
        nal vorhandenen kommunistischen Widerstand im Deutschen
        Reich zunächst eine schwere Orientierungskrise, in der Emigra-
        tion eine schwere Hypothek für die Bündnisfähigkeit der Kom-
        munisten.
        Der japanische Botschafter in Berlin, Oshima, legt im Namen sei-
        ner Regierung Protest gegen den Vertrag unter Berufung auf den
        Antikominternpakt ein.
        Beginn der Mobilmachung in Großbritannien.
        Hitler befiehlt den Angriff auf Polen für den 26. August, 4.30 Uhr.

25.8.   Hitlers «großes umfassendes Angebot» an England für die Zeit
        nach einem siegreichen Feldzug gegen Polen: Erneut schlägt er die
        Aufteilung der Welt in Interessensphären (Kontinentaleuropa und
        überseeische Welt) vor.
        Englisch-polnischer Beistandspakt.
        Hitlers Befehl, Polen am Morgen des 26. August anzugreifen,
        wird am Abend wieder zurückgenommen: England und Polen

bauen ihre Beistandsverpflichtung zu einem Militärbündnis aus, Italien erklärt seine Unfähigkeit zur Teilnahme an einem Waffengang, es sei nicht kriegsbereit.
Parallele Versuche, den Krieg doch noch zu vermeiden, an denen Göring und der schwedische Geschäftsmann Birger Dahlerus beteiligt sind, führen zu keinem Erfolg.

Erst jetzt werden im Reichsgesetzblatt die schon am 17. August 1938 verabschiedete Kriegssonderstrafrechtsverordnung und die Kriegsstrafrechtsverfahrensordnung sowie deren Durchführungsverordnungen veröffentlicht. Im Verlauf des Krieges kommt es zu weiteren Verschärfungen dieser Vorschriften. **26.8.**
Deutschland garantiert die Neutralität Belgiens, Hollands, Luxemburgs, Dänemarks und der Schweiz.
Der für die Tage vom 2. bis 11. September angesetzte NSDAP-»Reichsparteitag des Friedens» wird abgesagt. «Ob eine spätere Abhaltung ins Auge gefaßt werden kann, hängt von den Zeitumständen ab.»

Brief des französischen Ministerpräsidenten Daladier an Hitler, in dem er auf der einen Seite die französische Verständigungsbereitschaft betont, andererseits aber darauf hinweist, daß auch Frankreich zu seinen Verpflichtungen Polen gegenüber stehen werde. **27.8.**
Einführung der Rationierung von Lebensmitteln und anderen Waren durch die Bezugsscheinpflicht mit der «Verordnung zur vorläufigen Sicherstellung des lebenswichtigen Bedarfs des deutschen Volkes». Es geht zunächst um: Brot und Mehl, Kartoffeln, Fleischwaren, Milch, Öle und Fette, Eier, Zucker und Marmelade, Hülsenfrüchte, Graupen, Grütze, Grieß, Sago und sonstige Nährmittel, Kaffee, -ersatzmittel, Tee und Kakao, Seife und Waschmittel, Hausbrandkohle, Spinnstoffwaren sowie Schuhwaren und Leder zu deren Ausbesserung.
Eine erste Durchführungsverordnung gibt Höchstabgabemengen pro Tag bzw. pro Woche bekannt, bspw. 700 Gramm Fleisch/Woche, 0,2 Liter Milch/Tag, 63 Gramm Kaffee/Woche, 20 Gramm Tee/Monat.
Zwei Tage später folgt die Gewährung einer Verpflegungszulage für Schwer- und Schwerstarbeiter.
Juden erhalten Lebensmittelmarken mit dem Aufdruck «J» oder «Jude», ihre Rationen sind von vornherein durch Entwertung von Marken gekürzt, auch erhalten sie zum Teil minderwertigere Lebensmittel.

1939

28.8.   Das «Gesetz über die Besoldung, Verpflegung, Unterbringung, Bekleidung und Heilfürsorge der Angehörigen der Wehrmacht bei besonderem Einsatz» regelt alle Notwendigkeiten für den unmittelbar bevorstehenden Krieg bis hin zu einer «Frontzulage».

Mit dem «Erlaß des Führers und Reichskanzlers über die Vereinfachung der Verwaltung» wird die Verwaltung auf Kriegsbedingungen umgestellt, da die «Verteidigung von Volk und Reich» eine «reibungslose Arbeit der öffentlichen Verwaltung» erfordere.

Auch die Befugnis, feindliche und neutrale Seefahrzeuge anzuhalten und zu durchsuchen, wird rechtzeitig gesetzlich in der «Prisenordnung» festgelegt.

28./29./   Auf englische Vermittlung hin soll ein polnischer Unterhändler
30.8.   schon am 30. August nach Berlin kommen, was wegen der ultimativ kurzen Frist abgelehnt wird.

30.8.   Stattdessen verliest Ribbentrop dem polnischen Botschafter «16 Punkte». Gedacht ist dieses Manöver allerdings nur als Alibi dem deutschen Volk gegenüber, dem Hitler unter Beweis stellen will, «daß ich alles getan hatte, den Frieden zu erhalten». Das vorgesehene Szenario notiert General Halder in seinem Tagebuch: «30.8. Polen in Berlin. 31.8. Zerplatzen. 1.9. Gewaltanwendung». Generalmobilmachung in Polen.

«Für die gegenwärtigen außenpolitischen Spannungen» wird zur einheitlichen Leitung von Verwaltung und Wirtschaft ein «Ministerrat für die Reichsverteidigung» gebildet. Den Vorsitz übernimmt Göring. Das Gremium kann Verordnungen mit Gesetzeskraft erlassen.

Der Generalinspektor für das Straßenwesen, Fritz Todt, wird mit der Leitung der Munitionserzeugung beauftragt.

Um noch rasche Eheschließungen von Wehrmachtangehörigen vor Kriegsausbruch zu ermöglichen, wird auf die langwierige Beibringung des vorgeschriebenen «Ehetauglichkeitszeugnisses» (vgl. 18. Okt. 1935) verzichtet, wenn das Brautpaar die entsprechenden Versicherungen an Eides statt abgibt.

31.8.   Auf britisches Drängen signalisieren die Polen am Mittag ihre Bereitschaft zu direkten Verhandlungen. Doch zur gleichen Zeit gibt Hitler den Angriffsbefehl für den 1. September. Vermittlungsversuche Mussolinis wie Görings über den schwedischen Geschäftsmann Birger Dahlerus stoßen ebenso wie Mussolinis Versuch, nach dem Muster der Münchener Konferenz den «Frieden» zu bewahren, bei Hitler auf keine Resonanz: er will den Krieg entfesseln.

Beginn des deutschen Angriffs auf Polen ohne Kriegserklärung nach einem fingierten nächtlichen «polnischen Überfall» auf den Sender Gleiwitz in Oberschlesien. Zwei Heeresgruppen stoßen mit massiver Luftwaffenunterstützung zangenartig von Ostpreußen und Schlesien aus mit dem Ziel vor, die Masse des polnischen Heeres im großen Weichselbogen einzuschließen. Der erste Wehrmachtbericht wird noch von Hitler selbst redigiert:

«Das Oberkommando der Wehrmacht gibt bekannt: Auf Befehl des Führers und Reichskanzlers hat die Wehrmacht den aktiven Schutz des Reiches übernommen. In Erfüllung ihres Auftrages, der polnischen Gewalt Einhalt zu gebieten, sind Truppen des deutschen Heeres Freitag früh über alle deutsch-polnischen Grenzen zum Gegenangriff angetreten. Gleichzeitig sind Geschwader der Luftwaffe zum Niederkämpfen militärischer Ziele in Polen gestartet. Die Kriegsmarine hat den Schutz der Ostsee übernommen.»

Die Presse wird angewiesen, «keine Überschriften, in denen das Wort Krieg enthalten ist», zu verwenden. «Der Rede des Führers zufolge ‹schlagen wir nur zurück›. (...) Feststellen, daß das deutsche Volk entschlossen ist, die Bedrohung gemeinsam abzuwehren, woher sie auch immer kommen möge.»

Der «Gnadenerlaß des Führers und Reichskanzlers für die Wehrmacht» gewährt allen aktiven Soldaten Straffreiheit für Geldstrafen von nicht mehr als 1000 Reichsmark, Haft, Arrest- oder Festungshaft- sowie Gefängnisstrafen von nicht mehr als sechs Monaten Dauer. Ein entsprechender Gnadenerlaß für die Zivilbevölkerung folgt am 9. September.

Adolf Hitler erneuert die Stiftung für das Eiserne Kreuz als Tapferkeitsauszeichung «vor dem Feinde und für hervorragende Verdienste in der Truppenführung», nachdem «ich mich entschlossen habe, das Deutsche Volk zur Abwehr gegen die ihm drohenden Angriffe zu den Waffen zu rufen». Gleichzeitig wird auch ein Verwundetenabzeichen gestiftet, welches in drei Stufen für die «einmalige» bis zur «mehr als viermaligen» Verwundung verliehen wird.

Ab sofort werden Benzin und Dieselkraftstoff rationiert und nur noch gegen Mineralölbezugsscheine und Tankausweiskarten abgegeben.

Jeglicher Luftverkehr über deutschem Hoheitsgebiet wird verboten: «Zuwiderhandelnde setzen sich der Gefahr der Beschießung aus.»

Eine «Zehnte Durchführungsverordnung zum Luftschutzgesetz» (vgl. 26. Juni 1935) vermittelt exakte Verhaltensvorschriften für den Fall eines Fliegeralarms.

Ausgangssperren für Juden treten in Kraft (im Sommer ab 21 Uhr, im Winter ab 20 Uhr).

«Gesetz über die Wiedervereinigung der Freien Stadt Danzig mit dem Deutschen Reich».

Hitler verkündet in der Reichstagssitzung seine Stellvertretung bzw. Nachfolgeregelung: «Sollte mir in diesem Kampf etwas zustoßen, dann ist mein erster Nachfolger Parteigenosse Göring. Sollte Parteigenossen Göring etwas zustoßen, ist sein Nachfolger Parteigenosse Heß.» Schriftlich liegt diese Aussage Hitlers nur als Abdruck der Rede in der zeitgenössischen Presse vor, ist also im eigentlichen Wortsinn nicht ein von Hitler unterzeichneter Erlaß.

«Euthanasie»-Erlaß Hitlers (vgl. Okt. 1939).

Der «Ministerrat für die Reichsverteidigung» verordnet mit Gesetzeskraft die Bestellung von Reichsverteidigungskommissaren für jeden Wehrkreis. Diesen Posten übernehmen zunächst diejenigen Gauleiter, die zugleich Reichsstatthalter sind. Ihnen obliegt die Steuerung der Verwaltung aller zivilen Verwaltungszweige in ihrem Bereich, ausgenommen die Reichspost, die Reichsbahn und die Reichsfinanzverwaltung (vgl. 16. Nov. 1942).

Die «Verordnung über außerordentliche Rundfunkmaßnahmen» bedroht das «absichtliche Abhören ausländischer Sender» mit harten Strafen. Wer entsprechende Nachrichten, «die geeignet sind, die Widerstandskraft des deutschen Volkes zu gefährden, vorsätzlich verbreitet, wird mit Zuchthaus, in besonders schweren Fällen mit dem Tode bestraft.» Begründet wird diese Verordnung mit der Behauptung, daß «jedes Wort, das der Gegner herübersendet, (...) selbstverständlich verlogen und dazu bestimmt [ist], dem deutschen Volke Schaden zuzufügen.»

Auch Einheiten der SS-Verfügungstruppe (Gesamtstärke ca. 8000–9000 Mann) und der SS-Totenkopf-Verbände (6500 Mann) nehmen am Polenfeldzug teil. Im Rücken der Front werden Verbände der Sicherheitspolizei und des SD als «Einsatzgruppen» tätig (vgl. 3. Sept.). Im Oktober werden die SS-Verfügungsdivision «Das Reich» und die SS-»Totenkopf»-Division gebildet. Ab Dezember wird im internen Schriftverkehr von «Waffen-SS» gesprochen, ab März 1940 auch offiziell.

2.9. Das SS-Sonderlager Stutthof bei Danzig wird eingerichtet (ab Februar 1942 KZ).

Mussolini versucht erneut eine Vermittlung und erklärt Italien als «nichtkriegführend»: die von ihm vorgeschlagene internationale Konferenz über die polnische Frage hat jedoch keine Chance mehr auf Verwirklichung.

Britisch-französische Kriegserklärungen an das Deutsche Reich, nachdem die Ultimaten vom 1. September abgelaufen sind, die deutschen Truppen umgehend aus Polen zurückzuziehen. Beginn des «komischen Krieges» – drôle de guerre –, da sich die Aktivitäten Frankreichs auf Spähtruppunternehmen vor dem Westwall und diejenigen Großbritanniens auf Flugblattaktionen beschränken, obwohl das deutsche Heer einer Großoffensive im Westen ziemlich hilflos gegenübergestanden hätte. Die englische Seeblockade gegen Deutschland entfaltet wegen der intensivierten Wirtschaftskontakte des Reiches mit der Sowjetunion keine durchschlagende Wirkung.

Im Verlauf der nächsten Wochen erklären auch Kanada, Indien, Südafrika, Australien und Neuseeland dem Deutschen Reich den Krieg.

Ungehindert von der Justiz, übernimmt die Polizei auch noch das Amt des Henkers, als Heydrich in einem Geheimerlaß die Gestapostellen zwecks Vollzugs der von ihm herausgegebenen «Grundsätze der inneren Staatssicherheit während des Krieges» anweist, bestimmte Gegner und Saboteure ohne Gerichtsurteil sofort zu exekutieren. Damit ist die oftmals zur Verschleierung so genannte «Sonderbehandlung» eingeführt.

Beginn der systematischen Ermordung von Angehörigen der polnischen Intelligenz und von Juden durch «Einsatzgruppen», «Volksdeutschen Selbstschutz» und SS-Verbänden sowie Erschießungen von Zivilisten durch die Wehrmacht. Verschiedene (kriegs)gerichtliche Verfahren gegen Täter in diesem Zusammenhang werden am 4. Oktober von Hitler niedergeschlagen. Diese Maßnahmen werden mit der in der deutschen Propaganda um das Zehnfache erhöhten Opferzahl (ca. 7000) an Volksdeutschen durch polnische Ausschreitungen im August und September (3. September: «Bromberger Blutsonntag») «gerechtfertigt».

Durch Polizeiverordnung werden «öffentliche Tanzlustbarkeiten (...) bis auf weiteres» völlig verboten. Schon am 27. September wird diese Verordnung wieder aufgehoben.

Die «Kriegswirtschaftsverordnung» soll die Fortführung eines geregelten Wirtschaftslebens gewährleisten. «Dazu gehört vor allem auch, daß jeder Volksgenosse sich die notwendigen Einschränkungen in der Lebensführung und Lebenshaltung auferlegt.» «Kriegsschädliches Verhalten» kann mit Gefängnis, Zuchthaus, ja mit dem Tode bestraft werden.

Kriegszuschläge auf die Einkommensteuer, aber auch auf Genußmittel wie «Bier und Tabakwaren», «Branntweinerzeugnisse» und

«Schaumwein» sollen die Kassen des Staates auffüllen. Kriegsregelungen für Löhne und Gehälter werden eingeführt; die regelmäßige Arbeitszeit unterliegt neuen Vorschriften.

5.9. Scharfe Strafverordnungen gegen Kriegswirtschaftsvergehen und Kriegskriminalität durch die «Volksschädlingsverordnung». Der «regelmäßige Strafrahmen» kann überschritten werden, wenn jemand «vorsätzlich unter Ausnutzung der durch den Kriegszustand verursachten außergewöhnlichen Verhältnisse» Straftaten begeht und/oder wenn das «gesunde Volksempfinden» wegen der «besonderen Verwerflichkeit der Straftat eine besonders harte Strafe fordert.»

6.9. Nur die Universitäten Berlin, Wien, München, Leipzig und Jena sowie die Technischen Hochschulen Berlin und München, die Tierärztliche Hochschule in Hannover und die Wirtschaftshochschule in Berlin setzen ihren normalen Lehr- und Forschungsbetrieb fort. An den übrigen Hochschulen finden nur noch beschleunigte Prüfungen statt. Der auf Trimester umgestellte Lehrbetrieb wird erst am 8. Januar 1940 fast überall wieder aufgenommen.

11.9. Die «Reichsstelle für Kautschuk und Asbest» hat mit Zustimmung des Reichswirtschaftsministers ihre Hand auf sämtliche Fahrzeugkautschukbereifungen gelegt und diese vorsorglich beschlagnahmt.

17.9. Sowjetischer Einmarsch in Ostpolen, der offiziell mit der «Wahrung der eigenen Interessen und zum Schutz der weißrussischen und ukrainischen Minderheiten in Ostpolen» begründet wird.

18.9. Hitler wünscht, daß «unverzüglich alle organisatorischen und Aufbaumaßnahmen ausgeschöpft werden, um die gesamte wehrfähige Manneskraft des Volkes (...) zur Schaffung einer höchstmöglichen Zahl von voll kriegsverwendungsfähigen Verbänden auszunutzen». Jüngere «wehrfähige Geburtsjahrgänge» sollen Kampfverbänden zugeführt werden, während ältere Jahrgänge in den rückwärtigen Diensten Verwendung finden sollen.
Ausgenommen von dieser Weisung sind «die im besetzten Gebiet (Polen) eingesetzten Polizeiverbände», deren Personal «erst nach Durchführung ihrer z.Zt. besonders wichtigen Aufgaben» für diesen allgemeinen Umbau freigegeben werden soll.
Himmler hat als Reichsführer SS und Chef der deutschen Polizei

besondere Befehlsstellen geschaffen, an deren Spitze jeweils ein
«Höherer SS- und Polizeiführer» steht, deren Kompetenzen um-
fassend sind, aber nie genau definiert werden. Kern ihrer Aufgabe
sind die politische Verwaltung und polizeiliche «Befriedung» der
besetzten Gebiete, aber auch die zu deren «Germanisierung» be-
triebenen Um-, Aus- und Ansiedlungsprogramme (vgl. 13. Nov.
1937).
Die Kesselschlacht im großen Weichselbogen an der Bzura wird
beendet. 170 000 polnische Soldaten kommen in Kriegsgefangenschaft. Die etwa 61 000 Juden unter den polnischen Kriegsgefangenen werden umgehend separiert und schlechter behandelt.

Abgesehen von Kraftfahrzeugen der Wehrmacht, Polizei, Reichs- 20.9.
bahn und Reichspost dürfen nur noch Autos benutzt werden, die
von den Zulassungsstellen mit einem abgestempelten roten Win-
kel auf dem amtlichen Kennzeichen versehen sind. Diese Kennzeichnung erfolgt nur, sofern diese Kfz beordert oder freigestellt
sind bzw. ihr Betrieb im öffentlichen Interesse liegt.
Juden müssen ihre Radiogeräte abliefern.

Heydrich gibt Richtlinien für die «Einsatzgruppen» im besetzten 21.9.
Polen heraus. Es geht u. a. um die Konzentrierung der Juden in
Ghettos, die von Anfang an nur als eine Zwischenstation angesehen werden zur Erreichung eines «Endziels, welches längere Fri-
sten beansprucht» und das «streng geheim» zu halten sei.

Erster Massenmord an Patienten der polnischen Psychiatrie in 22.9.
Kocborowo (Conradstein).
Schüler der höheren und mittleren Schulen, die das 16. Lebensjahr vollendet haben, müssen in den Ferien zum Einsatz als landwirtschaftliche Hilfskräfte zur Verfügung stehen. Die Ferien werden so gelegt, «daß ein wirksamer Einsatz gewährleistet ist».
Generaloberst Frhr. von Fritsch, dessen Rehabilitierung (vgl. 27.
Jan. – 4. Feb. 1938) durch das Reichskriegsgericht in der Euphorie
des «Anschlusses» Österreichs untergegangen war, ist bei den
Kämpfen vor Warschau gefallen: Von Fritsch hat in seiner «Ehren-
stellung» als Chef des Artillerieregiments 12 den Tod an der Front
gesucht. «Der Führer und Oberste Befehlshaber der Wehrmacht
hat in einem Tagesbefehl an die Wehrmacht des Generalobersten
Freiherrn von Fritsch ehrend gedacht. Der Führer hat ein Staatsbegräbnis angeordnet.»

1939

27.9. Der Sicherheitsdienst der SS (SD) und die Sicherheitspolizei (Gestapo und Kriminalpolizei) werden zum Reichssicherheitshauptamt zusammengelegt.
Dieser Zentrale des NS-Terrors ist auch die am 24. Januar gegründete «Reichszentrale für jüdische Auswanderung» untergeordnet.
Für die besetzten polnischen Gebiete ordnet Hitler eine Militärverwaltung an, deren Chef Generaloberst Gerd von Rundstedt werden soll. Die Leitung der Zivilverwaltung dieses Provisoriums übernimmt Hans Frank (vgl. 12. Okt.).
Nach massiven Angriffen bietet Warschau die bedingungslose Kapitulation an.
Hitler benennt als Ziel des geplanten Feldzuges im Westen, «Frankreich zu zerschlagen», England hingegen nur gefügig zu machen und «auf die Knie zu zwingen».

28.9. Vierte Teilung Polens durch den deutsch-sowjetischen Grenz- und Freundschaftsvertrag. Die ursprünglich vereinbarte Demarkationslinie wird von der Weichsel an den Bug verlegt, Litauen (außer einem südwestlichen Zipfel) gehört nun zum sowjetischen Einflußgebiet.

Sept. Es kommt zu vereinzelten Protesten führender Militärs gegen die Ausrottungspolitik gegenüber Juden und Polen, die von Hitler mit dem zynischen Hinweis, mit «Heilsarmee-Methoden» könne er nicht Krieg führen, zurückgewiesen werden. Der Plan hoher deutscher Offiziere (Generaloberst Kurt von Hammerstein u. a.), Hitler während eines Besuchs an der Westfront festzunehmen, wird nicht ausgeführt.

ab Sept. In Frankreich werden rund 20 000 deutsche und österreichische Emigranten interniert.

1.10. Eine Verordnung bestimmt, daß LKW und Omnibusse mit Benzin- und Ölmotoren auf Treibgas umzustellen sind.
Der «Großdeutsche Rundfunk» strahlt das erste Wunschkonzert für die Wehrmacht aus, das zur wohl populärsten Unterhaltungssendung des deutschen Rundfunks wird. Jeden Sonntag von 16 – 20 Uhr moderiert Heinz Goedecke die Sendung, in der neben Musik auch Grüße zwischen «Front und Heimat» weitergegeben werden.
Die polnische Besatzung der Halbinsel Hela streckt die Waffen.

Generaloberst Ritter von Leeb notiert über eine Aussprache mit dem Oberbefehlshaber des Heeres, Generaloberst von Brauchitsch: «Schlechte Stimmung der Bevölkerung, keinerlei Begeisterung, keine Beflaggung der Häuser, alles erwartet den Frieden. Das Volk fühlt das Unnötige des Krieges.»

Mit der Eroberung Polens ist der erste «Blitzkrieg» abgeschlossen, 6.10. ca. 694000 polnische Kriegsgefangene befinden sich in deutscher, ca. 217000 in sowjetischer Hand. Die deutschen Verluste betragen 10 572 Tote, die sowjetischen 737 Tote.
Reichstagsrede Hitlers, die von Göring mit dem Bekenntnis: «Führer befiehl, wir folgen!» abgeschlossen wird. Hitlers «Friedensangebot» an die Westmächte auf der Basis der neuen Realitäten wird von diesen am 10. bzw. 12. Oktober abgelehnt.

Der Reichsführer SS Heinrich Himmler wird zum «Reichskommissar für die Festigung deutschen Volkstums» ernannt. Ihm obliegt 7.10.
«1. die Zurückführung der für die endgültige Heimkehr in das Reich in Betracht kommenden Reichs- und Volksdeutschen im Ausland,
2. die Ausschaltung des schädigenden Einflusses von solchen volksfremden Bevölkerungsteilen, die eine Gefahr für das Reich und die deutsche Volksgemeinschaft bedeuten,
3. die Gestaltung neuer deutscher Siedlungsgebiete durch Umsiedlung, im besonderen durch Seßhaftmachung der aus dem Ausland heimkehrenden Reichs- und Volksdeutschen.
Der Reichsführer SS ist ermächtigt, alle zur Durchführung dieser Obliegenheiten notwendigen allgemeinen Anordnungen und Verwaltungsmaßnahmen zu treffen.»

Erlaß Hitlers, die westpolnischen Gebiete in das Reich einzugliedern, und zwar als Reichsgaue «Danzig-Westpreußen» (Gauleiter 8.10. und Reichsstatthalter Albert Forster) und «Posen» (ab 29. Januar 1940 «Wartheland»); Gauleiter und Reichsstatthalter Arthur Greiser). Die Regierungsbezirke Kattowitz und Ciechanów (Zichenau) gehen an Schlesien bzw. Ostpreußen.

Eine Westoffensive soll nach Hitlers Willen so bald wie möglich 9.10. stattfinden, da die Zeit gegen Deutschland arbeite (Weisung Nr. 6 für die Kriegführung). Der zunächst auf den 12. November festgelegte Angriffstermin wird jedoch vom 7. November an immer wieder verschoben.

1939

12.10.   Das «Generalgouvernement für die besetzten polnischen Gebiete» (ab 31. Juli 1940 nur noch «Generalgouvernement») wird errichtet. An seine Spitze tritt Hans Frank als Generalgouverneur mit Sitz in Krakau, der Hitler persönlich untersteht. Dieser Erlaß tritt allerdings erst in Kraft, «sobald und soweit ich [Hitler] den dem Oberbefehlshaber des Heeres erteilten Auftrag zur Ausübung der Militärverwaltung zurückziehe» (vgl. 25. Okt.).

12./17.10.   Erste Deportation von Juden aus Österreich und dem «Protektorat Böhmen und Mähren» nach Polen.

14.10.   Das britische Schlachtschiff «Royal Oak» wird durch das U-Boot U 47 von Kapitänleutnant Günther Prien in der Bucht von Scapa Flow versenkt: dies stellt den ersten spektakulären Erfolg im deutschen Seekrieg gegen Großbritannien dar und wird von der deutschen Propaganda entsprechend genutzt.

17.10.   Die Sondergerichtsbarkeit für SS- und Polizeiangehörige «bei besonderem Einsatz» wird eingeführt. Diese sind damit nicht mehr dem normalen Strafrecht unterworfen.

18.10.   Die Polizeibehörde kann «einer Person, die eine Sucht zu übermäßigem Alkoholgenuß besitzt (Trunkenbold), das Betreten von Gaststätten verbieten, in denen alkoholhaltige Getränke verabfolgt werden (Wirtshausverbot)».

23.10.   Der Reichsfinanzminister ordnet an, die «Judenvermögensabgabe» von 20 auf 25% zu erhöhen, da die bisherigen Zahlungseingänge erkennen lassen, daß der vorgesehene Betrag von 1,12 Milliarden Reichsmark als «Sühneleistung» für die Schäden der «Reichskristallnacht» (vgl. 12. Nov. 1938) nicht erreicht werde. Der Unterschiedsbetrag von 5% ist am 15. November fällig und ohne jede weitere Aufforderung zu zahlen.

24.10.   Erstmalige Einführung des «Judensterns» in Wloclawec (Leslau). Der Chef der Sicherheitspolizei ordnet an: «Entlassungen von Häftlingen aus der Schutzhaft finden während des Krieges im allgemeinen nicht statt. Insbesondere muß von der Entlassung von Funktionären und sonstigen besonders aktiv in Erscheinung getretenen Häftlingen, von kriminell erheblich vorbestraften Staatsfeinden und betont asozialen Elementen abgesehen werden.»

Die Militärverwaltung in Polen wird beendet. Damit treten die
Regelungen für das «Generalgouvernement für die besetzten polnischen Gebiete» (vgl. 12. Okt.) am 26. Oktober in Kraft.

Die Reichsrundfunkkammer wird aufgelöst. Die betroffenen
«Rundfunkschaffenden» sind in die zuständigen anderen Kammern wie Reichsmusikkammer, Reichstheaterkammer und
Reichsschrifttumskammer zu übernehmen.
In einem Geheimerlaß regelt Himmler das Problem unehelicher
Kinder «für die gesamte SS und die Polizei»: «Über die Grenzen
vielleicht sonst notwendiger bürgerlicher Gesetze und Gewohn-
heiten hinaus wird es auch außerhalb der Ehe für deutsche Frauen
und Mädel guten Blutes eine hohe Aufgabe sein können, nicht aus
Leichtsinn, sondern in tiefstem sittlichen Ernst Mütter der Kinder
ins Feld ziehender Soldaten zu werden, von denen das Schicksal
allein weiß, ob sie heimkehren oder für Deutschland fallen. Auch
für die Männer und Frauen, deren Platz durch den Befehl des
Staates in der Heimat ist, gilt gerade in dieser Zeit die heilige Verpflichtung, wiederum Väter von Müttern und Kindern zu werden. (...) Für alle ehelichen und unehelichen Kinder guten Blutes,
deren Väter im Kriege gefallen sind, übernehmen besondere, von
mir persönlich Beauftragte im Namen des Reichsführers-SS die
Vormundschaft. Wir stellen uns zu diesen Müttern und werden
menschlich die Erziehung und materiell die Sorge für das
Großwerden dieser Kinder bis zu ihrer Volljährigkeit übernehmen.»

Auf den 1. September zurückdatierter Erlaß Hitlers zum sog.
«Euthanasieprogramm», mit dem die Tötung von «nach mensch-
lichem Ermessen unheilbar Kranken bei kritischster Beurteilung
ihres Krankheitszustandes» eingeleitet wird. Die Aktion wird vor
der Öffentlichkeit weitgehend verschleiert und über Tarnorgani-
sationen abgewickelt: Die Zentrale sitzt in der Berliner Tiergar-
tenstraße Nr. 4 (daher: Aktion «T4»), ein «Reichsausschuß zur
wissenschaftlichen Erforschung erb- und anlagebedingter schwerer Leiden» sorgt für die Selektion als «lebensunwert» Bezeichne-
ter und Einweisung in bestimmte Heil- und Pflegeanstalten (Grafeneck in Württemberg, Hadamar bei Limburg, Brandenburg
a.d. Havel, Schloß Hartheim bei Linz, Sonnenstein bei Dresden
und Bernburg in Thüringen), wo die Opfer durch Vergasung, In-
jektion, Tabletten, Erschießen oder pures Verhungern zu Tode gebracht werden. Bis Kriegsende werden mindestens 100 000 solcher so genannten «Ballastexistenzen» ermordet.

Josef Müller (Ochsensepp) versucht mit Hilfe des Vatikans, für den deutschen Widerstand einen Kontakt zur britischen Regierung herzustellen.

Verhaftung der Mitglieder der kommunistischen Gruppe um Heinz Kapelle in Berlin.

Ernst Jünger veröffentlicht die Erzählung «Auf den Marmorklippen», die von vielen Lesern als verschlüsselte Gegnerschaft zum Nationalsozialismus verstanden wird.

Verträge mit den (1940 der UdSSR eingegliederten) baltischen Staaten wegen der Rücksiedlung von «Volksdeutschen» in das Reichsgebiet.

Entsprechende Abkommen mit Italien (21. Okt. u. 21. Dez.), der UdSSR (5. Sept. 1940) und Rumänien (22. Okt. 1940).

2.11. Goebbels notiert nach dem Besuch eines jüdischen Ghettos in sein Tagebuch: «Das sind keine Menschen mehr, das sind Tiere. Das ist deshalb auch keine humanitäre, sondern eine chirurgische Aufgabe. Man muß hier Schnitte tun, und zwar ganz radikale. Sonst geht Europa einmal an der jüdischen Krankheit zugrunde.»

3.11. Mit der «cash-and-carry»-Klausel zugunsten der europäischen Westmächte weicht der amerikanische Kongreß die Neutralitätsgesetze der USA auf. Diese Handelserleichterungen bilden die Basis für Rüstungslieferungen an Großbritannien.

4.11. Die Universität Prag wird durch Reichsminister Rust in «deutsche Obhut» genommen. Sie heißt nun «Deutsche Karls-Universität in Prag».

6.11. In der «Sonderaktion Krakau» werden 183 Krakauer Professoren verhaftet und ins KZ eingewiesen.

7.11. Erste von insgesamt 29 Verschiebungen des Angriffstermins im Westen.

8.11. Johann Georg Elsers Attentat auf Hitler im Bürgerbräukeller in München mißlingt, da Hitler kurz vor der Explosion den Saal verläßt. Es kommen acht Menschen zu Tode, 63 werden verletzt. Elser wird an der Schweizer Grenze aufgegriffen und verhaftet. Ein geplanter Schauprozeß gegen diesen «Attentäter aus dem Volk», in dem ihm nicht vorhandene Verbindungen mit dem englischen Geheimdienst unterstellt werden sollen (vgl. 9. Nov.), kommt nicht mehr zustande, Elser wird am 9. April 1945 im KZ Dachau ermordet.

Sog. «Venlo-Zwischenfall»: Zwei britische Abwehroffiziere werden durch den SD an der holländischen Grenze in eine Falle gelockt und verhaftet. 9.11.

Göring spricht als «Beauftragter für den Vierjahresplan» vor etwa 100 Ministern und Experten u. a. über die zukünftige Behandlung der Juden: «Wenn das Deutsche Reich in irgendeiner absehbaren Zeit in außenpolitischen Konflikt kommt, so ist es selbstverständlich, daß auch wir in Deutschland in allererster Linie daran denken werden, eine große Rechnung mit den Juden zu vollziehen.» 12.11.

Scharfe Proteste des Oberbefehlshabers Ost, Generaloberst Blaskowitz gegen Mordaktionen in Polen, die zur Ablösung von seinem Posten Mitte Februar 1940 führen. 18.11.

Die «Reichskleiderkarte» zum Bezug von Textilwaren wird eingeführt. Die 100 Punkte bzw. Bezugsrechtanteile sind nach Zeitabschnitten unterteilt, damit nicht bei Herausgabe der Karte jeder sofort seinen Lebensbedarf einzudecken versucht. Für größere Stücke wie Anzüge oder Kostüme (60 bzw. 45 Punkte) können allerdings Punkte im Vorgriff auf den nächsten Zeitabschnitt genutzt werden. 20.11.

Die «Verordnung zur Ergänzung der Strafvorschriften zum Schutz der Wehrkraft des Deutschen Volkes» stellt die «Wehrmittelbeschädigung», die «Störung eines wichtigen Betriebs», die «Teilnahme an einer wehrfeindlichen Verbindung» unter schwere Strafen. Die Verordnung erfaßt auch den «Umgang mit Kriegsgefangenen» in einer Weise, «die das gesunde Volksempfinden gröblich verletzt» sowie nachrichtendienstliche Tätigkeiten. 25.11.

Gotenhafen (Gdingen) wird Reichskriegshafen. 28.11.

Beginn des sowjetisch-finnischen Winterkrieges, als sowjetische Streitkräfte des Leningrader Militärbezirks Finnland auf breiter Front angreifen. 30.11.

Vorbereitung eines Anschlages auf Hitler zur Verhinderung der Westoffensive durch eine Gruppe um den Abwehroffizier Oster und Generalstabschef Halder. Nov.

1.12.   Einführung des «Gelben Sterns» für alle im «Generalgouvernement» lebenden Juden, die das 10. Lebensjahr überschritten haben. Sie haben «einen mindestens zehn Zentimeter breiten weißen
Streifen mit dem Zionsstern» am rechten Ärmel zu tragen.

2.12.   Der Reichsernährungsminister verbietet den Verkauf von Schoko-
laden- und Kakaoerzeugnissen an Juden.

5.12.   Die «Verordnung gegen Gewaltverbrecher» legt fest, daß Verbrechen, die unter Waffeneinsatz begangen werden, «mit dem Tode»
zu bestrafen sind. Zuständig für die Aburteilung derartiger
Straftaten sind die Sondergerichte. §4 sieht sogar vor, daß «für
den strafbaren Versuch eines Verbrechens oder Vergehens oder für
die Beihilfe dazu (...) allgemein die Strafe zulässig (ist), die für die
vollendete Tat vorgesehen ist».

13.12.   In der Mündung des Rio de la Plata kommt es zu einem Seege-
fecht zwischen dem deutschen Panzerschiff «Admiral Graf Spee»
und einem britischen Flottenverband. Das beschädigte deutsche
Panzerschiff wird am 17. Dezember vor Montevideo von der Besatzung versenkt.

14.12.   Wegen des Angriffs auf Finnland wird die Sowjetunion aus dem
Völkerbund ausgeschlossen.
Hitler empfängt in Berlin Vidkun Quisling, den Führer der norwegischen «Nasjonal Samling». Dieser weist Hitler auf die Gefährdung der norwegischen Neutralität durch Großbritannien
hin. Hitler befiehlt daraufhin die Erarbeitung einer «Studie
Nord» durch den Wehrmachtführungsstab.

21.12.   Adolf Eichmann, der zuvor jüdische Auswanderungszentralen in
Wien und Prag geleitet hat, übernimmt das Referat IV D4 (Auswanderung und Räumung) im Reichssicherheitshauptamt; es
wird später umbenannt in IV B4 (Judenangelegenheiten und Räumung).
Himmler verbietet im Einvernehmen mit Goebbels «bis auf weiteres im Inlande die Verbreitung sämtlicher deutschsprachiger Zeitungen und Zeitschriften des Auslandes mit Ausnahme der rein
wissenschaftlichen und fachlichen Presseerzeugnisse».

23.12.   Rudolf Heß nimmt einen an ihn gerichteten Brief einer jungen
Frau, deren Verlobter, von dem sie ein Kind erwartet, in Polen gefallen ist, zum Anlaß für eine grundsätzliche Antwort zum Pro-

blem der unverheirateten Mutter: zwar habe die nationalsozialistische Weltanschauung der Familie ihren besonderen Platz im Staatsgefüge gegeben, doch erfordere der Krieg besondere Regeln: «Wenn daher rassisch einwandfreie junge Männer, die ins Feld rücken, Kinder hinterlassen, die ihr Blut weitertragen in kommende Geschlechter, Kinder von gleichfalls erbgesunden Mädchen des entsprechenden Alters, mit denen eine Heirat aus irgendeinem Grunde nicht sofort möglich ist, wird für die Erhaltung dieses wertvollen nationalen Gutes gesorgt werden. Bedenken, die in normalen Zeiten ihre Berechtigung haben, müssen hier zurückstehen.» Anstelle des Vaternamens könne beim Standesamt die Bezeichnung «Kriegsvater» eingetragen werden. Die Mutter dürfe sich mit «Frau» anreden lassen.

Der Generalinspekteur für das deutsche Straßenwesen, Fritz Todt, ordnet an, daß zukünftig eine neue Querschnittsbreite für die Reichsautobahnen verbindlich ist. Die Gesamtbreite ist von bisher 24 auf 28,5 Meter zu erweitern. Dadurch wird ermöglicht, an jeder Stelle der freien Strecke ein Fahrzeug notfalls seitlich abzustellen, ohne die Fahrbahn zu verengen. — 27.12.

Die «Verordnung über die Ausrüstung der Kraftfahrzeuge mit Wehrmacht-Tarnscheinwerfern» schreibt eine entsprechende Ausstattung aller Fahrzeuge bis zum 1. Oktober 1940 zwingend vor. — 30.12.

Erste Massendeportation von ca. 87 000 Juden und Polen aus dem Wartheland ins «Generalgouvernement». — Dez.

Erste «Probevergasung» im Rahmen der sog. «Euthanasie»-Aktion in Brandenburg-Görden. — Dez. 1939/ Jan. 1940

5.1. Das «Singen und Spielen des Deutschlandliedes, des Horst-Wessel-Liedes und anderer durch Tradition und Inhalt geheiligter vaterländischer Lieder oder nationalsozialistischer Kampflieder in Vergnügungs- und Gaststätten aller Art sowie das Spielen traditioneller Armeemärsche zum Tanz» wird mit einer Polizeiverordnung verboten. Auch ein Mißbrauch durch Umdichtung der Texte ist nicht erlaubt. Zuwiderhandlungen werden mit einer Geldstrafe von 150 Reichsmark oder sogar mit bis zu sechs Wochen Haft geahndet.

10.1. Hitler setzt den Beginn der Westoffensive auf den 17. Januar fest. Bei Mechelen (Belgien) muß ein deutsches Flugzeug notlanden. Dabei fallen militärische Unterlagen in belgische Hände, aus denen hervorgeht, daß die Westoffensive unter Mißachtung der niederländischen und belgischen Neutralität über deren Gebiet führen soll.

11.1. Als Konsequenz erläßt Hitler den sog. «grundsätzlichen Befehl des Führers» über Geheimhaltung, der in der Folgezeit auch den höchsten militärischen Führern die Möglichkeiten zu einer umfassenden Beurteilung der Gesamtlage nimmt. Der Kernsatz lautet: Niemand darf «von einer geheimzuhaltenden Sache mehr erfahren», als er «aus dienstlichen Gründen unbedingt davon Kenntnis erhalten» muß. Dieser Befehl wird am 12. Juli 1942 (vgl. 19. Juni 1942) noch einmal erheblich verschärft.

16.1. Hitler ordnet an, «daß Parteigenossen wegen Wilddieberei mit der Waffe nicht aus der NSDAP ausgeschlossen werden dürfen.» Der Termin für die Westoffensive wird auf das Frühjahr verschoben.

23.1. Für das Gebiet des Großdeutschen Reiches wird «mit Gesetzeskraft» die Sommerzeit eingeführt, die am 1. April 1940 vormittags 2 Uhr beginnt und am 6. Oktober 1940 vormittags 3 Uhr endet.
Juden erhalten keine Reichskleiderkarte mehr (vgl. 20. Nov. 1939).

Jan. Beginn der systematischen «Euthansie»-Morde (Aktion «T4») im Deutschen Reich in Grafeneck (Württemberg).
Die Bezeichnung «Waffen-SS» wird offiziell eingeführt.

Göring ordnet als «Beauftragter für den Vierjahresplan» (vgl. 18. 3.2.
Okt. 1936) an, daß die Rüstung «im Jahre 1940 zur größtmög-
lichen Höhe gebracht» werden solle: «Es müssen daher mit allen
Mitteln alle die Vorhaben gefördert werden, die im Jahre 1940
bzw. bis zum Frühjahr 1941 zur Auswirkung kommen können.
Alle anderen Programme (...) müssen (...) zugunsten der obigen
Vorhaben zurückgestellt werden.»

Der alliierte Kriegsrat beschließt, zur Unterstützung Finnlands 5.2.
und zur Unterbrechung der deutschen Erzzufuhr aus Nordschwe-
den ein Expeditionskorps nach Narvik zu entsenden.

Anordnung zur Errichtung eines Ghettos in Lodz (später Litz- 8.2.
mannstadt), das am 30. April durch die Abriegelung des jüdischen Wohnbezirks geschaffen wird.

Das deutsch-sowjetische Wirtschaftsabkommen sichert umfang- 11.2.
reiche Erdöl-, Edelmetall- und Getreidelieferungen an Deutschland.

Erste Deportation von Juden aus dem Reichsgebiet (Schnei- 12./13.2.
demühl, Stettin, Stralsund) nach Lublin.

Erste Straßenrazzia in Warschau zur Deportation von Arbeits- 15.2.
kräften ins Deutsche Reich.

Die «Verordnung über die Zuständigkeit der Strafgerichte, die 21.2.
Sondergerichte und sonstige strafverfahrensrechtliche Vorschriften» erweitert insbesondere die Zuständigkeiten der Sondergerichte.

Neufassung der Aufmarschanweisung «Gelb» (Sichelschnitt- 24.2.
plan), nachdem General der Infanterie Erich von Manstein am 17.
Februar Hitler seine Gedanken zur Westoffensive vermitteln
konnte: «Erstaunliches Einvernehmen in den Gesichtspunkten.»

Erste operative Weisung Hitlers für die Besetzung Dänemarks 1.3.
und Norwegens (Unternehmen «Weserübung»).

Hitler empfängt den auf einer Rundreise durch die europäischen 2.3.
Hauptstädte befindlichen amerikanischen Unterstaatssekretär
Sumner Welles, der im Auftrag Präsident Roosevelts Chancen für
eine Friedensregelung sondieren soll.

1940

8.3. Polnische Arbeiterinnen und Arbeiter, die im Reichsgebiet im zivilen Arbeitseinsatz tätig sind, «haben auf der rechten Brustseite jedes Kleidungsstückes ein mit der jeweiligen Kleidung fest verbundenes Kennzeichen stets sichtbar zu tragen». In diesem Fall handelt es sich um ein auf der Spitze stehendes gelbes Quadrat von 5×5 Zentimetern mit violetter Umrandung und einem violetten «P» in der Mitte.

10./11.3 Mussolini erklärt Reichsaußenminister von Ribbentrop bei dessen Rom-Besuch, daß Italien in absehbarer Zeit an der Seite Deutschlands in den Krieg eintreten werde (vgl. 18. März).

12.3. Überraschendes Ende des sowjetisch-finnischen Winterkrieges durch einen Waffenstillstands- und Friedensvertrag. Nach dem Verlust von etwa 60000 Toten, Verwundeten und Vermißten (d. h. 20% der finnischen Streitkräfte) hält man in Finnland eine Fortsetzung des Kampfes nicht länger für verantwortbar. Finnland verzichtet auf Teile Ostkareliens, die karelische Landenge und überläßt der UdSSR Flottenstützpunkte.

17.3. Fritz Todt wird «Reichsminister für Bewaffnung und Munition» unter gleichzeitiger Neuordnung der Rüstungswirtschaft.

18.3. Hitler und Mussolini treffen sich am Brenner, um die infolge der italienischen «Nichtkriegführung» eingetretenen Spannungen zwischen den Partnern zu beenden. Mussolini erklärt erneut seine Bereitschaft, an der Seite Deutschlands in den Krieg einzutreten (vgl. 10./11. März).

20.3. Nach dem Rücktritt Daladiers bildet Paul Reynaud eine neue französische Regierung.

21.3. Die «Verordnung über die Stillegung von Betrieben zur Freimachung von Arbeitskräften» ermöglicht die Schließung nicht kriegsnotwendiger Betriebe bei Abschöpfung der dadurch «arbeitslos» werdenden Facharbeiter.

26.3. Hitler entscheidet, das Unternehmen «Weserübung» (Besetzung Dänemarks und Norwegens) kurz vor der Westoffensive durchzuführen (vgl. 2. April).

28.3. Der alliierte Kriegsrat beschließt, Anfang April die norwegischen Gewässer zu verminen und Stützpunkte in Norwegen zu beset-

zen. Außerdem sollen zur Unterbrechung der Öllieferungen aus Rumänien und der UdSSR an Deutschland entsprechende Maßnahmen vorbereitet werden: Störung der Donauschiffahrt, Luftangriffe auf Baku, Vorstoß der französischen «Orient-Armee» von Syrien aus in den Kaukasus.
Großbritannien und Frankreich bestätigen ihre Entschlossenheit, keinen Separatfrieden mit Deutschland zu schließen.

Da Metallsammlungen «ein Opfer des deutschen Volkes für das **29.3.** Durchhalten in dem ihm aufgezwungenen Lebenskampf» sind, wird, «wer sich an gesammeltem (...) Metall bereichert oder solches Metall sonst seiner Verwendung entzieht (...) mit dem Tode bestraft». Diese Verordnung tritt mit ihrer Verkündung im Rundfunk in Kraft.

Hitler setzt als Termin für den Beginn des Unternehmens «We- **2.4.** serübung» den 9. April fest.

Oberst Hans Oster, Chef der Zentralabteilung der deutschen Ab- **4.4.** wehr, teilt dem holländischen Militärattaché in Berlin, Sas, das Angriffsdatum für die Westoffensive mit, was bei den bedrohten Staaten jedoch zu keinen Konsequenzen führt (vgl. 9. Mai).

Besetzung Dänemarks durch deutsche Truppen (Unternehmen **9.4.** «Weserübung»): Dänemark fügt sich unter Protest; König Christian X. und die dänische Regierung fungieren unter der deutschen Besatzungsmacht (Cécil von Renthe-Fink als «Reichsbevollmächtigtem») weiter.
Gleichzeitig beginnt die Invasion Norwegens, wo in allen größeren Häfen von Oslo über Bergen und Drontheim bis Narvik deutsche Truppen landen. Die norwegischen Streitkräfte leisten heftigen Widerstand, die deutsche Marine erleidet schwere Verluste, König und Regierung rufen zum Widerstand auf. Die Brückenköpfe der Wehrmacht können allerdings gehalten und im Lauf der folgenden Wochen ausgedehnt werden.

Hitler gibt Richtlinien für die Strafzumessung bei Fahnenflucht **14.4.** bekannt. Danach ist die Todesstrafe «geboten, wenn der Täter aus Furcht vor persönlicher Gefahr gehandelt hat oder wenn sie nach der besonderen Lage des Einzelfalles unerläßlich ist, um die Manneszucht aufrechtzuerhalten». Liegen allerdings «jugendliche Unüberlegtheit, falsche dienstliche Behandlung, schwierige häusliche Verhältnisse oder andere nicht unehrenhafte Beweg-

gründe» vor, soll eine Zuchthausstrafe «im allgemeinen als ausreichende Sühne» angesehen werden.

Die alliierten (britisch-französisch-polnischen) Landungen in
Norwegen setzen verspätet ein, die Truppen werden in schwere
Kämpfe mit deutschen Einheiten verwickelt.

Österreich wird in sieben Reichsgaue aufgeteilt. Die Gauleiter
sind gleichzeitig Reichsstatthalter und übernehmen die Befugnisse der bisherigen «österreichischen Landesregierung».

17./18.4. Führungskrise im OKW um Fortsetzung oder Abbruch des norwegischen Unternehmens. Nachdem die Lage für die «Verteidiger» kritisch geworden ist, will Hitler General Eduard Dietl den
Übertritt nach Schweden freigeben. Auf Drängen Jodls wird jedoch am Abend ein «Halten so lange wie möglich» befohlen.

24.4. Josef Terboven wird per Führererlaß zum «Reichskommissar für
die besetzten norwegischen Gebiete» ernannt und errichtet eine
deutsche Zivilverwaltung.

27.4. Himmler ordnet die Errichtung eines Konzentrationslagers bei
Auschwitz an (vgl. 20. Mai).

1.5. Hitler legt den Beginn des Angriffs im Westen (Fall «Gelb») auf
den 5. Mai fest.

1./2.5. Deutsche Truppen dringen von Oslo und Drontheim vor und
zwingen die Briten zur Räumung von Namsos und Andalsnes.

Anfang Wirkungslose Versuche deutscher Regimegegner wie Oster und
Mai Oberst Wilhelm Staehle, die Westmächte heimlich durch die
Übermittlung der Angriffstermine im Westen zu warnen.

5.5. Die norwegische Regierung läßt sich als Exilregierung in London
nieder.

7.5. Hitler verschiebt den Angriffstermin im Westen auf den 9. Mai.

9.5. In seiner «Anordnung 17/II» stellt Himmler als «Reichskommissar für die Festigung deutschen Volkstums» fest, daß es unter den
Bewohnern der angegliederten Ostgebiete sowie des «Generalgouvernements» «vielfach solche [gibt], die auf Grund ihrer rassischen Eignung für eine Eindeutschung in Frage kommen. Ich
habe daher angeordnet, daß nach von mir bestimmten Richtlinien

eine Auslese der rassisch wertvollsten, nordisch bestimmten Familien vorgenommen wird, und beabsichtige, diese in Betrieben des Altreiches unterzubringen.»

Die Vorbereitungen haben die Höheren SS- und Polizeiführer (vgl. 18. Sept. 1939) durchzuführen. Da es sich nicht um einen «Arbeitseinsatz im gewöhnlichen Sinne» handele, soll die «Berührung mit sonstigen fremdvölkischen Arbeitskräften» unterbunden werden. Die für polnische Fremdarbeiter vorgeschriebene Kennzeichnung (vgl. 8. März) sowie deren Ausgehverbot entfallen.

Endgültige Festlegung des Angriffstermins im Westen auf den 10. Mai. Oberst Oster verrät dies erneut dem holländischen Militärattaché Sas, ohne eine Wirkung zu erzielen (vgl. 4. April; Anfang Mai).

Deutscher Angriff auf Belgien, die Niederlande, Luxemburg und Frankreich (Fall «Gelb») mit dem Ziel, Frankreich zur Kapitulation zu zwingen, ein Arrangement mit Großbritannien zu erreichen, um danach die Wendung nach Osten, gegen die UdSSR, zu vollziehen.   10.5.

Die durch das gescheiterte Norwegen-Unternehmen in die Krise geratene britische Regierung Chamberlain tritt zurück. Winston Churchill bildet ein Kriegskoalitionskabinett, in dem alle Parteien und Gesellschaftsgruppen Großbritanniens vertreten sind. Vizepremierminister wird Clement Attlee, Eden wird Kriegsminister, Lord Halifax bleibt Außenminister.

Britische Truppen besetzen Island.

Das britische Kabinett beschließt den Beginn des Luftkrieges gegen Deutschland. Angegriffen werden sollen Ziele in Westdeutschland und v. a. im Ruhrgebiet. In den folgenden Nächten Luftangriffe auf u. a. Dortmund, Essen, Hamm, Aachen, Hannover.   11.5.

Winston Churchill hält im Unterhaus seine berühmte «Blut, Mühsal, Tränen und Schweiß»-Rede.   13.5.

Nach deutschen Luftlandungen im Zentrum der Niederlande und einer trotz bereits laufender Kapitulationsverhandlungen infolge ungünstiger Nachrichtenverbindungen nicht mehr gestoppten Bombardierung Rotterdams kapitulieren die Niederlande. Königin Wilhelmina und ihre Minister haben sich am 13. Mai nach London begeben, eine Exilregierung gebildet und wollen, gestützt auf den Kolonialbesitz der Niederlande, den Kampf an der Seite Großbritanniens fortsetzen.   14./15.5.

17.5. Brüssel wird kampflos von deutschen Truppen besetzt.
Umbildung der französischen Regierung: Ministerpräsident Reynaud wird zugleich Kriegsminister, Marschall Pétain, bisher Botschafter in Madrid, stellvertretender Ministerpräsident.

18.5. Erlaß Hitlers zur Rückgliederung der im Versailler Vertrag an Belgien abgetretenen Gebiete von Eupen, Malmedy und Moresnet ins Deutsche Reich. Diese Gebiete werden der Rheinprovinz (Regierungsbezirk Aachen) zugeteilt.
Arthur Seyß-Inquart wird zum «Reichskommissar für die besetzten niederländischen Gebiete» ernannt; er tritt seine Tätigkeit am 29. Mai mit dem Ende der Militärverwaltung an.

19.5. Verordnung über die Bildung eines Ghettos in Warschau.

20.5. Einrichtung des KZ Auschwitz (vgl. 27. April).

24.5. Das britische Kabinett beschließt, das Norwegen-Unternehmen abzubrechen.

26.5. Auf Weisung des britischen Kriegsministers Anthony Eden löst sich das britische Expeditionskorps aus der alliierten Front und zieht sich auf Dünkirchen zurück, wo am 27. Mai die Einschiffung (Operation «Dynamo») beginnt, die von der deutschen Luftwaffe zwar gestört, aber nicht verhindert werden kann. Bis zum 4. Juni ist die Evakuierung abgeschlossen: über 338 000 Mann, darunter 123 000 Franzosen sind auf Schiffen aller Art abtransportiert worden, d.h. 85% der englischen Truppen – wenngleich ohne Ausrüstung.
Die Erstausgabe der Wochenzeitung ‹Das Reich› erscheint. Die neue Wochenzeitung richtet sich vor allem an das Ausland und die deutsche Intelligenz. Die intellektuell anspruchsvolle, gleichwohl nationalsozialistische Inhalte («Nationalsozialismus im Frack») in tradierten bürgerlichen Formen artikulierende Zeitung ist überaus erfolgreich. Sie erscheint (in allerdings ausgedünnter Form) bis zum 15. April 1945, während die Ausgabe vom 22. April nicht mehr ausgeliefert werden kann.

28.5. Alliierte Streitkräfte dringen in die Stadt Narvik ein, doch kann sich die deutsche Kampfgruppe unter General Dietl an der Erzbahn östlich der Stadt halten.
Denkschrift Heinrich Himmlers über die «Behandlung der Fremdvölkischen im Osten»: Zunächst soll die Bevölkerung

durch Anerkennung möglichst vieler einzelner Völkerschaften zersplittert werden, damit man diesen «Völkerbrei» besser unter Kontrolle halten könne. Durch «rassische Siebung» seien die «rassisch Wertvollen aus diesem Brei herauszufischen, nach Deutschland zu tun, um sie dort zu assimilieren. (...) Für die nichtdeutsche Bevölkerung des Ostens darf es keine höhere Schule geben als die vierklassige Volksschule. Das Ziel dieser Volksschule hat lediglich zu sein: Einfaches Rechnen bis höchstens 500, Schreiben des Namens, eine Lehre, daß es ein göttliches Gebot ist, den Deutschen gehorsam zu sein und ehrlich, fleißig und brav zu sein. Lesen halte ich nicht für erforderlich. (...) Diese Bevölkerung wird als führerloses Arbeitsvolk zur Verfügung stehen (...) und bei eigener Kulturlosigkeit unter der strengen, konsequenten und gerechten Leitung des deutschen Volks berufen sein, an dessen ewigen Kulturtaten und Bauwerken mitzuarbeiten und diese, was die Menge der groben Arbeit anlangt, vielleicht erst ermöglichen.» Diese Richtlinie wird nur einer begrenzten Zahl von SS-Hauptamtchefs bekanntgegeben. Sie müssen die Denkschrift lesen, ihre Kenntnisnahme mit Unterschrift bestätigen, sodann dem wartenden SS-Führer wieder aushändigen und dafür Sorge tragen, daß darauf «niemals auch nur auszugsweise oder gedächtnisweise in einem Befehl eines der Hauptämter» Bezug genommen wird.

König Leopold III. kapituliert mit der belgischen Armee und begibt sich in deutsche Kriegsgefangenschaft. Die belgische Regierung hingegen erklärt sich zur Exilregierung und führt an der Seite der Alliierten den Krieg fort.

Rumänien, das bislang neutral mit Sympathien für die Alliierten geblieben ist, schwenkt unter dem Eindruck der Siege auf die deutsche Seite um. **29.5.**

In einer «außerordentlichen Befriedungsaktion» werden 3500 Angehörige der polnischen Eliten ermordet, etwa 20 000 Personen werden in Konzentrationslager verschleppt. **Mai**
2330 Sinti und Roma werden aus Westdeutschland ins «Generalgouvernement» deportiert.

Beginn der zweiten Phase der «Schlacht um Frankreich» (Fall «Rot»). **5.6.**
«Der Abwehrkampf des deutschen Volkes bedingt eine solche Fülle von kriegswirtschaflich notwendigen Vorschriften, daß bis auf weiteres solche Gesetze und Verordnungen zurückgestellt

werden müssen, die mit der Reichsverteidigung in keinem unmittelbaren Zusammenhang stehen.» Dieser «Erlaß des Führers und Reichskanzlers» gilt zunächst für sechs Monate (er wird am 20. Dezember 1940 um weitere sechs Monate verlängert und gilt ab dem 16. Mai 1941 «bis auf Widerruf»). Eine Veröffentlichung des Erlasses «hat zu unterbleiben».

7./8.6   Erster alliierter Luftangriff auf die Reichshauptstadt Berlin: Ein französischer Marine-Fernaufklärer wirft 2 t Bomben auf die Stadt.

10.6.   Italien tritt in den Krieg ein, erklärt Frankreich den Krieg, verzichtet jedoch wegen seiner völlig unzureichenden Kriegsbereitschaft auf jede Offensivoperation.
Nachdem sich die alliierten Truppen wieder eingeschifft haben (ab dem 3. Juni) und deutsche Truppen Narvik erneut besetzt haben (8. Juni), kapitulieren die norwegischen Streitkräfte auf Weisung König Haakons in Nordnorwegen. Der König flieht nach England.

11.6.   Italien erklärt England den Krieg, doch eine zu erwartende Offensive im Mittelmeer (Malta) bleibt aus.

12.6.   Spanien, bislang neutral, erklärt sich «nicht-kriegführend». Franco läßt Hitler am 16. Juni praktisch unannehmbar hohe Bedingungen für einen spanischen Kriegseintritt übermitteln.

14.6.   Paris wird kampflos von deutschen Truppen besetzt.

15.6.   Präsident Roosevelt will Frankreich verstärkt materiell unterstützen, lehnt jedoch einen sofortigen Kriegseintritt der USA ab: «Der Kongreß allein kann solche Verpflichtungen übernehmen.»

15.–17.6.   Die Sowjetunion besetzt Litauen (und zwar einschließlich des als deutsche Interessensphäre deklarierten Südwestzipfels), Lettland und Estland. Am 21. Juli werden alle drei Baltischen Staaten zu Sowjetrepubliken erklärt, um sodann Anfang August zu Gliedern der UdSSR zu werden.

16.–17.6.   Marschall Pétain bildet anstelle des zurückgetretenen Reynaud eine neue Regierung und läßt in der Nacht vom 16./17. Juni über den spanischen Botschafter ein Waffenstillstandsgesuch an Hitler gelangen.

Aus dem Doorner Exil gratuliert der ehemalige Deutsche Kaiser
Wilhelm II. Hitler per Telegramm «zu dem von Gott geschenkten
gewaltigen Sieg».

Hitler und Mussolini treffen in München zusammen, um sich 18.6.
über die Waffenstillstandsbedingungen für Frankreich auszusprechen.
Charles de Gaulle (General und Unterstaatssekretär für Nationale
Verteidigung im Kabinett Reynaud) erklärt sich in London zum
«Führer der Freien Franzosen». Er fordert zur Fortführung des militärischen
Widerstands an Englands Seite auf. Großbritannien erkennt das «Nationalkomitee der Freien Franzosen» am 28. Juni an.
In Frankreich verurteilte ihn derweil nach einer DNB-Meldung
vom 2. August ein Militärgericht «wegen Verrats, Anschlages auf
die äußere Sicherheit des Staates und Desertion ins Ausland in
Kriegszeiten zum Tode, zur militärischen Degradierung und zum
Verlust seines Vermögens».

Obwohl Pétain auch die Italiener am 20. Juni um Waffenstillstand 21.6.
gebeten hat, eröffnen diese an der Alpenfront eine Offensive, die
allerdings nur wenige Kilometer vorankommt.

Im Wald von Compiègne wird ein Waffenstillstand zwischen dem 22.6.
Deutschen Reich und Frankreich unterzeichnet: Er sieht die Besetzung Frankreichs nördlich der Linie Genf-Tours sowie der
französischen Atlantikküste bis zur spanischen Grenze vor, beläßt
jedoch die zu demobilisierende Flotte wie das Kolonialreich in
französischer Hand. Frankreich darf eine kleine Luftwaffe und
ein 100 000-Mann-Heer aufstellen. Ein italienisch-französischer
Waffenstillstand wird am 24. Juni unterzeichnet.

Himmler erläßt Richtlinien zur Anwerbung holländischer Frei- 24.6.
williger für die Waffen-SS: «Ich wünsche die Standarte ‹Westland›
in rund vier Wochen voll angefüllt mit den besten ausgelesenen
niederländischen Freiwilligen zu sehen, so daß dann an die Aufstellung einer weiteren Standarte aus diesem Land reinblütiger
Germanen herangegangen werden kann.»

In einem Befehl legt Hitler fest, daß Berlin «in kürzester Zeit 25.6.
durch seine bauliche Neugestaltung den ihm durch die Größe unseres Sieges zukommenden Ausdruck eines starken neuen Reichs»
zu erhalten habe: «In der Verwirklichung dieser nunmehr wichtigsten Bauaufgabe des Reiches sehe ich den bedeutendsten Bei-

trag zur endgültigen Sicherstellung unseres Sieges. Ihre Vollendung erwarte ich bis zum Jahre 1950.» Alle Behörden sind angewiesen, dem «Generalbauinspektor für die Reichshauptstadt», Albert Speer, jede geforderte Unterstützung zu gewähren.

Die deutsche Zivilbevölkerung wird aufgefordert, in die «an die Westfront angrenzenden Gebiete», aus denen sie im September/Oktober 1939 evakuiert worden war, zurückzukehren. Kriegsschäden sollen umgehend beseitigt werden.

In Frankreich tritt um 1.35 Uhr Waffenruhe ein.

26.6.   Belgien, die französischen Departments Du Nord und Pas de Calais werden dem «Militärbefehlshaber Belgien-Nordfrankreich» (General Alexander von Falkenhausen), das übrige besetzte Gebiet dem «Militärbefehlshaber Frankreich» (General Otto von Stülpnagel) unterstellt.

Die Sowjetunion fordert von Rumänien ultimativ die Abtretung Bessarabiens und der Nordbukowina. Diese Forderung wird am 27. Juni angenommen, woraufhin die Rote Armee diese Gebiete vom 28. Juni bis zum 1. Juli besetzt.

29.6.   «Da der Endsieg Deutschland auch die Rückgabe der ihm geraubten Kolonien bringen wird, ist es notwendig, rechtzeitig einen Überblick über die Beamten (...) zu gewinnen, die gewillt und geeignet sind, in den Dienst der deutschen Kolonien zu treten.» Zu entsprechenden Meldungen fordert ein Runderlaß des Reichsinnenministers Frick auf.

30.6.–   Deutsche Truppen besetzen die britischen Kanalinseln Jersey, 1.7.   Guernsey und Alderney.

Juni   Beginn von Massenmorden an Juden im Reich: die ersten Opfer sind jüdische Psychiatriepatienten.

Juni–   Das Auswärtige Amt und das Reichssicherheitshauptamt planen Aug.   die Deportation der europäischen Juden nach Madagaskar («Madagaskar-Plan»).

1.7.   Die französische Regierung unter Marschall Philippe Pétain nimmt ihren Sitz in Vichy.

2.7.   König Carol II. von Rumänien bittet das Deutsche Reich um eine Garantie seiner Grenzen und die Entsendung einer deutschen Militärmission. Diese trifft am 12. Oktober in Rumänien ein.

Hitler regelt in einem «Erlaß des Führers» das Verhalten von   7.7.
Wehrmachtangehörigen im besetzten Teil Frankreichs. Die Soldaten haben sich geziemend zurückzuhalten, «übermäßiger Alkoholgenuß ist eines Soldaten unwürdig». Offensichtlich ist es zuvor
zu einer Reihe grober Ausschreitungen und Gewaltakte gekommen. Solche Fälle sollen «unnachsichtig zur Verantwortung gezogen werden. In schweren Fällen steht ein schimpflicher Tod nach
dem Gesetz bevor.»

Befehl Hitlers, den Schwerpunkt der deutschen Rüstung auf Luft-   9.7.
waffe und Marine zu legen.

Die Luftflotten 2 und 3 greifen zum ersten Mal England mit star-   10.7.
ken Kampfverbänden an.
Hitler billigt die Wiederaufnahme des bei Kriegsbeginn zurückgestellten Baus der großen Überwasserflotte.

Teil-Demobilisierung der Wehrmacht. Von 155 Divisionen werden   13.7.
17 aufgelöst, 18 zur Arbeit beurlaubt.

Hitlers «Weisung Nr. 16» für die Vorbereitungen einer Landung   16.7.
in England (Unternehmen «Seelöwe»); Durchführung «wenn nötig» (vgl. Ende Juli).

Druckereien werden verpflichtet zu überprüfen, ob derjenige, des-   17.7.
sen Text sie drucken, «der Reichsschrifttumskammer gegenüber
seine Organisationspflicht erfüllt hat». Eine Durchführungsbe-
stimmung zu dieser Verordnung vom 25. Juli regelt die Einzelheiten, u. a. das Verbot des Selbstverlages: «Bei jedem Druckauftrag
über Schriftgut ohne Rücksicht auf den Umfang des Werkes, also
auch bei Einblattdrucken, muß danach grundsätzlich ein Verleger
vorhanden sein.»

Letzter «Friedensappell» Hitlers an Großbritannien in seiner   19.7.
Reichstagsrede in der Krolloper, auf die Außenminister Lord Halifax am 22. Juli ablehnend im Rundfunk so antwortet: «Niemand zweifelt daran, daß ein Sieg Hitlers den Untergang für uns
und viele andere bedeuten würde. Gleichzeitig wäre es das Ende
alles dessen, was das Leben lebenswert macht (...) Wir wollen unser eigenes Leben leben dürfen und wollen uns nicht ständig um-
drehen, um zu sehen, ob nicht etwa ein Gestapomann hinter uns

steht. Wir wollen Gott auf unsere Art verehren, und wir wollen den Respekt vor der Glaubensfreiheit unserer Mitbürger bewahren.»

Beförderung von zwölf Generalen und Generalobersten aus Heer und Luftwaffe zu Feldmarschällen. Hermann Göring wird «Reichsmarschall» und mit dem «Großkreuz des Eisernen Kreuzes» ausgezeichnet.

Protest des evangelischen Landesbischofs Theophil Wurm gegen die Tötung Geisteskranker bei Reichsinnenminister Frick: «Ich kann nur mit Grausen daran denken, daß so, wie begonnen wurde, fortgefahren wird. (...) Auf dieser schiefen Bahn gibt es kein Halten mehr. (...) Entweder erkennt auch der nationalsozialistische Staat die Grenzen an, die ihm von Gott gesetzt sind, oder er begünstigt einen Sittenverfall, der auch den Verfall des Staates nach sich ziehen würde.» (vgl. 5. Sept.)

Präsident Roosevelt unterzeichnet die «Two Ocean Navy Expansion Act», die den Bau einer amerikanischen Zwei-Ozean-Flotte bis 1945 vorsieht.

22.7. Nach dem Sturz des japanischen Kabinetts Yonai, das eher neutralistisch eingestellt war und zu einem Ausgleich mit den USA neigte, bildet Fürst Konoye eine neue Regierung, in der Matsuoka Außenminister wird. Die im August 1939 abgebrochenen deutsch-japanischen Verhandlungen über ein Militärbündnis sollen wieder aufgenommen werden.

24.7. In einem Rundschreiben des Reichsinnenministers an die Reichsstatthalter und Oberpräsidenten wird mitgeteilt, «daß der Führer alle nicht unbedingt notwendigen Maßnahmen zu vermeiden wünscht, die das Verhältnis des Staates und der Partei zur Kirche verschlechtern könnten.»

29.7. Juden werden ihre Telephon-Anschlüsse gekündigt.

31.7. Hitler nimmt in einer Besprechung mit dem Oberbefehlshaber der Kriegsmarine Raeder als Zeitpunkt für die geplante Landung in Großbritannien den 15. September in Aussicht.

Besprechung Hitlers mit von Brauchitsch, Halder, Keitel, Jodl u. a. auf dem Berghof: Konkretisierung des Vorhabens, die Sowjetunion im Frühjahr 1941 anzugreifen, in Hitlers Gedankenbildung («improvisierter Gesamtkriegsplan»). Halder notiert in sein Tagebuch Hitlers Ausführungen: «Englands Hoffnung ist Rußland und Amerika. Wenn Hoffnung auf Rußland wegfällt, fällt auch

Amerika weg, weil [dem] Wegfall Rußlands eine Aufwertung Japans in Ostasien in ungeheurem Maß folgt. Rußland [ist] ostasiatischer Degen Englands und Amerikas gegen Japan. (...) Ist aber Rußland zerschlagen, dann ist Englands letzte Hoffnung getilgt. Der Herr Europas und des Balkans ist dann Deutschland. Entschluß: Im Zuge dieser Auseinandersetzung muß Rußland erledigt werden. Frühjahr 1941. Je schneller wir Rußland zerschlagen, um so besser.»

Schwierigkeiten bei der Vorbereitung des Unternehmens «Seelöwe»: fehlende Luftherrschaft, fehlender Flottenschutz, fehlender Seetransportraum. Hinzu kommen Streitigkeiten zwischen OKH und OKW über die technischen Einzelheiten einer Invasion Englands.
Zusammenziehung behelfsmäßigen Schiffsraums in den Kanalhäfen (vgl. 16. Juli). *(Ende Juli)*

Hitlers «Weisung Nr. 17» für den verschärften Luft-See-Krieg gegen England. *(1.8.)*

Einrichtung des Konzentrationslagers Groß-Rosen in Niederschlesien. *(2.8.)*
Die Militärverwaltung in den westlichen Grenzgebieten geht an Zivilbehörden über, die Hitler sich unmittelbar unterstellt: Elsaß (Gauleiter Robert Wagner-Baden), Lothringen (Gauleiter Josef Bürckel) und Luxemburg (Gauleiter Gustav Simon). Mit Wirkung vom 20. August scheiden diese Territorien aus dem Operationsgebiet des Heeres aus. Elsaß, Lothringen und Luxemburg sollen so schnell wie möglich «dem deutschen Volkstum wieder zurückgewonnen werden».

Eine Verordnung des Chefs der Zivilverwaltung in Luxemburg, Gauleiter Simon, schreibt die deutsche Sprache als ausschließliche Amtssprache auch bei Gericht vor, da «die Sprache des Landes Luxemburg und seiner Bewohner (...) seit jeher deutsch» gewesen sei. *(6.8.)*

Weisung des OKW über den «Aufbau Ost», den Ausbau des «Generalgouvernements» zur Operationsbasis für einen Feldzug gegen die Sowjetunion. *(9.8.)*

An den deutschen Hochschulen soll ab Frühjahr 1941 wieder die Semestereinteilung gültig werden. Es bleibt vorbehalten, nach *(12.8.)*

Beendigung des Krieges für Kriegsteilnehmer besondere Zwischensemester einzuschalten.

13.8. Beginn der Luftschlacht um England («Adlertag»), um die Luftherrschaft als Voraussetzung für eine erfolgreiche Invasion zu erringen (vgl. Ende Juli).

15.8. Das SS-Führungshauptamt wird als Kommando-Zentrale der Waffen-SS (und bis Frühjahr 1942 Inspektion der Konzentrationslager) eingerichtet (vgl. 16. März 1942).

17.8. Das Gebiet um die britischen Inseln wird vom OKW zum Operationsgebiet erklärt, um eine «totale Blockade» Großbritanniens durchzusetzen. Wegen der geringen Zahl einsatzbereiter U-Boote ist der Erfolg sehr beschränkt (vgl. Ende Juli).

20.8. Als «Geheime Kommandosache» wird eine kurzfristige Änderung der Prioritäten in der Wehrmachtrüstung befohlen, die durch das Unternehmen «Seelöwe» notwendig wird. (Heer: Panzer III und IV, Panzerabwehrkanonen 5 cm/ Kriegsmarine: Torpedos und U-Boote/ Luftwaffe: Flugzeuge der Typen Me 109, Me 110, Ju 87, Ju 88, Do 217, He 111, Ju 52 und Lastensegler)
Erster Operationsentwurf «Felix» für eine Eroberung von Gibraltar ausgearbeitet.
Italien erklärt das Mittelmeer und die afrikanische Küste zum Operationsgebiet.

25./26.8. Das britische RAF Bomber Command setzt 81 Flugzeuge gegen Berlin ein. Nur wenige gelangen wegen des schlechten Wetters tatsächlich an ihr Ziel und können geringen Schaden anrichten. Ein zweiter britischer Luftangriff am 28./29. August führt zu 10 Toten und 28 Verletzten in einem Berliner Wohnviertel.

26.8. Rumänien bittet nach Zuspitzung der Lage in Südosteuropa (Streit mit Ungarn um Siebenbürgen und mit Bulgarien um die Süddobrudscha) um einen deutschen Schiedsspruch. Wegen sowjetischer Truppenbewegungen und aus Sorge um das rumänische Ölgebiet läßt Hitler zehn Divisionen ins «Generalgouvernement» verlegen.

30.8. Wiener Schiedsspruch durch Deutschland und Italien regelt die rumänischen Streitigkeiten mit Ungarn. Ohne Konsultation mit der Sowjetunion garantieren Deutschland (und Italien) die rumänischen Grenzen.

Die Vereinigten Staaten von Amerika überlassen England gegen 2.9.
Verpachtung von Stützpunkten 50 ältere Zerstörer zur U-Boot-
Jagd.

Als neuen Termin für das Unternehmen «Seelöwe» faßt Hitler 3.9.
den 21. September ins Auge, weil das OKM am 30. August melden mußte, die Vorbereitungen der Marine nicht vor dem 20. September abschließen zu können (vgl. Ende Juli).

Der zum Gauleiter von Wien und Reichsstatthalter ernannte Bal- 4.9.
dur von Schirach übergibt sein bisheriges Amt als Reichsjugendführer an Artur Axmann. «Wenn bis zur Stunde», so von Schirach in einem Aufruf, «mehr als 1200 HJ-Führer gefallen sind, so
entspricht dieser überdurchschnittlich hohe Anteil am Blutopfer
unserer Armee der erwarteten Härte, Zucht und selbstlosen Treue
dieser Gemeinschaft. Auf nichts bin ich so stolz, als auf dieses
Führerkorps!»
Hitler gibt Nachtangriffe auf Ziele in England frei.

Die im Herbst 1939 gedrehten antisemitischen Propagandafilme 5.9.
«Jud Süß» (das Datum – 5. Sept. – bezieht sich auf die Premiere in
Venedig) und «Der ewige Jude» dienen der psychischen Vorbereitung auf die physische «Endlösung der Judenfrage». Großaufnah-
men von springenden Ratten sind mit Bildern von Menschen in
überfüllten Ghettos gegengeschnitten und mit entsprechenden
Kommentaren unterlegt: «Wo Ratten auch auftauchen, tragen sie
Seuchen und Vernichtung ins Land, genauso wie die Juden unter
den Menschen.» Die Ausrottung der Juden wird als Akt der Seu-
chenhygiene im Dienste der «Volksgesundheit» präsentiert. Nicht
zuletzt deshalb werden die Filme zum Pflichtprogramm der Angehörigen der Sicherheitspolizei und anderer Mordformationen
erhoben.
Landesbischof Wurm wiederholt seine Kritik an der «planmäßi-
gen Ausrottung der Geisteskranken, Schwachsinnigen und Epi-
leptischen» (vgl. 19. Juli) mit scharfen Worten: «Muß das deutsche Volk das erste Kulturvolk sein, das in der Behandlung der
Schwachen zu den Gepflogenheiten primitiver Völker zurück-
kehrt?»

Die zweite Phase des Kampfes gegen England beginnt mit dem 5./7.9.
Ziel der Vernichtung des englischen Wirtschaftspotentials und
der Demoralisierung der Bevölkerung. Deutsche Einheiten fliegen
65 Tage lang ununterbrochen Nachtangriffe auf London.

11.9. Das Deutsche Nachrichten-Büro (DNB) berichtet über ein «ganz besonders verabscheuungswürdiges und gemeines Kampfmittel, das die sogenannte königliche Luftflotte gebraucht»: Brandplättchen: «Die Plättchen bestehen aus Zelluloid, sind etwa fünf mal fünf Zentimeter groß und tragen in der Mitte ein Loch, in welchem eine Brandpille in Brandwatte eingepackt ist. Die Blättchen fingen unter der Einwirkung des Sauerstoffs der Luft, mitunter unter der Wirkung der Sonnenbestrahlung, Feuer, ergaben eine Stichflamme von etwa einem Meter Höhe und sollten in Brand setzen, was sie trafen.»

13.9. Beginn des italienischen Angriffs über die libysche Grenze auf Ägypten. Die Offensive kommt jedoch bereits am 16. September nach der Einnahme von Sidi Barrani infolge von Nachschubproblemen zum Stehen.

15.9. Höhepunkt der Luftschlacht um England («Battle of Britain-Day»): 56 deutsche und 26 britische Flugzeuge werden an diesem Tag abgeschossen. Die britische Abwehr ist ungebrochen.
In einer «Anordnung des Führers» wird auf die Notwendigkeit der Planung eines Wohnungsbauprogramms hingewiesen: «Der erfolgreiche Ausgang dieses Krieges wird das deutsche Volk vor Aufgaben stellen, die es nur durch eine Steigerung seiner Bevölkerungszahl zu erfüllen vermag. (...) Es ist deshalb erforderlich, daß das neue deutsche Wohnungsbauprogramm in der Zukunft den Voraussetzungen für ein gesundes Leben kinderreicher Familien entspricht.»
80% der neuen Wohnungen sollen neben einer geräumigen Wohnküche drei Schlafzimmer, einen Duschraum sowie einen Balkon enthalten. Ein Luftschutzraum gehört selbstverständlich zu jedem Haus. Ihre weitere Umsetzung findet diese Anordnung in einem «Erlaß zur Vorbereitung des deutschen Wohnungsbaues nach dem Kriege» vom 15. November 1940.

17.9. Die Landung in England (Unternehmen «Seelöwe») wird von Hitler «bis auf weiteres» verschoben. Alle Vorbereitungen laufen jedoch als Täuschungsmanöver weiter, um englische Kräfte zu binden (vgl. 3. Sept.; 12. Okt.).

27.9. «Dreimächtepakt» zwischen Deutschland, Italien und Japan. Durch die Drohung mit einem Zwei-Ozean-Krieg sollen die USA von einem Eingreifen in den europäischen oder ostasiatischen Krieg abgehalten werden.

Amerika reagiert darauf mit einer Einschränkung seiner Handels-
beziehungen mit Japan.

Hitler beauftragt den «Reichsleiter für Jugenderziehung der
NSDAP», Baldur von Schirach, mit der Koordination der Evakuierung von Kindern und Jugendlichen aus luftkriegsgefährdeten
Städten. Diese «Erweiterte Kinderlandverschickung» (KLV) (eine
«normale» Kinderlandverschickung aufs Land aus sozialen und
gesundheitlichen Gründen gab es bereits seit 1933) wird von der
NSDAP finanziert, ist zunächst freiwillig und auf sechs Monate
beschränkt. Als mit der Verschärfung des Luftkrieges 1943 der
Unterricht in den meisten Großstadtschulen eingestellt wird, bestehen bereits über 5000 (zuletzt 9000) KLV-Lager, die von älteren
Lehrern geleitet werden, während für den «Dienst» sog. «Lager-
mannschaftsführer»aus HJ und BDM zuständig sind.

Der Facharbeitermangel (es fehlen über 600 000 Arbeiter) in der   28.9.
Rüstungsindustrie zwingt zu großangelegten Entlassungs- und
Beurlaubungsmaßnahmen aus Heer, Luftwaffe und Marine «für
die Wintermonate». «Diese Facharbeiter bleiben Angehörige der
Wehrmacht und treten am 1.4.41 zur Truppe zurück.» Zu diesem
Zeitpunkt haben auch die bislang zurückgestellten Ersatzreservi-
sten I der Wehrmacht zur Verfügung zu stehen.

Zugleich soll die Rüstungsproduktion gesteigert werden, was die
«Fortentwicklung der militärpolitischen Lage» erforderlich mache. Beispielsweise soll bis Frühjahr 1941 Rüstungsmaterial für
180 neue Feld- und Besatzungsdivisionen bereitgestellt sein.

Der Chef der Zivilverwaltung in Lothringen, Gauleiter und Reichsstatthalter Josef Bürckel, erläßt eine Verordnung, wonach «die
französische Schreibweise sämtlicher Vor- und Familiennamen (...)
sofort in die deutsche Schreibweise abzuändern» ist. «An Stelle der
französischen Vornamen treten mit sofortiger Wirkung die entsprechenden deutschen Vornamen. Soweit der französische Vorname in
entsprechender Übersetzung im deutschen Sprachgebrauch fehlt,
ist ein deutscher Vorname anzunehmen.»

Auch in Frankreich beginnt die Erfassung, Ausgrenzung und   Sept./
schließlich Verfolgung jüdischer Bürger.   Okt.

Mit diesem Tag unterliegen auch Seifenerzeugnisse und Wasch-   1.10.
mittel der «Verordnung über den Warenverkehr», d. h. praktisch:
der Rationierung. Zu diesem Zweck wird die «Reichsseifenkarte»
eingeführt (vgl. 27. Aug. 1939).

4.10. Erneutes Treffen Hitlers und Mussolinis am Brenner: Hitler habe, wie Außenminister Graf Ciano seinem Tagebuch anvertraut, «wenigstens teilweise die Karten auf den Tisch gelegt». Es geht vor allem um die deutsch-italienische Politik gegenüber Frankreich und Spanien (vgl. 18. Juni; 22. Juni).

12.10. In einem Geheimbefehl ordnet Hitler an, «daß zur Beseitigung von Bomben (Blindgänger, Langzeitzünder) – soweit damit Gefahr für die Räumungstrupps verbunden ist – nach Möglichkeit Insassen von Konzentrationslagern und Strafgefangene aller Art herangezogen werden. Kriegsgefangene und Wehrmachtstrafgefangene sind *nicht* einzusetzen.»
Eine deutsche Militärmission trifft, gefolgt von «Lehrtruppen», auf Ersuchen von König Carol II. bzw. Staatschef General Ion Antonescu in Rumänien ein (vgl. 2. Juli).
Abbruch der Vorbereitungen für das geplante Unternehmen «Seelöwe». Es wird auf Frühjahr 1941 vertagt: «Beim Engländer muß der Eindruck erhalten bleiben, daß wir eine Landung auf breiter Front weiterhin vorbereiten.» (vgl. 17. Sept.; 13. Feb. 1942)

13.10. Reichsaußenminister von Ribbentrop lädt im Auftrag Hitlers Molotow zu einem Besuch in Berlin ein (vgl. 12./13. Nov.).

18.10. Nachdem der Vierjahresplan vom 18. Oktober 1936 abgelaufen ist, überträgt Hitler «erneut für die Dauer von vier Jahren dem Reichsmarschall Göring als Beauftragtem die weitere Durchführung dieses Vierjahresplans mit der besonderen Weisung, ihn den Forderungen des Krieges anzupassen». Göring behält alle ihm in diesem Zusammenhang gegebenen Vollmachten.

22./23.10. Deportation von 7500 Juden aus dem Saargebiet, aus Baden, Elsaß und Lothringen in den unbesetzten Teil Frankreichs, wo sie u. a. im Lager Gurs interniert werden.

23.10. Hitler und Franco treffen sich in Hendaye: Der Versuch, Spanien als aktiven Partner in den Konflikt an der Seite der «Achse» hineinzuziehen, mißlingt.

22. u.
24.10 Hitlers Treffen mit Pétain und Laval in Montoire-sur-le-Loir: auch diese beiden Politiker entziehen sich Hitlers Vereinnahmung trotz Oran (Churchill hatte am 3. Juli das vor Oran liegende französische Flottengeschwader in einem überfallartigen Angriff vernichten lassen, um einen befürchteten deutschen Zugriff zu ver-

hindern). Hitlers Mißtrauen gegenüber Frankreich, dem kein Friedens- und Staatsvertrag gewährt wird, wächst.

«Anschluß» von Elsaß und Lothringen an das Großdeutsche Reich. 27.10.

Italienischer Angriff auf Griechenland, mit dem Mussolini endlich 28.10. auch Kriegserfolge erringen will.
Hitlers Treffen mit Mussolini in Florenz kommt zu spät, um ihn davon abzuhalten (vgl. 4. Nov.).

Das an sich auf diesen Donnerstag fallende Reformationsfest wird 31.10. – wie im übrigen alle anderen kirchlichen Feiertage – auf den jeweils darauffolgenden Sonntag verlegt. In diesem Fall wird die Verlegung mit der «dringend notwendige[n] Kohlenförderung und (...) sonstigen Produktionsnotwendigkeiten» begründet.

Thomas Mann hält seine erste der nun monatlichen Rundfunkan- Okt. sprachen («Deutsche Hörer!») über BBC-London.
Beginn amerikanischer Flugzeuglieferungen an England.

Entschluß Hitlers, über Ungarn, Rumänien und Bulgarien einen 4.11. Entlastungsangriff gegen Griechenland (Unternehmen «Marita») zu unternehmen, da sich die italienische Offensive festgelaufen hat und die Griechen mit Unterstützung mittlerweile gelandeter britischer Armee-Einheiten zum Gegenangriff antreten.

Franklin D. Roosevelt wird zum dritten Mal zum Präsidenten der 5.11. Vereinigten Staaten von Amerika gewählt.

Scharfer Protest Kardinal Faulhabers gegen die «Euthanasie»- 6.11. Maßnahmen bei Reichsjustizminister Gürtner: «Die unveräußerlichen Grundlagen der sittlichen Ordnung und die Grundrechte des einzelnen Menschen dürfen (...) auch in Kriegszeiten nicht außer Kraft gesetzt werden.»

Hitler unterzeichnet die «Weisung Nr. 18», nach der Vorbereitun- 12.11. gen zu treffen sind, «im Bedarfsfall aus Bulgarien heraus das griechische Festland nördlich des Ägäischen Meeres in Besitz zu nehmen und damit die Voraussetzung für den Einsatz deutscher Fliegerverbände gegen Ziele im ostwärtigen Mittelmeer zu schaffen, insbesondere gegen diejenigen britischen Luftstützpunkte, die das rumänische Ölgebiet bedrohen.» (vgl. 4. Nov.)

1940

12./13.11. Ergebnisloser Besuch Molotows in Berlin zur Abklärung territorialer Interessensphären und der Frage, ob das Reich und die Sowjetunion «Rücken an Rücken oder Brust gegen Brust» stehen. Schon eine Woche zuvor hatte Hitler in vertrautem Kreis erklärt, es müsse alles getan werden, um bereit zu sein zur «großen Abrechnung» mit der UdSSR, die das «ganze Problem» Europas bleibe: Molotow fordert die Überlassung Finnlands und Bulgariens für die sowjetische Einflußsphäre, die Aufhebung der deutschen Garantie für Rumänien und Stützpunkte an den türkischen Meerengen als Preis für einen sowjetischen Beitritt zum «Dreimächtepakt». Diese Territorialforderungen ragen empfindlich in den von Deutschland beanspruchten Machtbereich und können von Hitler als dem Herrn über Kontinentaleuropa nicht akzeptiert werden. Der «Führer» fühlt sich in der Richtigkeit seines lange gehegten Vorhabens, die Sowjetunion anzugreifen, nur bestätigt. Der «Gedankenaustausch» soll schriftlich fortgesetzt werden.

14./15.11. Schwere deutsche Luftangriffe auf Coventry mit verheerender Wirkung. Coventry wird zum Inbegriff des Flächenbombardements ohne Rücksichtnahme auf die Zivilbevölkerung.

15.11. Der jüdische Wohnbezirk in Warschau (Ghetto) wird nach entsprechender Umsiedlung der jüdischen Einwohner abgeriegelt: Etwa 400000 Menschen sind auf engstem Raum zusammengedrängt.

20.11. Ungarn tritt dem «Dreimächtepakt» bei, am 23. November folgt Rumänien, am 24. November die Slowakei (vgl. 27. Sept.).

25.11. Die sowjetische Regierung teilt in einer Note die Bedingungen für einen Beitritt der UdSSR zum «Dreimächtepakt» (vgl. 27. Sept.) mit. Hitler läßt diese Note unbeantwortet; damit reißt der Verhandlungsfaden zwischen Moskau und Berlin ab.

30.11. Der Gau Saarpfalz wird mit Lothringen vereinigt und heißt nach einer Verfügung Hitlers vom 7. Dezember nun «Gau Westmark der NSDAP».

Nov. Einführung der «Tagesparole» des Reichspressechefs Otto Dietrich als verbindlich vorformulierte Anweisung für die Presse. Sie wird langsam zum Mitschreiben diktiert, um auf diese Weise die von den größeren Zeitungen vorgenommenen unterschiedlichen

Auslegungen und geschickt benutzten Mißverständnisse zur Umgehung der Weisungen rigoros auszuschalten. Die «Tagesparole» umfaßt Anordnungen zur Hervorhebung bzw. Unterdrückung von Nachrichten und politischen Themen, die formale Aufmachung und die «Lautstärke», mit der wichtige Ereignisse wiedergegeben werden sollen, müssen oder dürfen. Die Tagesparole gilt als geheim oder vertraulich, soll auch niemals im Wortlaut publiziert werden, sondern «nur» die Richtung markieren.

Die Neufassung des Militärstrafgesetzbuches vom 10. Oktober tritt in Kraft.   1.12.

Franco lehnt endgültig eine Kriegsbeteiligung Spaniens ab, weil   7.12.
sein Land darauf in keiner Weise vorbereitet sei. Hitler verzichtet daraufhin auf die schon vorbereitete Eroberung Gibraltars (Unternehmen «Felix») (vgl. 23. Okt.; 20. Aug.).

Churchills Lagebericht über das Kriegsjahr 1940 an Roosevelt legt   8.12.
die katastrophale finanzielle Situation Großbritanniens dar, woraufhin Roosevelt am 29. Dezember vom amerikanischen Kongreß Konsequenzen aus der Tatsache fordert, daß die USA das «Arsenal der Demokratie» sein müßten (sog. «Gartenschlauch-Rede»).

Beginn einer britischen Gegenoffensive in Nordafrika: die Italiener   9.12.
werden bis weit nach Libyen hinein zurückgeschlagen (vgl. 13. Sept.).

Marschall Pétain entläßt seinen Stellvertreter Pierre Laval aus allen Ämtern. Flandin wird Außenminister, Admiral Darlan die einflußreichste Persönlichkeit in Vichy. An die Stelle der «collaboration», die am mangelnden Entgegenkommen Hitlers gescheitert ist, tritt jetzt die Politik des «attentisme».   13.12.
Hitler unterzeichnet die «Weisung Nr. 20», die die Einzelheiten des Unternehmens «Marita» gegen Griechenland festlegt (vgl. 12. Nov.).

Hitler äußert gegenüber General Jodl, dem Chef des Wehmachtführungsstabes, daß «wir 1941 *alle* kontinentalen Probleme lösen müßten, da ab 1942 [die] USA in der Lage wären einzugreifen».   17.12.

Hitler unterzeichnet die «Weisung Nr. 21» (Unternehmen «Barbarossa»). Die Vorbereitungen für den Ostfeldzug sind «bis zum 15. Mai 1941 abzuschließen». Die Wehrmacht soll noch «vor Be-   18.12.

endigung des Krieges gegen England Sowjetrußland in einem schnellen Feldzug» niederwerfen.

19.12. Verhaftung Pfarrer Heinrich Grübers, Schließung seiner «Hilfsstelle» (vgl. Ende Mai 1938). Grüber bleibt bis 1943 in KZ-Haft; sein Mitarbeiter Werner Sylten wird 1942 in Hartheim ermordet. Die italienische Armee bittet um möglichst baldige Überführung einer deutschen Panzerdivision nach Tripolis (vgl. 9. Dez.).

20.12. Bildung des «Nationalen Verteidigungsrates» in den USA zur Beschleunigung der Aufrüstung.

21.12. Durch Geheimbefehl eröffnet Hitler straffällig gewordenen Wehrmachtangehörigen unter bestimmten Bedingungen eine «Gelegenheit zur Bewährung» bei «einer *besonderen Truppe* (...) vor dem Feind».

25.12. Hitler trifft mit Admiral Darlan in Beauvais zusammen. Er lehnt jedes Entgegenkommen gegenüber Vichy ab.

29.12. Roosevelt fordert vor dem amerikanischen Kongreß, daß die USA ein «Arsenal der Demokratie» sein müßten (vgl. 8. Dezember).

Dez.   Beginn einer Verhaftungswelle gegen «Zeugen Jehovas», der auch neugebildete überregionale Organisationsnetze zum Opfer fallen (vgl. 1. April 1935; Aug./Sept. 1936; Dez. 1942).

Präsident Roosevelt verkündet in einer Kongreßbotschaft die «vier Freiheiten» als Leitgedanken amerikanischer Politik.

6.1.

Hitler faßt den Entschluß, einen Panzerverband zur Unterstützung der Italiener nach Nordafrika zu entsenden (vgl. 9. Dez. 1940). In seiner «Weisung Nr. 22» vom 11. Januar befiehlt er dessen Aufstellung.

9.1.

Unterzeichnung eines erweiterten deutsch-sowjetischen Wirtschaftsabkommens, das den Warenverkehr bis zum August 1942 regeln soll. Zugleich wird ein Vertrag über die deutsch-sowjetische Grenze vom Fluß Igorka bis zur Ostsee unterzeichnet. Darin verzichtet das Deutsche Reich auf den litauischen Gebietsteil, der ihm am 28. September 1939 zugesprochen worden war.

10.1.

Während sich König Boris III. von Bulgarien bei seinem Besuch auf Hitlers Berghof sehr zurückhält, bietet der rumänische Staatsführer General Antonescu für den Fall, daß «die UdSSR angreifen sollte» an, «mit allen seinen Kräften an der militärischen Aktion [d.h. am Ostfeldzug] teilzunehmen» (vgl. 12. Juni).

13./14.1.

Treffen Hitlers und Mussolinis auf dem Berghof: Das Ende des italienischen «Parallelkrieges» im Mittelmeerraum wird besiegelt, Italien muß sich der deutschen Strategie unterordnen.

19./20.1.

Auf Hitlers Wunsch wird in Berlin ein spezielles Glaser-Bataillon aus Kriegsgefangenen aufgestellt, das nach Luftangriffen Glasschäden in der Reichshauptstadt umgehend zu beseitigen hat.
Eine Polizeiverordnung verbietet bestimmte «Verfahren, Mittel und Gegenstände zur Unterbrechung und Verhütung von Schwangerschaften».

21.1.

Die «Festung Tobruk» wird von den Briten erobert.

22.1.

Beginn amerikanisch-britischer Geheimgespräche über eine gemeinsame Kriegführung im Falle eines Kriegseintritts der USA.

29.1.

Auftrag Görings an Heydrich zur Vorbereitung der Umsiedlung der europäischen Juden in ein «noch zu bestimmendes» Gebiet. Einrichtung der «Euthanasie»-Anstalt Hadamar in Hessen.

Jan.

1.2.   Goebbels nimmt zur Frage der Jazz-Musik Stellung und verbietet grundsätzlich «1. Musik mit verzerrten Rhythmen, 2. Musik mit atonaler Melodieführung und 3. die Verwendung von sogenannten gestopften Hörnern. Diese Regelung sei von nun ab bindend für die Darbietung jeglicher Art von Tanzmusik.»

6.2.   Eroberung der Cyrenaika durch britische Truppen. Seit Dezember 1940 sind ca. 140000 Italiener in britische Kriegsgefangenschaft geraten (vgl. 9. Dez. 1940).
        Hitler erläßt die «Weisung Nr. 23: Richtlinien für die Kriegführung gegen die englische Wehrwirtschaft».

8.–12.2. Deutsche Truppen unter Führung von General Erwin Rommel treffen in Nordafrika ein; ab dem 18. Februar werden sie als «Deutsches Afrika-Korps» bezeichnet. Es besteht aus einer Panzerdivision und einer Leichten Division (vgl. 9. Jan.).

10.1.   In einem «Befehl des Führers» wird die einheitliche Führung des Propagandakrieges so festgelegt, daß die «straffe Zusammenfassung und einheitliche Leitung» der Propagandamaßnahmen für den Bereich der Wehrmacht «ausschließlich Aufgabe des Oberkommandos der Wehrmacht» ist.

12.2.   In einem vertraulichen Schreiben läßt der Reichsinnenminister die Obersten Reichsbehörden darüber informieren, daß es nicht erwünscht sei, «wenn Beamte mit Personen polnischen Volkstums früherer polnischer Staatsangehörigkeit in geschlechtliche Beziehungen treten.» Nach dem ausdrücklichen Wunsch Hitlers müssen solche Beamte «grundsätzlich mit der Entfernung aus dem Dienst ohne Ruhegehalt» abgestraft werden.

17.2.   In der Zeit nach dem erfolgreichen Abschluß des Unternehmens «Barbarossa» soll ein deutscher Aufmarsch in Afghanistan Britisch-Indien bedrohen (vgl. 18. Dez. 1940).

18.2.   Das Vermögen von Verbrauchsgenossenschaften (Konsumvereinen) wird «zur Anpassung an die kriegswirtschaftlichen Verhältnisse» auf die DAF übertragen. Die Genossenschaften selbst sind aufzulösen.

19.2.   Der Chef der Zivilverwaltung im Elsaß, Gauleiter und Reichsstatthalter Robert Wagner, ordnet an, daß die noch im Besitz der elsässischen Bevölkerung «befindlichen französischen Fahnen zu zertrennen und in zweckmäßiger Weise im Haushalt zu verwenden» sind. Sollten nach dem 1. Mai noch entsprechende Fahnen in Privatbesitz gefunden werden, würden «entsprechende Folgerungen auf die Einstellung der Besitzer gezogen werden».

Schon die unbefugte Kontaktaufnahme zu «Gefangenen oder sonst auf behördliche Anordnung Verwahrten» durch «Worte, Zeichen oder auf andere Weise» wird mit Geldstrafe oder Haft bis zu sechs Wochen bestraft.   20.2.

Mit einem «Erlaß des Führers und Reichskanzlers» wird der Leiter der DAF, Dr. Robert Ley, damit beauftragt, «die zur Produktion des von Dr. Porsche erfundenen Traktors notwendigen Fabrikanlagen im Gebiet der Gemeinde Waldbröl zu errichten».   28.2.

Bulgarien tritt dem «Dreimächtepakt» (vgl. 27. Sept. 1940) bei und läßt am 2. März deutsche Truppen «als Sicherung gegenüber den bekannt gewordenen britischen Maßnahmen in Südosteuropa» einmarschieren.
Himmler besichtigt das Konzentrationslager Auschwitz und ordnet die Errichtung des Nebenlagers Birkenau an (vgl. 8. Okt.).   1.3.

Zur «Durchführung des Wiederaufbaus» jener «geraubten Ostgebiete (...), die in früheren Jahrhunderten germanischer Volksraum gewesen» sind, wird in Posen die «Reichsstiftung für deutsche Ostforschung» errichtet. Sie hat den «Zweck der Erforschung des Ostraums auf breitester Grundlage und auf allen für das deutsche Volksleben maßgeblichen Sachgebieten in engster Verbindung mit der im Aufbau befindlichen Reichsuniversität Ost in Posen.»   3.3.

Himmler läßt in den eingegliederten Ostgebieten eine «Deutsche Volksliste» zur Klassifizierung deutschstämmiger Personen in vier Gruppen erstellen. Sie soll der Überprüfung ihres «Deutschtums» bzw. ihrer «Eindeutschungsfähigkeit» dienen. Im Zuge dieser Aktivitäten suchen Himmlers «Rassefahnder» (B. J. Wendt) bevorzugt nach blonden polnischen Kindern, die ihren Eltern weggenommen und nach Deutschland verbracht werden.   4.3.

Hitlers «Weisung Nr. 24» über die Zusammenarbeit mit Japan, falls dieses im Fernen Osten gegen England oder die USA eingreift. Das Unternehmen «Barbarossa» soll vor den Japanern noch geheimgehalten werden.   5.3.

6.3. Goebbels kritisiert die neue Sommer- und Herbstmode, da sie «jegliche Rücksicht auf zwingende Sparmaßnahmen vermissen lasse. Die Mode müsse jetzt auf den Krieg eingestellt sein und dürfe nicht von einigen weltfernen und beziehungslosen Künstlern gestaltet werden.»

7.3. Eine Verordnung verhindert die Rettung von jüdischen Kindern durch Adoption.

11.3. Das Leih- und Pachtgesetz («Lend-Lease-Act») der USA tritt mit der Unterzeichnung durch Präsident Roosevelt in Kraft und erleichtert die Lieferung kriegswichtiger Güter an alle Staaten, deren Verteidigung im Interesse der Vereinigten Staaten liegt. Zunächst ist der Hauptempfänger Großbritannien (und auch China), vom November an kommt auch die UdSSR hinzu (vgl. 29. Dez. 1940).

13.3. «Im Operationsgebiet des Heeres erhält der Reichsführer SS zur Vorbereitung der politischen Verwaltung Sonderaufgaben im Auftrag des Führers, die sich aus dem endgültig auszutragenden Kampf zweier entgegengesetzter politischer Systeme ergeben. Im Rahmen dieser Aufgaben handelt der Reichsführer SS selbständig und in eigener Verantwortung.»

15.3. Der «Dritte Nahplan», der die Deportation von Polen aus den eingegliederten Gebieten ins «Generalgouvernement» regelt, wird abgebrochen. Bislang sind bereits 365 000 Personen verschleppt worden.

19.3. In London schließt sich aus Sopade, SAP, ISK, Auslandsbüro von ‹Neu Beginnen› und ‹Landesgruppe Gewerkschafter› die «Union deutscher sozialistischer Organisationen in Großbritannien» zusammen.
Die Reichspressekammer verbietet die Steigerung der Auflagen von Zeitungen über den Stand von Januar 1941, von Wochenzeitungen und Zeitschriften über den Stand von November 1940 hinaus.

21.3. Ernennung eines «Luftwaffenbefehlshabers Mitte», der für die deutsche Heimatverteidigung zuständig ist.

24.3. Das «Deutsche Afrika-Korps» erobert El-Agheila (Golf von Sidra, Libyen) (vgl. 8. Feb.).

Jugoslawien tritt in Wien dem «Dreimächtepakt» bei (vgl. 27. Sept. 1940).　25.3.

Besprechung Görings mit Heydrich über geplante Exekutionen in der Sowjetunion.　26.3.
Absprache Heydrichs mit Generalquartiermeister Eduard Wagner über die Aufgaben der «Einsatzgruppen» von SD und Sipo.
In Frankfurt/Main wird das «Institut zur Erforschung der Judenfrage» unter Alfred Rosenbergs Leitung gegründet.

Ein Staatsstreich in Belgrad verhindert den tatsächlichen Beitritt Jugoslawiens zum «Dreimächtepakt» (vgl. 25. März): Die Regierung des Prinzen Paul, die den Beitritt zu verantworten hat, wird gestürzt. Hitler beschließt daraufhin, Jugoslawien «militärisch und als Staatsgebilde zu zerschlagen».　27.3.
Noch am Abend wird die «Weisung Nr. 25» für einen Blitzfeldzug gegen Jugoslawien in Verbindung mit dem Angriff auf Griechenland (Unternehmen «Marita») unterzeichnet. «Barbarossa» soll deshalb um etwa vier Wochen verschoben werden.
Wer einen «entjudeten Gewerbebetrieb» führt, aber für die Firma den eingeführten Namen des früheren jüdischen Inhabers weiterbenutzt hat, «ist verpflichtet, den Namen des Juden (...) zu entfernen und eine neue Firma zu bilden.»
Die amerikanisch-britischen Stabsbesprechungen führen zum «Germany first»-Konzept bei einem Zwei-Ozean-Krieg gegen Deutschland und Japan («ABC-1 Staff Agreement»).

Hitler und Ribbentrop besprechen mit dem auf einer Europareise befindlichen japanischen Außenminister Yosuke Matsuoka einen japanischen Vorstoß gegen Singapur. Über den mittlerweile auf Mitte Juni verschobenen Angriff auf die Sowjetunion wird der japanische Gast nicht informiert (vgl. 5. März; 16. April).　27.3.–5.4.

In einer Ansprache Hitlers vor über 200 höheren Offizieren zur Einweisung der am Unternehmen «Barbarossa» beteiligten Befehlshaber von Heer, Marine und Luftwaffe werden die Grundzüge des «Kommissar-Befehls» (vgl. 6. Juni) für den geplanten Ostfeldzug bekanntgegeben. Dieser Feldzug sei als Kampf zweier Weltanschauungen von vornherein ein «Vernichtungskrieg», der mit barbarischer Härte und ohne Bindung an kriegsrechtliche Normen zu führen sei: Der bevorstehende Kampf «werde sich unterscheiden vom Kampf im Westen. Im Osten sei Härte mild für die Zukunft». Mit diesen Ausführungen macht Hitler　30.3.

seine Truppenführer zugleich zu Komplizen und Mitwissern an den geplanten Verbrechen.

30./31.3. Offensive des deutschen «Afrika-Korps» unter Rommel in der Cyrenaika, die am 8. April zur Einschließung Tobruks und am 13. April zu einem Vorstoß an die ägyptische Grenze führt (vgl. 24. März).

6.4. Ein Freundschaftsvertrag zwischen der Sowjetunion und Jugoslawien wird in Moskau unterzeichnet (auf den 5. April vordatiert). Beginn des deutschen Feldzuges gegen Jugoslawien und Griechenland (vgl. 27. März). Italien und Ungarn (am 11. April) schließen sich an. Belgrad wird mehrmals bombardiert.

7./24.4. In Radom und Lublin werden Ghettos eingerichtet.

10.4. In Agram (Zagreb) wird der «Unabhängige Staat Kroatien» als deutscher Satellitenstaat proklamiert. An seiner Spitze steht Ante Pavelić, der Führer («Poglavnik») der rechtsradikalen Ustascha-Bewegung. An Italien hat Kroatien weite Teile der dalmatischen Küste abzutreten, bekommt dafür jedoch Bosnien und die Herzegowina zugeschlagen.

12.4. Belgrad wird von deutschen Truppen eingenommen.

13.4. Japanisch-sowjetischer Neutralitätspakt.

16.4. Beginn amerikanisch-japanischer Geheimverhandlungen über einen modus vivendi im pazifischen Raum. Diese Gespräche wiederum enthält die japanische Regierung ihrem deutschen Verbündeten – jedenfalls in ihrem substantiellen Kern – vor (vgl. 27. März – 5. April).

17.4. Kapitulation der jugoslawischen Armee. König Peter und die Regierung gehen ins Exil nach London. Jugoslawien wird in deutsche und italienische Besatzungszonen eingeteilt, auch Ungarn und Bulgarien werden an der Besetzung beteiligt.

19.4. Zur Vermeidung von Versorgungsengpässen wie im Winter 1940/41 wird die «Reichsvereinigung Kohle» gegründet.

21.4. Kapitulation Griechenlands (Wiederholung der Prozedur im Beisein der Italiener in Saloniki am 23. April).

Jedermann ist «verpflichtet, auf das Auftreten des Kartoffelkäfers
(Leptinotarsa decemlineata) zu achten und sein Auftreten sowie
alle verdächtigen Erscheinungen, die auf sein Vorkommen (...)
schließen lassen, unverzüglich der Ortspolizeibehörde anzuzei-
gen».
Einrichtung einer deutschen Militärverwaltung in Serbien. Unter
ihrer Aufsicht bildet der frühere Kriegsminister General Milan
Nedić im August eine Regierung, die allerdings nur eine sehr begrenzte Autorität genießt.

Athen wird von deutschen Truppen besetzt. Die Briten ziehen sich 27.4.
aus Griechenland auf die Insel Kreta zurück.

Die enge Zusammenarbeit zwischen «Einsatzgruppen des SD und 28.4.
der Sicherheitspolizei» und Wehrmacht wird in einer Vereinbarung
zwischen dem OKH und Heydrich in der «Regelung des Einsatzes
der Sicherheitspolizei und des SD im Verbande des Heeres» vorab
geklärt. Die «Einsatzgruppen» werden nur «hinsichtlich Marsch,
Versorgung und Unterbringung» den Armeen unterstellt, sollen
aber «im Rahmen ihres Auftrages in eigener Verantwortung gegenüber der Zivilbevölkerung Exekutivmaßnahmen» ergreifen können. Es sollte nicht bei dieser puren logistischen Unterstützung der
Wehrmacht bleiben, sondern zu tiefer Verstrickung der Wehrmacht
in die Verbrechen im Osten kommen.

Bestimmte KZ-Häftlingsgruppen («Geisteskranke» und «Arbeits- April
unfähige») werden in «Euthanasie»-Anstalten (Aktion «14 f 13»)
liquidiert.

Die «Einsatzgruppen der Sicherheitspolizei und des SD» werden April/
aufgestellt. Mai

Einsetzung einer griechischen Marionettenregierung unter Gene- 1.5.
ral Georgios Tsolakoglu.
Das Konzentrationslager Natzweiler-Struthof im Elsaß wird eingerichtet.

Darüber, ob und zu welchem Preis jüdische Schmuck- und Kunst- 6.5.
gegenstände einer öffentlichen Stelle zum Erwerb anzubieten,
freihändig im Inland oder gegen Devisen ins Ausland zu verkaufen
bzw. wegen ihrer landschaftlichen Eigenart den örtlich interessier-
ten Stellen in den Reichsgauen anzubieten sind, entscheidet die
«Reichskammer der bildenden Künste als Ankaufsstelle für Kultur-

gut» aufgrund eines «schriftlichen Antrags durch den jüdischen Veräußerer». Grundlage dieser Verfahrensordnung ist die «Verordnung über den Einsatz des jüdischen Vermögens vom 3. Dezember 1938».

Stalin, der bislang nur Generalsekretär der KPdSU war, wird anstelle Molotows, der Außenminister bleibt, Vorsitzender im Rat der Volkskommissare der UdSSR, also Regierungschef.

10.5. Rudolf Heß, der «Stellvertreter des Führers», fliegt – von Hitler zwar nicht befohlen, möglicherweise aber doch gebilligt oder zumindest toleriert – nach Schottland, um die Briten im gleichsam allerletzten Augenblick vor dem Beginn des Unternehmens «Barbarossa» doch noch zu einer Allianz mit dem «Dritten Reich» zu bewegen. Hintergrund und Sinn dieser Aktion sind nach wie vor umstritten. Es gibt auch eine Deutung, die diesen «Botengang eines Toren» als ein vom britischen Geheimdienst und dem Foreign Office eingefädeltes Manöver sieht, um Stalin mit der Möglichkeit eines deutsch-englischen Separatfriedens zu drohen und ihn auf diese Weise in ein Bündnis mit dem allein gegen Hitlers Deutschland kämpfenden Großbritannien zu ziehen. In Deutschland wird Heß jedenfalls zum «Geistesgestörten» (vgl. «Völkischer Beobachter» vom 13. Mai 1941) erklärt.

ab Oberst Draza Mihajlović organisiert die Partisanenarmee der
10.5. «Tschetniks», die national-serbisch und monarchisch orientiert ist.

11.5. Letzter großer Luftangriff auf London mit etwa 500 Flugzeugen, ehe große Teile der Luftwaffe (61%) an die Ostfront verlegt werden.

Hitler beschäftigt sich in seiner «Weisung Nr. 32» bereits mit den «Vorbereitungen nach Barbarossa». Etwa 60 Divisionen und eine Luftflotte würden für die «weiteren Aufgaben im Osten genügen». Dementsprechend ist sodann auch im Winter 1941 nur die Hälfte der Truppe mit entsprechender Winterausrüstung versehen. Ansonsten werde es um die «Fortsetzung des Kampfes gegen die britische Position im Mittelmeer und in Vorderasien» gehen (vgl. 17. Feb.) sowie um die Wiederaufnahme der «Belagerung Englands». Mit dieser Doppelstrategie seien «englische Kräfte im Mutterland zu binden und ein [...] sich abzeichnende[r] Zusammenbruch Englands auszulösen und zu vollenden».

12.5. Martin Bormann wird «Nachfolger» Heß' als Leiter der «Partei-Kanzlei», wie der «Stab Stellvertreter des Führers» nunmehr heißt. Am 29. Mai bekommt er darüber hinaus, wenn auch nicht den Rang, so doch «die Befugnisse eines Reichsministers; er gehört als Mitglied der Reichsregierung und dem Ministerrat für die Reichsverteidigung an».

Ein Erlaß Hitlers über die Ausübung der Kriegsgerichtsbarkeit im Gebiet des geplanten Unternehmens «Barbarossa» regelt das deutsche Vorgehen gegen die sowjetische Zivilbevölkerung: Straffreiheit bei gesetzwidrigem Vorgehen deutscher Soldaten gegen Zivilisten (es «besteht kein Verfolgungszwang, auch dann nicht, wenn die Tat zugleich ein militärisches Verbrechen oder Vergehen ist»), Ahndung von Straftaten Einheimischer durch die Besatzungsmacht ohne Gerichtsverfahren («Freischärler sind durch die Truppe im Kampf oder auf der Flucht schonungslos zu erledigen»). Völkerrechtswidriges Vorgehen wird damit scheinrechtlich abgesichert. 13.5.

Himmelfahrt und Fronleichnam werden mit «Rücksicht auf die Erfordernisse der Kriegswirtschaft» als Feiertage auf den jeweils nächstfolgenden Sonntag verlegt. Die «Aufforderung zum Ungehorsam oder Zuwiderhandlungen» gegen diese Verordnung «werden, sofern nicht die Tat nach anderen Vorschriften mit schwererer Strafe bedroht ist, mit Geldstrafe in unbeschränkter Höhe bestraft». 15.5.

Verlustreiche Eroberung Kretas durch deutsche Luftlandetruppen (Unternehmen «Merkur»): 6580 Tote und Vermißte. Es handelt sich dabei um das erste Großluftlandeunternehmen der Kriegsgeschichte. 20.5.–1.6.

Britischen Seestreitkräften gelingt die Niederkämpfung des deutschen Schlachtschiffes «Bismarck» (Eigensprengung des Wracks), nachdem die «Bismarck» zuvor (24. Mai) das größte britische Kriegsschiff, den Schlachtkreuzer «Hood» zerstört hatte. 27.5.

Carl Goerdeler formuliert einen Friedensplan für Gespräche des bürgerlich-konservativen und militärischen Widerstandes mit der englischen Regierung, der in 15 Punkten die «Grundlage von Verhandlungen» sein soll: Die Anschlüsse von Österreich, Sudetenland, Memelgebiet sollen anerkannt, Deutschland in den Grenzen von 1914 wiederhergestellt, die ehemaligen Kolonien zurückgegeben, keine Kriegsentschädigungen gezahlt werden. Diese sehr selbstbewußten Formulierungen machen es der englischen Regierung nicht eben leicht, zwischen – aus ihrer Sicht – alten Hegemo- 30.5.

nialvorstellungen des Widerstandes und dem aktuellen Problem Hitler genügend zu unterscheiden. Die Wiederherstellung des Rechtsstaates, das grundlegende Ziel auch des konservativ-bürgerlichen und militärischen Widerstandes, kommt demgegenüber nicht genügend zum Ausdruck.

31.5. Die Nürnberger Rassegesetze von 1935 (vgl. 10.–16. Sept. 1935) gelten jetzt auch in den «eingegliederten Ostgebieten».

Mai   Eine erste Stillegungswelle der Reichspressekammer trifft 550 Zeitungen (weitere Stillegungen folgen: vgl. Frühjahr 1943 und 7. Sept. 1944). Begründet wird diese Maßnahme mit Kriegserfordernissen wie der Einsparung von Papier, Druckerblei und vor allem Arbeitskräften.

Mai/ Griechenland wird in deutsche und italienische Militärverwaltungsbereiche aufgeteilt.
Juni

1./2.6. Die NSDAP-Parteizeitung «Völkischer Beobachter» wird mit dieser Ausgabe nicht mehr in Fraktur, sondern in Antiqua gedruckt.

2.6. Hitler und Mussolini treffen sich am Brenner, ohne daß Hitler seinem Verbündeten auch nur Andeutungen über den bevorstehenden Angriff auf die Sowjetunion macht.

3.6. Erst jetzt deutet Hitler dem japanischen Botschafter Oshima gegenüber den bevorstehenden Feldzug gegen die Sowjetunion an und stellt Japan eine Beteiligung frei (vgl. 27. März – 5. April).

4.6. Der ehemalige Deutsche Kaiser Wilhelm II. stirbt in seinem Doorner Exil im 83. Lebensjahr.

6.6. Der sog. «Kommissar-Befehl» des OKW (vgl. 30. März) enthält «Richtlinien für die Behandlung politischer Kommissare» der Roten Armee im bevorstehenden Ostfeldzug: Diese sind bei Gefangennahme «nach durchgeführter Aussonderung» bzw., «wenn im Kampf oder Widerstand ergriffen, grundsätzlich sofort mit der Waffe zu erledigen» (vgl. 13. Mai).
Dieser völkerrechtswidrige Befehl wird unterhalb der Armee-Ebene nur mündlich weitergegeben. Heftige Proteste veranlassen Hitler Anfang Mai 1942 zur versuchsweisen Aufhebung, «um die Neigung zum Überlaufen und zur Kapitulation eingeschlossener sowjetischer Truppen zu steigern».

In einem streng vertraulichen Rundschreiben an die Gauleiter nimmt Martin Bormann Stellung zum Verhältnis von Nationalsozialismus und Christentum: «Nationalsozialistische und christliche Auffassungen sind unvereinbar. Die christlichen Kirchen bauen auf der Unwissenheit der Menschen auf und sind bemüht, die Unwissenheit möglichst weiter Teile der Bevölkerung zu erhalten, denn nur so können die christlichen Kirchen ihre Macht bewahren. Demgegenüber beruht der Nationalsozialismus auf wissenschaftlichen Fundamenten. (...) Unser nationalsozialistisches Weltbild aber steht weit höher als die Auffassung des Christentums, die in ihren wesentlichen Punkten vom Judentum übernommen worden sind. Auch aus diesem Grunde bedürfen wir des Christentums nicht. (...) Immer mehr muß das Volk den Kirchen und ihren Organen, den Pfarrern, entwunden werden. (...) Niemals aber darf den Kirchen wieder ein Einfluß auf die Volksführung eingeräumt werden. Dieser muß restlos und endgültig gebrochen werden. (...) Ebenso wie die schädlichen Einflüsse der Astrologen, Wahrsager und sonstigen Schwindler ausgeschaltet und durch den Staat unterdrückt werden, muß auch die Einflußmöglichkeit der Kirche restlos beseitigt werden.»

Der Entwurf der «Führerweisung Nr. 32» durch den Wehrmachtführungsstab über die Strategie nach Beendigung des Unternehmens «Barbarossa» (vgl. 11. Mai) sieht weit ausgreifende Operationen gegen die britische Nahoststellung und, nach der Eroberung Gibraltars, den Aufbau einer Bastion in Nordwestafrika sowie die Besetzung der portugiesischen und spanischen Atlantikinseln vor. Dieser Entwurf wird von Hitler jedoch nicht unterzeichnet.

Vereinbarung zwischen Hitler und Antonescu in München über die Beteiligung Rumäniens am Unternehmen «Barbarossa», in das der rumänische Staatsführer eingeweiht wird.
Einige prodeutsch wirkende Gesten der Sowjetunion lassen in Großbritannien die Alarmglocken klingeln. Aus Furcht vor einem neuerlichen deutsch-sowjetischen Arrangement werden Luftangriffe auf das Erdölzentrum Baku vorbereitet.

Die sowjetische Presseagentur TASS dementiert Berichte über ebenso bedenkliche wie bedrohliche deutsche Truppenkonzentrationen an der deutsch-sowjetischen Grenze.
Roosevelt erläßt eine Verordnung, mit deren Hilfe deutsche Guthaben in den USA «eingefroren» werden können. Zwei Tage spä-

ter fordert er die Schließung sämtlicher deutscher Konsulate in den Vereinigten Staaten und die Abreise des Personals bis zum 10. Juli. Hitler legt vor seiner Generalität erneut seine Gründe für den Angriff auf die Sowjetunion dar: die Niederwerfung Rußlands werde England friedenswillig machen (vgl. 30. März).

15.6.   Kroatien tritt dem «Dreimächtepakt» bei (vgl. 27. Sept. 1940).

17.6.   Hitler erteilt den endgültigen Befehl zum Beginn des Unternehmens «Barbarossa» für den 22. Juni, 03.00 Uhr.

18.6.   Ein deutsch-türkischer Freundschaftsvertrag mit einer Laufzeit von 10 Jahren wird in Ankara abgeschlossen, der allerdings nur wirtschaftliche Auswirkungen hat. Dem deutscherseits erstrebten Kriegsbündnis versagt sich die Türkei.

21.6.   US-Außenminister Cordell Hull stellt den Japanern in den laufenden Geheimverhandlungen unannehmbare Bedingungen (Kündigung des «Dreimächtepakts», Friedensregelung mit China, «freundschaftliche Verhandlungen» über die Mandschurei, Lösung aller Probleme des Chinahandels) (vgl. 10. Juli).
Hitler unterrichtet Mussolini in einem durch Kurier übermittelten Brief von dem unmittelbar bevorstehenden Angriff auf die Sowjetunion (vgl. 2. Juni).

22.6.   Deutscher Angriff auf die Sowjetunion mit drei Vierteln des zur Verfügung stehenden Feldheeres. Rumänien und Italien schließen sich (mit Kriegserklärung) dem Ostkrieg an, Rumänien mit der Masse seiner Truppen, Italien mit einem Expeditionskorps.
Churchill begrüßt in einer Rundfunkansprache die UdSSR als Verbündeten im Kampf gegen Hitler und verspricht Hilfe.
Vier «Einsatzgruppen» von SD und Sipo (insgesamt 3000 Mann) beginnen im Rücken der Front sofort mit der systematischen Ermordung der in den eroberten Territorien lebenden Juden, kommunistischen Funktionären und anderen «unerwünschten Elementen» (Einsatzgruppe A: Baltikum; B: Weißruthenien; C: Ukraine; D: Krim) nach der Devise: «Wo der Partisan ist, ist der Jude, und wo der Jude ist, ist der Partisan.»

24.6.   Auch die Slowakei schließt sich dem deutschen Angriff auf die Sowjetunion an, während Ungarn zunächst nur die diplomatischen Beziehungen zur UdSSR abbricht, um am 27. Juni ebenfalls in den Krieg einzutreten.

Massenerschießungen von Juden in der litauischen Grenzstadt
Garsden.
Himmler erteilt Auftrag für den «Generalplan Ost» (vgl. 15. Juli).

Finnland, in dessen Norden deutsche Truppen für einen Vorstoß   26.6.
nach Murmansk bereitstehen (der am 7. September endgültig an
der Liza-Linie scheitert), tritt nur als «Waffengefährte», nicht als
Bundesgenosse, an die Seite Deutschlands.
Hirtenbrief des katholischen Episkopats über die Bedrückung der
Kirche in Deutschland und gegen die «Euthanasie»-Maßnahmen
des Staates.

Unter Josip Broz, genannt «Tito», wird vom ZK der jugoslawi-   27.6.
schen KP der «Hauptstab der Partisanenabteilung» gebildet. Am
4. Juli wird der «Volksaufstand» gegen die deutschen Besatzer
proklamiert.

Göring wird per Erlaß zu Hitlers Stellvertreter ernannt für den   29.6.
«Fall, daß ich durch Erkrankung oder andere Ereignisse in der Erfüllung meiner Aufgaben, wenn auch nur vorübergehend, verhindert bin, ohne in der Lage zu sein, über die Ausübung meiner Befugnisse (...) besondere Anweisungen zu treffen».
Zugleich bestimmt Hitler «unter Aufhebung aller bisherigen Ver-
fügungen zu meinem Nachfolger» ebenfalls Göring, der unmittelbar nach Hitlers Tod einen Eid auf seine Person durchzusetzen
hat (vgl. 23. April 1945).
Als «Beauftragter für den Vierjahresplan» erteilt Hitler Göring
alle Befugnisse, «die zur höchstmöglichen Ausnutzung der [in
den eroberten Ostgebieten] vorgefundenen Vorräte und Wirt-
schaftskapazitäten» nötig sind.
Heydrich weist die Höheren SS- und Polizeiführer an: «Den
Selbstreinigungsbestrebungen antikommunistischer oder antijü-
discher Kreise in den neu zu besetzenden Gebieten sind keine
Hindernisse zu bereiten. Sie sind im Gegenteil, allerdings spuren-
los, auszulösen, zu intensivieren, wenn erforderlich, und in die
richtigen Bahnen zu lenken, ohne daß sich diese örtlichen ‹Selbst-
schutzkreise› später auf Anordnungen oder auf gegebene politische Zusicherungen berufen können.»

Ermordung tausender Juden bei einem rumänischen Pogrom in   29./30.6.
Jassy.

1941

Juni   Unter Berufung auf Hitler befiehlt Himmler dem Kommandanten des Lagers Auschwitz, Rudolf Höß, die Schaffung von Vergasungsanlagen mit vergleichsweise großer Kapazität.

Ende   Unter anderem bei Minsk werden riesige Kriegsgefangenenlager
Juni   mit zeitweise über 100 000 Insassen gebildet.

2.7.   Der japanische Kronrat lehnt einen Eintritt in den deutsch-sowjetischen Krieg ab, beschließt jedoch die weitere Expansion nach Südasien «notfalls» unter Inkaufnahme eines Konflikts mit den Angelsachsen.

Spanien erklärt, daß seine Haltung zum deutsch-sowjetischen Konflikt «nur diejenige der entschlossensten moralischen Kriegführung» sein könne. Am Krieg will sich Franco jedoch nicht beteiligen, er sendet nur ein Kontingent Freiwilliger, die sog. «Blaue Division» (vgl. 8. Okt. 1943).

3.7.   Der Generalstabschef des Heeres, Franz Halder, notiert in sein Kriegstagebuch: «Es ist wohl nicht zuviel gesagt, wenn ich behaupte, daß der Feldzug gegen Rußland innerhalb 14 Tagen gewonnen wurde. Natürlich ist er damit noch nicht beendet. Die Weite des Raumes und die Hartnäckigkeit des mit allen Mitteln geführten Widerstandes werden uns noch viele Wochen beanspruchen.»

Stalin, jetzt auch Vorsitzender des am 30. Juni gebildeten Verteidigungskomitees der UdSSR, ruft in seiner ersten Rundfunkrede seit Beginn des deutschen Angriffs den «Großen Vaterländischen Krieg» aus und fordert die Bevölkerung zum Partisanenkampf im Rücken der deutschen Front auf.

7.7.   Das Polizeibataillon 307 erschießt in Brest-Litowsk 4000 Juden und 400 «Partisanen».

Amerikanische Truppen landen auf Island.

8.7.   Hitler erklärt seinen «feststehenden Entschluß», Leningrad und Moskau dem Erdboden gleichzumachen, «um zu verhindern, daß Menschen darin bleiben, die wir dann im Winter ernähren müßten». Er beabsichtigt eine «Volks-Katastrophe», die «nicht nur den Bolschewismus, sondern auch das Moskowitertum der Zentren beraubt».

Deutschland und Italien erklären gemeinsam das staatsrechtliche Ende Jugoslawiens.

Die erste Kesselschlacht bei Bialystok und Minsk ist beendet.
Etwa 320 000 Rotarmisten wandern in deutsche Kriegsgefangenschaft.

Der japanische Außenminister Matsuoka bezeichnet die Bedingun- 10.7.
gen der Amerikaner (vgl. 21. Juni) als Einmischung in die japanischen Angelegenheiten und lehnt weitere Verhandlungen ab.
Beim ZK der KPdSU in Moskau wird der «Stab der zentralen Par-
tisanenbewegung» aufgestellt.

Britisch-sowjetisches Übereinkommen über gemeinsames Vorge- 12.7.
hen gegen Deutschland, gegenseitige Hilfeleistung und gegen jeden Separatfrieden oder Waffenstillstand nur eines der Partner.

Weisung Hitlers, den Rüstungsschwerpunkt vom Heer auf die 14.7.
Kriegsmarine (U-Boot-Bau) und vor allem die Luftwaffe zu legen,
um nach dem bereits als sicher erwarteten Sieg über die Sowjetunion für eine Auseinandersetzung mit den angelsächsischen
Mächten entsprechend gerüstet zu sein.
Hitler schlägt dem japanischen Botschafter Oshima ein umfassendes Offensivbündnis zwischen Deutschland und Japan vor, um
«gemeinsam» die UdSSR und die USA zu «vernichten».

Der Leiter des Planungsamtes im Stabshauptamt des «Reichs- 15.7.
kommissars für die Festigung deutschen Volkstums», Konrad
Meyer-Hetling, der dazu am 24. Juni von Himmler den Auftrag
erhalten hatte, legt den Entwurf eines «Generalplans Ost» vor:
Polen, das Baltikum, Weißruthenien und Teile der Ukraine sollen
innerhalb von 30 Jahren mit Deutschen besiedelt werden. Die dort
ansässige Bevölkerung soll im wesentlichen (31 Millionen) nach
Westsibirien vertrieben werden, während 14 Millionen so ge-
nannter «Gutrassiger» bleiben dürfen.

Hitler legt im Beisein von Rosenberg, Göring, Keitel, Lammers 16.7.
und Bormann die politischen Zukunftsziele im Osten fest: u. a. ist
die Aufteilung der UdSSR in vier Reichskommissariate (Ukraine,
Ostland, Moskowien, Kaukasien) vorgesehen sowie die Eingliederung größerer Territorien (u. a. die Krim) in das Großdeutsche
Reich. Nicht zuletzt sollen die Nahrungs- und Wirtschaftsquellen
des Landes ausgebeutet werden: Zwar bahne sich «eine endgültige Regelung» erst an. Doch: «Alle notwendigen Maßnahmen –
Erschießen, Aussiedeln etc. – tun wir trotzdem und können wir
trotzdem tun (...). Uns muß dabei klar sein, daß wir aus diesen

Gebieten nie wieder herauskommen (...). Grundsätzlich kommt es also darauf an, den riesenhaften Kuchen handgerecht zu zerlegen, damit wir ihn erstens beherrschen, zweitens verwalten und drittens ausbeuten können (...). Die Bildung einer militärischen Macht westlich des Ural darf nie wieder in Frage kommen.»

Es versteht sich von selbst, daß der Inhalt dieser Ausführungen nicht an die große Glocke gehängt werden sollte: «Wesentlich sei es nun, daß wir unsere Zielsetzung nicht vor der ganzen Welt bekanntgäben; dies sei auch nicht notwendig, sondern die Hauptsache sei, daß wir selbst wüßten, was wir wollten.»

17.7.   Alfred Rosenberg wird Chef des neu gebildeten «Reichsministeriums für die besetzten Ostgebiete» und erläßt Richtlinien für deren Verwaltung.

Himmler wird mit der «polizeilichen Sicherung der neubesetzten Ostgebiete» beauftragt. Damit ist die Stellung der SS im eroberten «Lebensraum» Osteuropas von Anfang an dominierend.

Das Reichskommissariat Ostland umfaßt Litauen, Lettland, Estland und den von Weißruthenen bewohnten Raum. Es wird unter Gauleiter Hinrich Lohse mit Dienstsitz in Riga gebildet, während das Reichskommissariat Ukraine unter Gauleiter Erich Koch erst am 20. August errichtet wird.

18.7.   Stalin fordert in einem Telegramm an Churchill die Errichtung einer zweiten Front im Westen oder Norden Europas.

20.7.   Juden erhalten grundsätzlich keine Entschädigung für entstandene Kriegsschäden.

20./21.7.   Himmler ordnet den Bau eines großen Konzentrationslagers in Lublin-Majdanek an (vgl. Okt.).

22.7.   Hitler äußert sich gegenüber dem kroatischen Verteidigungsminister Kvaternik über sein Vorhaben, die Juden aus Europa zu entfernen: «Wohin man die Juden schicke, nach Sibirien oder nach Madagaskar, sei gleichgültig.» Wenn aber auch «nur ein Staat aus irgendwelchen Gründen eine jüdische Familie bei sich dulde, so würde diese der Bazillusherd für eine neue Zersetzung werden. Gäbe es keine Juden mehr in Europa, so würde die Einigkeit der europäischen Staaten nicht mehr gestört werden.»

25.7.   Hitler faßt ein «scharfes Vorgehen auch gegen die USA» für die Zeit nach dem Abschluß des Unternehmens «Barbarossa» ins Auge.

Harry Hopkins, ein Vertrauter Präsident Roosevelts, verhandelt in Moskau über Möglichkeiten amerikanischer Hilfe für die Sowjetunion.

Heydrich wird mit einem offiziellen Ermächtigungsschreiben von Göring im Namen des «Führers» beauftragt, unter Beteiligung der dafür in Frage kommenden deutschen Zentralinstanzen «alle erforderlichen Vorbereitungen in organisatorischer, sachlicher und materieller Hinsicht zu treffen für eine Gesamtlösung der Judenfrage im deutschen Einflußbereich in Europa». **31.7.**

Im Warschauer Ghetto liegt die monatliche Sterberate bei 4000–5000 Menschen. seit Juli

Ostgalizien, das bis 1939 polnisch, danach sowjetisch war, wird ins «Generalgouvernement» eingegliedert, während der Bezirk Bialystok der Zivilverwaltung des Oberpräsidenten von Ostpreußen, Gauleiter Erich Koch, unterstellt wird. **1.8.**
Als Reaktion auf die Besetzung Süd-Indochinas durch die Japaner (25. Juli) verkünden die Vereinigten Staaten von Amerika ein Öl- und Flugbenzin-Embargo gegen alle «Aggressoren» , das Japan hart trifft, nachdem schon am 26. Juli die japanischen Guthaben in den USA und in Großbritannien gesperrt worden waren.

Beginn amerikanischer Materiallieferungen an die UdSSR. **2.8.**

Bischof Clemens August Graf von Galen predigt in Münster gegen die Ermordung Geisteskranker im Rahmen der sog. «Euthanasie»-Maßnahmen. Der Text seiner Predigt wird in zahlreichen Abschriften weiterverbreitet. **3.8.**
Neben von Galen protestieren zahlreiche weitere Geistliche aller Konfessionen.

Von militärischen Widerstandskreisen werden Pläne entwickelt, Hitler bei einem Truppenbesuch im Mittelabschnitt der Ostfront festzunehmen. **4.8.**

Mit dem Ende der dreiwöchigen Kesselschlacht bei Smolensk geraten weitere rund 310000 Rotarmisten in deutsche Kriegsgefangenschaft. **5.8.**

Eine SS-Kavalleriebrigade ermordet in Pinsk ca. 7000 Juden. **5.–8.8.**

6.8. Ein Erlaß des OKH regelt die Verpflegung sowjetischer Kriegsgefangener. Da die UdSSR dem Abkommen über die Behandlung der Kriegsgefangenen vom 27. Juli 1929 nicht beigetreten sei, «besteht auch nicht die Verpflichtung, den sowjetischen Kriegsgefangenen eine diesem Abkommen hinsichtlich Menge und Güte entsprechende Verpflegung zu gewähren».

7.8. Stalin erklärt sich zum Oberbefehlshaber der Roten Armee.

8.8. Die japanische Regierung schlägt ein Treffen zwischen US-Präsident Roosevelt und dem japanischen Premierminister Konoye vor. Die wochenlangen Verhandlungen, die sich anschließen, scheitern an den amerikanischen Vorbedingungen (vgl. 10. Juli).

11.8. Halder vertraut seinem Tagebuch folgende Einschätzung an: «In der gesamten Lage hebt sich immer deutlicher ab, daß der Koloß Rußland, der sich bewußt auf den Krieg vorbereitet hat, mit der ganzen Hemmungslosigkeit, die totalitären Staaten eigen ist, von uns unterschätzt worden ist.»

14.8. Verkündung der «Atlantik-Charta» durch Roosevelt und Churchill, die sich vom 9.–12. August auf Kriegsschiffen in der Argentia-Bucht (Neufundland) zu Gesprächen getroffen haben: Ablehnung aller territorialen Veränderungen ohne freie Zustimmung der betroffenen Völker und das Recht aller Völker, sich diejenige Regierungsform zu wählen, unter der sie leben wollen.

16.8. Beginn der vollständigen Ausrottung der litauischen Juden, zunächst in den ländlichen Gebieten, ab September aber auch in Wilna.

18.8. Durch Zufall war eine Aufnahme des Schlagers «Lili Marleen» mit Lale Andersen in das zunächst schmale Repertoire des deutschen Soldatensenders Belgrad geraten. Die überwältigende Resonanz führt dazu, daß das Lied täglich um 21.57 Uhr ausgestrahlt wird. Goebbels empfindet Text und Musik als «morbide», als «Schnulze mit Totentanzgeruch». Nach Stalingrad als «unerwünscht» unterdrückt, senden es mittlerweile auch alliierte Rundfunksender in englischer und französischer Version.

24.8. Nach zahlreichen öffentlichen Protesten wird das sog. «Euthanasieprogramm» offiziell angehalten, tatsächlich aber lediglich unterbrochen und unter größerer Geheimhaltung in vielen Anstal-

ten medikamentös oder durch so genannte «Hungerkost» fortgesetzt. Ohnehin von der Einstellung unberührt bleiben die Kinder-
»Euthanasie» und die Aktion «14 f 13», bei der geisteskranke
oder arbeitsunfähige KZ-Insassen ermordet werden (vgl. April).

Sowjetische und britische Truppen marschieren in den neutralen   25.8.
Iran mit der Begründung ein, «den Versuch der Achsenmächte,
Iran unter Kontrolle zu stellen», abwehren zu wollen. Der Iran
wird neben dem Pazifik und der Murmansk-Archangelsk-Route
im hohen Norden zur Hauptverbindungsroute für alliierte Hilfs-
lieferungen an die Sowjetunion.

Eine von Hitler gebilligte Denkschrift des OKW stellt fest, daß   26.8.
der Feldzug gegen die UdSSR im Jahre 1941 nicht mehr zu beenden ist. Die vorgesehenen Operationen gegen die britischen Nah-
ostpositionen etc. müssen deshalb auf 1942 verschoben werden.

In Kamenez-Podolsk (Ukraine) werden durch den Stab des Höhe-   27.–29.8
ren SS- und Polizeiführers Rußland-Süd, Friedrich Jeckeln, und
das Polizeibataillon 320 etwa 23 700 Juden umgebracht.

In Auschwitz beginnt die Massenvernichtung von Juden durch   Anfang
Gas.   Sept.

Eine Polizeiverordnung, die zum 19. September in Kraft tritt,   1.9.
führt den «Judenstern» im Deutschen Reich ein. Den «fest aufge-
nähten» gelben Stern müssen alle Juden ab sechs Jahren auf der
linken Brustseite der Kleidung tragen. Gleichzeitig ist es Juden
verboten, ohne schriftliche Erlaubnis der Ortspolizeibehörde
«den Bereich ihrer Wohngemeinde zu verlassen» sowie «Orden,
Ehrenzeichen und sonstige Abzeichen zu tragen».
Reichserziehungsminister Rust verfügt durch Runderlaß, daß
künftig an allen deutschen Schulen nur noch eine einzige Schrift,
die «Deutsche Normalschrift» gelehrt werden soll. Die sog.
«deutsche» Schrift, die neben der sog. «lateinischen» im Schreib-
und Leseunterricht Verwendung gefunden habe, solle nach einer
gewissen Übergangszeit ganz verschwinden (vgl. 16. Juli 1934).

Eine Strafrechtsnovelle sieht die Todesstrafe für «Gewohnheits-   4.9.
verbrecher» und Sittlichkeitsverbrecher vor, soweit «der Schutz
der Volksgemeinschaft oder das Bedürfnis nach gerechter Sühne
es erfordert». Gleichzeitig werden die Strafvorschriften bei «Wu-
cher» verschärft.

1941

5./6.9.   600 sowjetische Kriegsgefangene und 300 andere Häftlinge werden im KZ Auschwitz mit dem Giftgas Zyklon B ermordet.

6.9.   Der japanische Kronrat beschließt die Kriegseröffnung gegen die USA und Großbritannien, sofern die Geheimverhandlungen mit den USA nicht bis zum 10. Oktober zu einem befriedigenden Ergebnis führen sollten. Am 18. Oktober hebt Kaiser Hirohito diesen Beschluß vorerst auf und läßt nach dem Rücktritt des Kabinetts Konoye der neuen Regierung unter dem bisherigen Kriegsminister General Tojo freie Hand zur Überprüfung der japanischen Politik (vgl. 5. Nov.).

8.9.   Leningrad ist fast vollständig von deutschen Truppen eingeschlossen. Nur über den Ladoga-See ist eine notdürftige Versorgung der Stadtbewohner möglich. Hitler befiehlt die Aushungerung der Stadt.

9.9.   In Griechenland wird die Widerstandsbewegung EDES gegründet, die mit der am 27. September gebildeten linken EAM rivalisiert.

10.9.   Ist eine Gefängnisstrafe von mindestens neun Monaten zur Ahndung der Tat eines Jugendlichen geboten, «und läßt sich wegen der darin zutage getretenen schädlichen Neigungen des Jugendlichen nicht voraussehen, welche Strafdauer erforderlich ist, um ihn durch die Erziehung im Strafvollzug wieder in die Volksgemeinschaft eingliedern zu können, so verhängt der Richter Gefängnis von unbestimmter Dauer». Dieser Verordnung gilt rückwirkend ab dem 1. September.

In seiner Tischrunde im Führerhauptquartier äußert Hitler erneut seine seit den zwanziger Jahren bekannte Ansicht, den Entscheidungskampf des Großdeutschen Reiches mit den USA künftigen Generationen vorzubehalten. Zugleich läßt er nicht von seiner Vision eines deutsch-englischen Zusammengehens: «Ich werde es nicht mehr erleben, aber ich freue mich für das deutsche Volk, daß es eines Tages mit ansehen wird, wie England und Deutschland vereint gegen Amerika antreten. Deutschland und England werden wissen, was eines vom anderen zu erwarten hat. Wir haben dann den rechten Bundesgenossen gefunden.»

11.9.   Roosevelt erläßt einen «Schießbefehl» (shoot-on-sight-order) gegen deutsche und italienische Kriegsschiffe, die sich in Seegebieten bewegen, deren «protection (...) is necessary for American defense». Der Jüdische Kulturbund wird von der Gestapo verboten.

Das «Vorhaben Peenemünde», die Entwicklung von Raketenwaffen, erhält die Sonderdringlichkeitsstufe. — 15.9.

OKW-Chef Generalfeldmarschall Wilhelm Keitel erläßt den Befehl, für jeden hinterrücks getöteten deutschen Soldaten 50–100 Geiseln zu erschießen. — 16.9.

Kardinal Adolph Bertram (Breslau) befürwortet in einem Schreiben an alle Diözesen die Beibehaltung von gemeinsamen Gottesdiensten mit katholischen «Nichtariern». — 17.9.

Entscheidung Hitlers zur Deportation der Juden aus dem Reich. — ca. 17.9.

Wollen Juden mit öffentlichen Verkehrsmitteln fahren, bedürfen sie dazu einer speziellen Erlaubnis. — 18.9.

Einführung des «Judensterns» (vgl. 1. Sept.). — 19.9.

Eroberung Kiews und Abschluß der großen Kesselschlacht ostwärts Kiew: 665 000 Rotarmisten werden gefangengenommen. — 19.–26.9.

Reinhard Heydrich wird vertretungsweise mit der Führung der Geschäfte des Reichsprotektors im «Protektorat Böhmen und Mähren» betraut, da der eigentliche Reichsprotektor Konstantin von Neurath wegen «Erkrankung» dringend der Erholung bedürfe. Hintergrund dieses Wechsels ist Hitlers Vorwurf, von Neurath gehe «zu mild» mit den Tschechen um (formell wurde von Neurath erst im August 1943 abgelöst). Heydrich entfaltet umgehend ein blutiges Regiment, bis zum 14. Oktober werden im Rahmen des «zivilen Ausnahmezustandes» 191 Hinrichtungen durchgeführt. — 27.9.

Das Sonderkommando 4a und die Polizeibataillone 45 und 314 ermorden etwa 34 000 Kiewer Juden in Babi Yar. Im Abschlußbericht des Kommandos vom 3. November heißt es: «Obwohl man zunächst nur mit einer Beteiligung von etwa 5000 bis 6000 Juden gerechnet hatte, fanden sich über 30 000 Juden ein, die infolge einer überaus geschickten Organisation bis unmittelbar vor der Exekution noch an ihre Umsiedlung glaubten.» — 28.–30.9.

Großangelegte Selektionen unter sowjetischen Kriegsgefangenen; besonders Juden, Politoffiziere und außereuropäische Bevölkerungsgruppen werden isoliert und z.T. ermordet. — Sept.

1941

2.10.–   Letzte große Offensive gegen Moskau (Unternehmen «Taifun»),
5.12.   die nach großen Raumgewinnen Anfang Dezember nicht zuletzt
          wegen des Wintereinbruchs ins Stocken gerät.

3.10.   In seiner Rede zur Eröffnung des Winterhilfswerks behauptet Hitler,
          die Sowjetunion sei geschlagen, sie werde «sich nie mehr erheben».
          Am 9. Oktober erklärt auch Reichspressechef Dietrich, daß «die
          militärische Entscheidung im Osten gefallen» und Rußland «erle-
          digt» sei.
          Verordnung über die Zwangsarbeit der jüdischen Bevölkerung
          Deutschlands: sie stehe «in einem Beschäftigungsverhältnis eige-
          ner Art». Die Einzelheiten regelt eine weitere Verordnung vom 31.
          Oktober, die im Grunde nur zusammenstellt, welche Rechte und
          Bestimmungen für Juden nicht gelten.

7.10.   Hitler verbietet die Annahme der Kapitulation Moskaus, am 14.
          Oktober folgt ein OKH-Befehl, Moskau eng einzuschließen.

8.10.   Mit der Errichtung des späteren Vernichtungslagers Auschwitz
          (II)-Birkenau wird begonnen (vgl. 1. März).

10.10.   Generalfeldmarschall Walter von Reichenau (Armeeoberkom-
          mando 6) erläßt einen grundsätzlichen Befehl über das «Verhal-
          ten der Truppe im Ostraum». Es werde ein «Weltanschauungs-
          krieg» gegen das «jüdische Untermenschentum» geführt. Mit
          drakonischen Maßnahmen müsse «1. die völlige Vernichtung der
          bolschewistischen Irrlehre, des Sowjet-Staates und seiner Wehr-
          macht, 2. die erbarmungslose Ausrottung artfremder Heimtücke
          und Grausamkeit» herbeigeführt werden.

12.10.   In Stanislau in Ostgalizien werden 12 000 Juden ermordet: Beginn
          des Massenmords im «Generalgouvernement».

13.10.   Ermordung von 11 000 Juden in Dnjepropetrowsk durch das Po-
          lizeibataillon 314.

14.10.   Die Deportation von Juden aus dem Reichsgebiet in die Ghettos
          Kowno/Kaunas, Lodz, Minsk und Riga wird befohlen (vgl. 24.
          Okt.). Diese Transporte laufen bis in den Januar 1942.

16.10.   Außer Stalin verlassen die sowjetische Regierung und das diplo-
          matische Korps Moskau. Am 19. Oktober ruft Stalin in Moskau
          den Belagerungszustand aus.

Die seit dem 2. Oktober tobende Doppelschlacht bei Wjasma und 20.10.
Brjansk endet mit der Gefangennahme von ca. 673 000 sowjetischen Soldaten. Dann setzt mit Regen und erstem Schneefall die
herbstliche Schlammperiode ein.

In Nantes werden für die Ermordung eines deutschen Offiziers 50 21.10.
französische Geiseln erschossen.
Als Repressalie gegen Partisanentätigkeiten werden von Wehr-
macht- und Polizeieinheiten Massenexekutionen in Jugoslawien
durchgeführt: mindestens 2300 Menschen sterben in Kragujevac,
2100 in Kraljevo.

Jeder Partner einer zukünftigen Ehe hat ab dem 1. Dezember zuvor 22.10.
eine sog. «Eheunbedenklichkeitsbescheinigung» des zuständigen
Gesundheitsamtes vorzulegen, aus der hervorgeht, daß aufgrund
der Vorschriften des «Gesetzes zum Schutze der Erbgesundheit des
deutschen Volkes» vom 18. Oktober 1935 keine Bedenken gegen
das Eingehen dieser Ehe bestehen.

Deutsche Staatsangehörige «jüdischer Rasse» dürfen nicht mehr 23.10.
auswandern.
Rumänische Einheiten ermorden mindestens 19 000 Juden aus
Odessa.

Beginn systematischer Judendeportationen aus dem Deutschen 24.10.
Reich nach Osten.

Einrichtung des KZ Lublin-Majdanek (vgl. 20./21. Juli). Okt.

Massensterben sowjetischer Kriegsgefangener: durch Hunger Okt./
und Kälte sterben bis Februar 1942 über zwei Millionen Rotarmi- Nov.
sten.

Baubeginn des Vernichtungslagers Belzec. 1.11.

Der japanische Kronrat beschließt, den USA noch zwei Vor- 5.11.
schläge zu einer Übereinkunft zu unterbreiten. Sollte aber bis zum
25. November keine Einigung erzielt werden, werde der Krieg als
unvermeidbar angesehen und durch einen japanischen Angriff
ausgelöst werden (vgl. 6. Sept.).

Sicherheitspolizei und die Polizeibataillone 96, 315 und 320 er- 5./6.11.
morden 15 000 Juden in Rowno (Ukraine).

1941

6.11.   Hitler ermächtigt Reichsinnenminister Frick, eine «nachträgliche Eheschließung von Frauen mit gefallenen oder im Felde verstorbenen Wehrmachtangehörigen anzuordnen, wenn nachweisbar die ernstliche Absicht, die Ehe einzugehen, bestanden hat». Diese Anordnung soll allerdings nicht veröffentlicht werden (vgl. 17. Okt. 1942).

13.11.   Der amerikanische Kongreß ändert das Neutralitätsgesetz: amerikanische Handelsschiffe dürfen vom 18. November an die Kriegszone befahren und werden bewaffnet.

15.11.   Ein «Erlaß des Führers» regelt die «Reinhaltung von SS und Polizei». Um diese von «gleichgeschlechtlich veranlagten Schädlingen» freizuhalten, gilt für Angehörige der SS und der Polizei anstelle der §§ 175 und 175a des Strafgesetzbuches folgende Regelung: «Ein Angehöriger der SS und Polizei, der mit einem anderen Mann Unzucht treibt oder sich von ihm zur Unzucht mißbrauchen läßt, wird mit dem Tode bestraft.»

15.–17.11. Nach dem Abklingen der Schlamm- und dem Einsetzen der Frostperiode beginnt die zweite Phase der Schlacht um Moskau (vgl. 2. Okt.). Die Heeresgruppe Mitte kann sich bis auf 30–50 Kilometer an die Stadt herankämpfen. Doch bringen Temperaturen von minus 30 Grad jeden weiteren Vormarsch der ausgezehrten und völlig unterversorgten deutschen Truppen zum Erliegen.

16.11.   Deutsche Truppen erobern die Krim mit Ausnahme der Festung Sewastopol.

17.11.   Selbstmord des Generalluftzeugmeisters Generaloberst Ernst Udet aus Verzweiflung über die Fehlentwicklung der deutschen Luftwaffe. Sein Rüstungskonzept (Jäger, Stukas, leichte Bomber) hatte sich zu Kriegsbeginn bewährt, konnte aber die nie angekündigten Aufgaben eines Rußlandkrieges nicht erfüllen. Den massiven Anschuldigungen Hitlers und Görings (vor allem wegen des Scheiterns der Luft-Schlacht um England) entzog er sich mit dem offiziell als Unglücksfall «bei der Erprobung einer neuen Waffe» bemäntelten Freitod.

18.11.   Britische Gegenoffensive in Nordafrika nach monatelanger Kampfpause, die einem für den 23. November geplanten deutschen Angriff auf Tobruk zuvorkommt. Rommel zieht sich mit seinen Einheiten aus der Cyrenaika zurück in die Marsa-el-Brega-Stellung.

Hitlers Resignation über den stockenden Vormarsch im Osten findet ihren Ausdruck in der «Erkenntnis, daß die beiden Feindgruppen sich nicht vernichten können». Gleichwohl legt er als Angriffsziel für 1942 den Kaukasus und die Südgrenze der UdSSR fest.

Die japanischen Unterhändler in Washington übergeben ihren unumstößlich letzten Verhandlungsvorschlag an die US-Regierung. Aufgrund des entschlüsselten japanischen Codes ist dieser der Ernst der Lage bewußt (vgl. 5. u. 25. Nov.).

Die ersten Arbeitskommandos treffen in Theresienstadt in Böhmen ein, wo ein «Reichsghetto» für bestimmte Gruppen von Juden aus dem Deutschen Reich und dem «Protektorat Böhmen und Mähren» eingerichtet werden soll. Theresienstadt wird als «Altersghetto» oder «Vorzugslager» für Juden über 65 und Kinder unter 14 Jahren deklariert. Hinter verharmlosenden Angaben wie «Wohnsitz-Verlegung» mit fingierten Altersheim-Verträgen «auf Lebenszeit» verbirgt sich nichts anderes als die «Überstellung» in eine Durchgangsstation für ein Vernichtungslager (vgl. Juni 1942; 30. Okt. 1944; 7. Mai 1945).

Die Strafen für verbotenen Handel mit Bezugsscheinen (Lebensmittelmarken etc.) werden verschärft.
Die Universität Straßburg wird als Reichsuniversität wieder ins Leben gerufen.
Die «Elfte Verordnung zum Reichsbürgergesetz» bietet die perfide Möglichkeit, jüdische Vermögen «legal» zu beschlagnahmen, «a) wenn er [der Jude] beim Inkrafttreten dieser Verordnung seinen gewöhnlichen Aufenthalt im Ausland hat, mit Inkrafttreten der Verordnung, b) wenn er seinen gewöhnlichen Aufenthalt später im Ausland nimmt, mit der Verlegung des gewöhnlichen Aufenthalts ins Ausland». Denn mit diesem «Auslands-Aufenthalt» verliert er automatisch die deutsche Staatsangehörigkeit. Mit dem Verlust der Staatsangehörigkeit jedoch «verfällt (...) das Vermögen des Juden (...) dem Reich». Im zynischen Jargon der Zeit nannte man das «bürgerlicher oder juristischer Tod».
Roosevelt entschließt sich zum Abbruch der amerikanisch-japanischen Verhandlungen und läßt am folgenden Tag durch seinen Außenminister Cordell Hull eine für Japan praktisch unannehmbare 10-Punkte-Note übergeben (vgl. 20. Nov.).

1941

25./26.11. Konferenz der Mitglieder des Antikominternpaktes in Berlin. Während Reichsaußenminister von Ribbentrop erklärt, der «russische Koloß» sei zertrümmert, treten Dänemark, Bulgarien, Finnland, Rumänien, die Slowakei und «National-China» dem Pakt bei.

25./29.11. Erste Massenerschießungen von Juden aus dem Reich. Es fallen ihnen rund 5000 Menschen in Kowno/Kaunas (Litauen) zum Opfer.

26.11. Endgültiges Scheitern der amerikanisch-japanischen Verhandlungen über einen modus vivendi im pazifischen Raum (vgl. 25. Nov.). Das in der Hitokappu-Bucht ankernde japanische Angriffsgeschwader für Pearl Harbor läuft aus und marschiert elf Tage lang bei völliger Funkstille in die Angriffsposition.

27.11. Als Hitler erkennen muß, daß sein «improvisierter Gesamtkriegsplan» (vgl. 31. Juli 1940) gescheitert ist, bricht sich in harten Worten die sozialdarwinistische Logik seiner Politik Bahn: «Wenn das deutsche Volk einmal nicht mehr stark und opferbereit genug sei, sein eigenes Blut für seine Existenz einzusetzen, so soll es vergehen und von einer anderen, stärkeren Macht vernichtet werden. Es verdient dann nicht diesen Platz, den es sich heute errungen habe.»

28.11. Ohne Kenntnis über den Stand der amerikanisch-japanischen Verhandlungen sagt Reichsaußenminister von Ribbentrop dem japanischen Botschafter Oshima deutsche militärische Unterstützung für den Fall eines Krieges mit den USA zu (vgl. 26. Nov.).

28.11.– In diesen Tagen entschließt sich Hitler zum Krieg gegen die USA.
4.12. Zum einen bannt er damit die Gefahr einer japanisch-amerikanischen Annäherung. Zum zweiten will er unverzüglich nach dem Kriegseintritt der Vereinigten Staaten diese mit einer zweiten Front belasten, damit sie die Japaner nicht zu rasch besiegen und dann ihre ganze Kraft gegen Deutschland wenden können.

29.11. Fritz Todt, Reichsminister für Bewaffnung und Munition, fordert Hitler auf, den Krieg politisch zu beenden, da er rüstungswirtschaftlich verloren sei.

29.11.– Bei Riga werden neben 27 000 lettischen auch 1000 Berliner Juden erschossen.
9.12.

Die Widerstandsgruppe um Carl Goerdeler versucht mit der amerikanischen Regierung in Kontakt zu kommen.

Generalfeldmarschall Fedor von Bock, Oberbefehlshaber der Heeresgruppe Mitte im Osten, meldet, daß der Zeitpunkt «sehr nahe rückt..., in dem die Kraft der Truppe erschöpft ist». Es wird ihm daraufhin nahegelegt, aus «Erholungsgründen» einen längeren Urlaub anzutreten.

Auch die allgemeine Stimmung im Deutschen Reich droht umzuschlagen, als Nachrichten über die völlig unzureichende Winterbekleidung des Ostheeres bekannt werden. An der schlechten Stimmung kann auch die von Goebbels hastig eingeleitete Sammlung von wärmender Kleidung nichts mehr ändern.

Der japanische Kronrat trifft die endgültige Entscheidung über einen Krieg gegen die Vereinigten Staaten von Amerika, Großbritannien und die Niederlande (vgl. 26. Nov.).

Der Befehl des «Führers» zur «Vereinfachung und Leistungssteigerung der Rüstungsproduktion» fordert Rationalisierungsmaßnahmen in der Fertigung: «Grundsätzlich ist der *Zweckmäßigkeit*, der leichten Herstellbarkeit sowie dem *Einsparen an Material* der Vorrang zu geben gegenüber einer im Kriege nicht zu verantwortenden Schönheit oder sonstigen überspannten, durch die Kriegsverwendung nicht bedingten Anforderungen.»

Für Polen und Juden in den eingegliederten polnischen Gebieten wird ein Sonderstrafrecht erlassen. Schon die Aufforderung zum Ungehorsam gegen eine von den deutschen Behörden erlassene Verordnung oder Anordnung kann mit dem Tode bestraft werden: «Auf Todesstrafe wird erkannt, wo das Gesetz sie androht. Auch da, wo das Gesetz Todesstrafe nicht vorsieht, wird sie verhängt, wenn die Tat von besonders niedriger Gesinnung zeugt.»

Beistandszusage Hitlers an Japan in Unkenntnis der tatsächlichen Lage im Pazifik (vgl. 26. u. 28. Nov. u. 1. Dez.).

Der Oberbefehlshaber des Heeres, Generalfeldmarschall von Brauchitsch, reicht sein Abschiedsgesuch ein.

«Winterkrise» vor Moskau und Beginn der sowjetischen Gegenoffensive mit für den Winter ausgerüsteten und ausgeruhten Truppen.

1941

7.12.   Japanischer Angriff auf den Hauptstützpunkt der US-Pazifikflotte Pearl Harbor und Offensive gegen die südostasiatischen Besitzungen der USA, Großbritanniens und der Niederlande (vgl. 26. Nov.).

Der sog. «Nacht- und Nebel-Erlaß» für die besetzten nord- und westeuropäischen Länder außer Dänemark regelt die Bestrafung von Delikten gegen Deutsche durch Verbringung nach Deutschland und heimliche Einweisung in ein KZ, sofern mit dem Ausbleiben eines Todesurteils durch ein Wehrmachtgericht zu rechnen ist: «Deutschen und ausländischen Dienststellen ist auf Fragen nach solchen Tätern zu erklären, sie seien festgenommen worden, der Stand des Verfahrens erlaube keine weiteren Mitteilungen.»

8.12.   Hitler befiehlt mit seiner «Weisung Nr. 39», an der gesamten Ostfront zur Verteidigung in kräftesparenden Fronten überzugehen.

Die Sowjetunion erklärt, daß sie ihr Verhältnis zu Japan (Neutralitätsvertrag vom 13. April) durch den Pazifik-Krieg nicht als verändert betrachtet.

Bei einem Besuch Edens in Moskau fordert Stalin für die Zukunft die Curzon-Linie als Grundlage für eine sowjetisch-polnische Grenzregelung. Ostpreußen sei an Polen zu übergeben.

Beginn der Ermordung von Juden durch Vergasung in sog. «Gaswagen» im Vernichtungslager Kulmhof (Chelmno).

9.12.   Tschungking-China (Chiang Kai-shek) erklärt dem Deutschen Reich den Krieg.

9./10.12.   Zeitgleicher Protest von Kardinal Bertram im Auftrag der Katholischen deutschen Bischofskonferenz und des evangelischen Bischofs Theophil Wurm im Namen der evangelischen Kirchenführerkonferenz gegen die «Bedrückung der Kirche» und die Ermordung von Insassen von Heil- und Pflegeanstalten.

10.12.   Britischer Entsatz von Tobruk (Rückeroberung der Cyrenaika bis zum 12. Januar 1942) (vgl. 18. Nov.).

11.12.   Kriegserklärung Deutschlands und Italiens an die USA, nachdem die USA am 8. Dezember Japan als Reaktion auf den japanischen Überfall auf Pearl Harbor den Krieg erklärt hatten.

In einem Abkommen verpflichten sich Deutschland, Italien und Japan, «ohne volles gegenseitiges Einverständnis weder mit den Vereinigten Staaten von Amerika noch mit England Waffenstillstand oder Frieden zu schließen» (vgl. 28. Nov. – 4. Dez.).

Juden dürfen öffentliche Telephone nicht mehr benutzen.

Die Einsatzgruppe D ermordet in Simferopol auf der Krim 12 000 Juden.

13. –
15.12.

Hitler fordert die deutschen Soldaten der Ostfront zu «fanatischem Widerstand» auf und verbietet jede operative Rückzugsbewegung. Die erreichten Linien sind in «Igelstellungen» starr zu verteidigen, die Truppe soll sich in den metertief gefrorenen Boden «einkrallen».

16.12.

Hitler entläßt den schwer herzkranken Feldmarschall Walther von Brauchitsch (vgl. 5. Dez.) und übernimmt auch noch den Oberbefehl über das Heer: «Das bißchen Operationsführung kann jeder machen. Die Aufgabe des Ob. d. H. ist es, das Heer nationalsozialistisch zu erziehen. Ich kenne keinen Gen. d. H., der diese Aufgabe in meinem Sinne erfüllen könnte.»

19.12.

In den rumänischen Internierungslagern Bogdanovka und Domanevka in Transnistrien werden von rumänischer Gendarmerie, volksdeutschem Selbstschutz und ukrainischer Hilfspolizei rund 70 000 Juden umgebracht.

21.12.

Erste Washingtoner Konferenz zwischen Roosevelt und Churchill («Arcadia»), Bildung des gemeinsamen «Combined Chiefs of Staff Committee» mit Sitz in Washington. Die «Germany first»-Strategie soll trotz Pearl Harbor weiterverfolgt werden.

22.12.41 –
14.1.42

Hitler befiehlt eine bessere Ernährung und die Beseitigung der Fleckfiebergefahr für diejenigen sowjetischen Kriegsgefangenen, die in der deutschen Rüstungs- und Kriegswirtschaft einsetzbar sind und dringend gebraucht werden. «Die Zuführung aller geeigneten Kr. Gef. an die Rüstungsindustrie ist damit vordringlichste Aufgabe geworden. Alle übrigen Ansprüche, soweit sie nicht unmittelbar der fechtenden Truppe zugute kommen, müssen daher zurückgestellt werden.»

24.12.

Hitler gibt einen Befehl an das Ostheer heraus, in dem er die Notwendigkeit der Verteidigung bis zum Letzten betont und «Richtlinien für die Kampfführung» gibt.

28.12.

Im Umkreis des Generalfeldmarschalls von Witzleben gibt es Überlegungen, an der Westfront einen Umsturzversuch zu wagen.

Dez.

1.1. 26 Nationen, die sich im Krieg mit Deutschland, Italien und Japan befinden, unterzeichnen die «Erklärung der Vereinten Nationen»: Kein Sonderfrieden, Bekenntnis zur «Atlantik-Charta» (vgl. 14. Aug. 1941), Bereitstellung aller nur möglichen Hilfsmittel, die zum «Sieg über den Hitlerismus» beitragen können.

3.1. «Wie man die USA besiege, wisse er noch nicht», äußert sich Hitler gegenüber dem japanischen Botschafter Oshima.

5.1. In Lageberichten des SD werden Stimmen aus der Bevölkerung zusammengetragen, die sich über die viel zu späte Sammlung von Wintersachen für Soldaten an der Ostfront kritisch äußern.

6.1. US-Präsident Roosevelt nennt die «Zerschmetterung des deutschen Militarismus» als Kriegsziel der Vereinigten Staaten von Amerika.

8.1. Generaloberst Erich Hoepner, Oberbefehlshaber der 4. Panzer-Armee, der seine völlig erschöpften Truppen auf eigene Verantwortung in die «Winterstellung» zurückgenommen hatte, wird von Hitler seines Postens enthoben und «wegen Feigheit und Ungehorsam» aus der Wehrmacht ausgestoßen.

10.1. Der Rüstungsschwerpunkt wird wieder auf die Heeresbewaffnung verlegt (vgl. 14. Juli 1941). Der «Ausbau der Luftwaffe und Kriegsmarine zum Kampf gegen die angelsächsischen Mächte» fällt in den Rang einer «Zielsetzung auf weite Sicht» zurück. Vermehrt soll auch Beutegerät zum Einsatz kommen.

13.1. In der deutschen Presse und Propaganda soll nach einer Anweisung Goebbels' nicht mehr von Angelsachsen gesprochen werden, sondern «nur noch von der englisch-amerikanischen Plutokratie». Der Begriff ‹Angelsachse› erinnere «zu sehr an die deutsche Abstammung» und eigne sich «in diesen Zeiten nicht als Begriff für unsere Feinde».

bis 13.1 In Charkow werden durch das Sonderkommando 4a etwa 12000 Juden ermordet.

14.1. Die «Arcadia-Konferenz» zwischen Churchill und Roosevelt unter Beteiligung der Stabschefs endet mit der strategischen Grundentscheidung, die alliierte Kriegführung auf Europa und Deutschland zu konzentrieren und im Pazifik vorerst in die Defensive zu gehen. Bildung des «Combined Chiefs of Staff Committee» mit Sitz in Washington, welches in den folgenden Jahren die Grundzüge der britisch-amerikanischen Kriegführung festlegt.

Beginn der Deportationen aus dem Ghetto Lodz in das Vernichtungslager Chelmno (Kulmhof). Zunächst werden die burgenländischen Roma, ab dem 4. Mai auch Juden aus dem Reich dorthin verschleppt und ermordet. 16.1.

Hitler ernennt einen «Generalinspektor für das Kraftfahrwesen», weil es sich «als nötig erwiesen [hat], daß ich über alle für die Kriegführung wichtigen Fragen des Kraftfahrwesens mehr als bisher schnell und eingehend auf unmittelbarem Wege unterrichtet werde, um sofort die durch die Kriegslage gebotenen Anordnungen geben oder veranlassen zu können».

In einer «Anordnung des Führers» wird die Benutzung von PKW stark eingeschränkt. Sie ist nur noch erlaubt «zur Erfüllung kriegswichtiger oder kriegsentscheidender und lebenswichtiger Aufgaben». Sei ein Reiseziel mit öffentlichen Verkehrsmitteln zu erreichen, rechtfertige auch Zeitersparnis nicht die Benutzung eines PKW. Privatfahrten sind «in jedem Falle verboten», ebenso alle, «die aus Gründen der Bequemlichkeit unternommen» werden. «Bei Verstößen ist gegen die Schuldigen rücksichtslos vorzugehen.»

Durch eine Verordnung stärkt Hitler die Position Bormanns als Leiter der Partei-Kanzlei vor allem dadurch, daß der Informationsfluß zu den Obersten Reichsbehörden in vielerlei Zusammenhängen nur über Bormann zulässig ist.

«Öffentliche Tanzlustbarkeiten sind bis auf weiteres verboten.» Selbst Veranstaltungen, die in festem Rahmen und nicht öffentlich sind, werden von dieser Polizeiverordnung als nicht mehr zulässig bezeichnet. 17.1.

Deutsch-italienisch-japanisches Militärabkommen zur Abklärung von «Operationszonen» (wesentliche Trennungslinie ist der 70. Längengrad Ost). 18.1.

Sog. «Wannsee-Konferenz» in Berlin. Die Staatssekretäre der wichtigsten deutschen Ministerien besprechen unter Heydrichs Leitung (Chef des Reichssicherheitshauptamtes) die Koordinierung der Maßnahmen zur «Endlösung der Judenfrage» in ganz 20.1.

Europa durch «Evakuierung» in den Osten und «andere Maßnahmen»: «Unter entsprechender Leitung», so Heydrich, «sollen
im Zuge der Endlösung die Juden in geeigneter Weise im Osten
zum Arbeitseinsatz kommen». Soweit sie dabei nicht «durch
natürliche Verminderung ausfallen», müsse «der allfällig endlich
verbleibende Restbestand [...], da es sich bei diesen zweifellos um
den widerstandsfähigsten Teil handelt, entsprechend behandelt
werden [...], da dieser, eine natürliche Auslese darstellend, bei
Freilassung als Keimzelle eines neuen jüdischen Aufbaues anzu-
sprechen ist.»

21.1.   Der Gegenangriff Rommels zur Rückeroberung der Cyrenaika
beginnt, bleibt aber bereits am 7. Februar stecken (vgl. 10. Dez.
1941).

24.1.   Goebbels weist die Presse an, die italienische Kriegführung
«stärker herauszustellen. In der Inlandpresse müsse nun endlich
etwas getan werden, damit die schlechte Stimmung gegenüber
Italien nachlasse. Wir müssten unter allen Umständen die Italiener bei der Stange halten, und es sei notwendig, sie herauszu-
streichen.»

25.1.   Durch einen «Erlaß des Führers» über die «weitere Vereinfachung
der Verwaltung» wird festgelegt, daß aus der Verwaltung Männer
für die Wehrmacht und die Rüstungsindustrie abgegeben werden
müssen: «Die gegenwärtige Lage des totalen Krieges, in dem das
deutsche Volk einen Kampf um Sein oder Nichtsein führt, verlangt
nunmehr in erster Reihe gebieterisch den Einsatz aller verfügbaren
Kräfte». Die Verwaltung müsse sich mit «älteren männlichen Arbeitskräften und Frauen behelfen». Gleichzeitig soll die Arbeitszeit auf ein «Höchstmaß» gebracht, Urlaub und Freizeit nur soweit
zur Erhaltung der Arbeitskraft erforderlich genehmigt werden.
«Umfangreiche Denkschriften, Jahresberichte und ähnliche Schrift-
und Druckwerke haben grundsätzlich zu unterbleiben.»

26.1.   Hitler bestimmt: «Wehrmachtangehörige, die gefehlt haben, erwerben sich durch Tapferkeit vor dem Feind grundsätzlich ihren
ehrenvollen Platz in der Volksgemeinschaft zurück.»
Die ersten US-Truppen für Europa treffen in Nordirland ein.

Jan.   Sowjetische Gegenoffensiven in den Bereichen der Heeresgruppen
Mitte und Süd. Die deutsche «Winterstellung» vor Moskau wird
aufgegeben.

Die Japaner erobern Manila und beginnen ihren Angriff auf Niederländisch-Indien und Burma. Totalmobilmachung in Australien angesichts japanischer Bedrohung.
Wilhelm Knöchel versucht von Westdeutschland und Berlin aus eine neue kommunistische Inlandsleitung aufzubauen.

Unter Vidkun Quisling, dem Führer der «Nasjonal Samling», dessen Name zum Synonym für den Kollaborateur schlechthin geworden ist, wird eine «Norwegische National-Regierung» gebildet, die allerdings faktisch dem Reichskommissar Josef Terboven untersteht.

1.2.

Nach einer Mitteilung des OKW sind an der Ostfront bis Ende Januar ca. 50 000 frostgeschädigte Soldaten gezählt worden, 4000 davon mit Erfrierungen dritten Grades, bei 1856 hätten sogar Amputationen vorgenommen werden müssen.

4.2.

Reichsjugendführer Axmann gibt Richtlinien für den Kriegseinsatz der Hitler-Jugend heraus. Eine besonders kriegsnotwendige Aufgabe sei die Wehrertüchtigung der Siebzehnjährigen. Ihrer «Vorbereitung für den soldatischen Einsatz» stehen in diesem Jahr die «Zeltlager der Hitler-Jugend ausschließlich zur Verfügung». Spezielles Augenmerk sei auf die Sicherstellung des Nachwuchses für die Sanitätstruppe zu legen, weshalb die «Feldscherausbildung in der Hitler-Jugend (...) einen besonderen Raum» einzunehmen habe.
Der Beschluß der (offiziellen) Deutsche Evangelischen Kirchenkanzlei, getaufte «Nichtarier» aus der Evangelischen Kirche auszuschließen, stößt auf den entschiedenen Protest der Konferenz der «Landesbruderräte» der «Bekennenden Kirche» (BK).

5.2.

Wenn von vier im aktiven Wehrdienst stehenden Söhnen drei bereits gefallen sind, soll der letzte überlebende Sohn einer Familie aus der kämpfenden Truppe herausgezogen und an einer weniger gefährdeten Stelle, in der Regel im Ersatzheer, verwendet werden.

6.2.

Albert Speer, der «Generalbauinspektor für die Reichshauptstadt», wird unter gleichzeitiger Belassung in diesem Amt zusätzlich (in Nachfolge des einen Tag zuvor tödlich verunglückten Fritz Todt) zum Reichsminister für Bewaffnung und Munition, zum Generalinspektor für das deutsche Straßenwesen und zum Generalinspektor für Wasser und Energie ernannt.

9.2.

Ab sofort können «Dienstpflichtige schon nach vollendetem 17. Lebensjahr zur Ableistung der Reichsarbeitsdienstpflicht herangezogen werden».

13.2. Raeders letzte Besprechung mit Hitler über das Unternehmen «Seelöwe», auf das nunmehr völlig verzichtet werden soll (vgl. 12. Okt. 1940).

15.2. Singapur wird von japanischen Streitkräften erobert.
Juden dürfen keine Haustiere mehr halten.

17.2. Juden dürfen keine Zeitungen und Zeitschriften mehr halten.

19.2. Aus bestimmten Bereichen der Rüstungsindustrie sowie des Reichsbahn-Programms und der Energiewirtschaft dürfen sog. «Schlüsselkräfte» nicht mehr zur Wehrmacht eingezogen werden.

22.2. Als erstes US-Kommando in Europa wird in Großbritannien das US-Bomber Command unter Brigadegeneral Ira C. Eaker gebildet.

23.2. Stalin erklärt in seinem Befehl Nr. 55: «Die Erfahrungen der Geschichte besagen, daß die Hitler kommen und gehen; das deutsche Volk, der deutsche Staat bleibt.»

24.2. «Meine Prophezeiung», so Hitler, «wird ihre Erfüllung finden, daß durch diesen Krieg nicht die arische Menschheit vernichtet, sondern der Jude ausgerottet werden wird. Was immer auch der Kampf mit sich bringen oder wie lange er dauern mag, dies wird sein endgültiges Resultat sein.» (vgl. 30. Jan. 1939)

26.2. Die sog. «Tarnverordnung» verpflichtet die Eigentümer und Besitzer «von beweglichen und unbeweglichen Sachen», im Zusammenhang des Luftschutzes Tarnmaßnahmen durchzuführen oder deren Durchführung zu dulden.

Febr. Die meisten Mitglieder der kommunistisch-nationalrevolutionären Widerstandsorganisation um Robert Uhrig und Beppo Römer in Berlin werden verhaftet.

Anfang Erste große Partisanen-Bekämpfungsaktion «Bamberg» in Weiß-
März rußland mit 3500 Toten (zumeist unbeteiligte Zivilisten).

Da «Juden, Freimaurer und die mit ihnen verbündeten weltan- 1.3.
schaulichen Gegner des Nationalsozialismus (...) die Urheber des
jetzigen gegen das Reich gerichteten Krieges» sind, ist nach einem
«Führererlaß» deren «planmäßige geistige Bekämpfung (...) eine
kriegsnotwendige Aufgabe». Alfred Rosenberg wird zu diesem
Zwecke beauftragt, deren Bibliotheken, Archive, Logen und Kul-
turgüter aller Art zu beschlagnahmen.

Landesbischof Theophil Wurm schickt eine Denkschrift gegen 2.3.
den «Kulturkampf» der NSDAP an Hitler.

Uraufführung des Spielfilms «Der große König». Die Presse ist 3.3.
bereits am Tag zuvor angewiesen worden: «Der künstlerisch und
volkserzieherisch hervorragende Film (...) verdient besondere
Beachtung der Blätter. In den Besprechungen sind jedoch alle
Vergleiche Friedrichs mit dem Führer unter allen Umständen zu
vermeiden, ebenso alle Analogien mit der heutigen Zeit.» Auf
«Abwege» führe es, wenn die Szene, in der die Generalität sich
gegen Friedrich den Großen wendet und die Einstellung des
Kampfes fordert, kommentiert werde.

Der Mangel an Arbeitskräften in der Landwirtschaft führt zu 7.3.
einer entsprechenden «Verordnung über den Einsatz zusätzlicher
Arbeitskräfte für die Ernährungssicherung des Deutschen
Volkes». Danach sind nicht oder nicht voll beschäftigte «landar-
beitsfähige Volksgenossen zur landwirtschaftlichen Arbeit heran-
zuziehen».

Wohnungen von Juden müssen als solche gekennzeichnet sein. 13.3.
Die Verordnungen über die Zwangsarbeit von Juden vom 3. Oktober 1941 wird zum 1. April auch auf «Zigeuner» ausgedehnt.

Hitler sagt in seiner Rede zum «Heldengedenktag» die Vernich- 15.3.
tung der Roten Armee für den Sommer 1942 voraus: «Wir wissen
aber eines schon heute: Die bolschewistischen Horden, die den
deutschen und verbündeten Soldaten in diesem Winter nicht zu
besiegen vermochten, werden von uns in dem kommenden Sommer bis zur Vernichtung geschlagen sein. Der bolschewistische
Koloß, den wir in seiner ganzen grausamen Gefährlichkeit erst
jetzt erkennen, darf – und dies ist unser unumstößlicher Entschluß – die gesegneten Gefilde Europas nie mehr berühren, sondern soll in weitem Abstand von ihnen seine endgültige Grenze
finden!»

16.3. Die Verwaltung der Konzentrationslager wird dem am 1. Februar umgegliederten SS-Wirtschafts- und Verwaltungshauptamt zugeordnet, dem auch die SS-eigenen Wirtschaftsunternehmen unterstehen (vgl. 15. Aug. 1940).
Beginn der Deportationen im «Generalgouvernement», zunächst aus Lemberg und Lublin nach Belzec, ab Mai auch nach Sobibor. Ab Juli wird auch das Vernichtungslager Treblinka in die «Aktion Reinhard» einbezogen.

19.3. Die «Reichsvereinigung Bastfaser» für Flachs, Hanf, Yucca und alle übrigen inländischen Pflanzen, aus denen Spinnstoffe oder Polstermaterial gewonnen werden kann, wird eingerichtet.

21.3. Weil «die Verteidigung von Volk und Reich (...) reibungslose und schnelle Arbeit der Rechtspflege» erfordert, regelt Hitler im «Erlaß des Führers über die Vereinfachung der Rechtspflege», daß Verfahren in Strafsachen «so weit zu vereinfachen und zu beschleunigen [sind], wie dies mit dem Zweck des Verfahrens noch vereinbar ist. Insbesondere haben in Strafsachen die Erzwingung der Anklage durch den Verletzten und die Eröffnung des Hauptverfahrens fortzufallen; die Strafgewalt des Amtsrichters ist zu erweitern und die Zulässigkeit des Strafbefehls auszudehnen.» Rechtsbehelfe sollen den Kriegsverhältnissen entsprechend gestaltet werden. Die Amtszeit der Mitglieder der besonderen Senate des Reichsgerichts und des Volksgerichtshofes wird bis zum Kriegsende verlängert.
Hitler ernennt zur Sicherstellung der «besonders für die Rüstung erforderlichen Arbeitskräfte» den Reichsstatthalter und Gauleiter Fritz Sauckel zum «Generalbevollmächtigten für den Arbeitseinsatz» (GBA). Seine vordringliche Aufgabe ist die «Mobilisierung aller noch unausgenutzten Arbeitskräfte im Großdeutschen Reich einschließlich des Protektorats sowie im Generalgouvernement und in den besetzten Gebieten». Sauckels weitgehende Vollmachten führen zum zwangsweisen Einsatz von Fremdarbeitern aus den besetzten Gebieten in Deutschland (7,5 Millionen bis Ende 1944) (vgl. 27. Jan. 1943; 1. Aug. 1943).

22.3. Hirtenwort der katholischen Bischöfe gegen die Bekämpfung der Kirchen und die Mißachtung des Rechts auf persönliche Freiheit und auf Leben.

24.3. Erste Deportation mainfränkischer Juden, zunächst in den Raum Lublin, später ins Vernichtungslager Belzec.

Erste Transporte von deutsch-jüdischen Emigranten aus dem besetzten Westeuropa nach Auschwitz.

Goebbels notiert in sein Tagebuch: «Die Prophezeiung, die der 27.3.
Führer ihnen [den Juden] für die Herbeiführung eines neuen
Weltkrieges mit auf den Weg gegeben hat, beginnt sich in der
furchtbarsten Weise zu verwirklichen.» (vgl. 24. Feb.)

Das britische «Bomber-Command» unter General Arthur Travers 28./29.3.
Harris führt das erste Flächenbombardement («Area-Bombing»)
auf eine deutsche Großstadt, Lübeck, durch. Die alte Hansestadt
erscheint Harris besonders geeignet, da sie mehr einem Feuerzeug
als einem Wohnbezirk gleiche: Die Innenstadt wird zerstört, über
300 Tote sind zu beklagen.

Eine Polizeiverordnung legt fest, daß das Photographieren, Fil- 29.3.
men und Zeichnen verkehrswichtiger Anlagen (Eisenbahnen,
Autobahnen, Wasserstraßen, Talsperren und Häfen) bei Strafe
verboten ist.

Der 1938 zurückgetretene ehemalige Chef des Generalstabs des Ende
Heeres, Generaloberst Ludwig Beck, wird zum «Zentrum» des März
militärischen Widerstands (vgl. 18. Aug. 1938).

Deportation von 52000 slowakischen Juden nach Auschwitz, März
Majdanek und in andere Vernichtungslager.

Im Lager Semlin bei Belgrad werden 7500 jüdische Frauen und März/
Kinder in Gaswagen ermordet. April

Hitlers «Weisung Nr. 41» sieht das Vortreiben der Südfront bis 5.4.
zum Don und zur Wolga sowie anschließend einen Angriff in den
Kaukaus und zur türkischen und iranischen Grenze (Erdölzentren) vor. Außerdem soll Leningrad eingenommen und eine Landverbindung zu den Finnen hergestellt werden.

Göring verbietet als «Beauftragter für den Vierjahresplan» jede Wei- 13.4.
terführung von Friedensplanungen und -entwicklungen in den Betrieben, da der Krieg «eine Konzentration aller Kräfte und eine totale
Ausrichtung unseres ganzen Schaffens auf den Endsieg» verlange.

Ein britischer Luftangriff auf Rostock mit 204 Toten wird mit 24.–27.4.
«Vergeltungsangriffen» auf Bath (400 Tote), Exeter und Canter-

bury beantwortet, die wegen der alles in allem geringen Zahl ver-
fügbarer Maschinen allerdings nur wie Nadelstiche wirken können.

26.4. Ein Beschluß des Großdeutschen Reichstages bestätigt alle von
Hitler in Anspruch genommenen Rechte ausdrücklich: «Es kann
keinem Zweifel unterliegen, daß der Führer in der gegenwärtigen
Zeit des Krieges, in der das deutsche Volk in einem Kampf um
Sein oder Nichtsein steht, das von ihm in Anspruch genommene
Recht besitzen muß, alles zu tun, was zur Erringung des Sieges
dient oder dazu beiträgt. Der Führer muß daher – ohne an bestehende Rechtsvorschriften gebunden zu sein – in seiner Eigenschaft als Führer der Nation, als Oberster Befehlshaber der Wehrmacht, als Regierungschef und oberster Inhaber der vollziehenden
Gewalt, als oberster Gerichtsherr und als Führer der Partei jederzeit in der Lage sein, nötigenfalls jeden Deutschen – sei er einfa-
cher Soldat oder Offizier, niedriger oder hoher Beamter oder
Richter, leitender oder dienender Funktionär der Partei, Arbeiter
oder Angestellter – mit allen ihm geeignet erscheinenden Mitteln
zur Erfüllung seiner Pflichten anzuhalten und bei Verletzung dieser Pflichten nach gewissenhafter Prüfung ohne Rücksicht auf sogenannte wohlerworbene Rechte mit der ihm gebührenden Sühne
zu belegen, ihn im besonderen ohne Einleitung vorgeschriebener
Verfahren aus seinem Amte, aus seinem Rang und seiner Stellung
zu entfernen.»
Hitler läßt diesen Beschluß im Reichsgesetzblatt veröffentlichen.

29.4. Der «Judenstern» wird auch in den Niederlanden Pflicht.

29./30.4. Treffen Hitlers und Mussolinis: Ende Mai soll in Nordafrika in
die Offensive gegangen, nach der Einnahme von Tobruk Malta
durch Luftlandeoperation (Unternehmen «Herkules») erobert
und dann weiter nach Ägypten vorgestoßen werden. Erörtert
wird auch das Problem einer «Indien- und Arabien-Erklärung»
der Dreimächtepakt-Staaten, doch das Mißtrauen gegenüber den
japanischen Absichten läßt das Projekt nicht Realität werden.

April Beginn von Massendeportationen sowjetischer, vornehmlich ukrainischer Zwangsarbeiter ins Reich.
Zerschlagung der von «Neu Beginnen» (Waldemar von Knoerin-
gen) initiierten Widerstandsorganisation «Revolutionäre Soziali-
sten» in Bayern und Österreich.

Treffen zwischen Carl Goerdeler und dem schwedischen Bankier
Jacob Wallenberg in Stockholm.

Abschluß der japanischen Eroberung der Philippinen.

Anfang
Mai

Generalleutnant Walter von Unruh wird als Kommandeur eines
OKW-Stabes z.b.V. Hitlers Sonderbeauftragter. Er ist als «General Heldenklau» bekanntgeworden, dessen Aufgabe es ist zu
«prüfen, ob im Großdeutschen Reich alle Kräfte im Hinblick auf
die Erfordernisse des Krieges zweckmäßig verwendet und voll
ausgenutzt sind». Zu diesem Zweck hat er Zugriff auf alle Dienststellen, Einrichtungen und Organisationen.
Ersatzgewürze bedürfen vor ihrer gewerbsmäßigen Herstellung
oder Einfuhr der Genehmigung des Reichsinnenministeriums.

4.5.

Die «einheitliche Steuerung der Rüstungswirtschaft» wird Albert
Speer als Reichsminister für Bewaffnung und Munition übertragen.

7.5.

Erfolglose sowjetische Offensive in Richtung Charkow.

9.–18.5.

Juden dürfen nicht mehr zu «arischen Friseuren» gehen.
Erste genau datierbare Massenvernichtung von 1500 Juden durch
Gas in Auschwitz-Birkenau.

12.5.

Ein «Gesetz zum Schutz der erwerbstätigen Mutter (Mutterschutzgesetz)» wird erlassen, das zum 1. Juli in Kraft tritt und gerade der
«im Erwerbsleben stehende[n] Mutter, die trotz erschwerter Lebensbedingungen dem Vaterlande Kinder schenkt», zugute kommen soll. Es regelt Beschäftigungsbedingungen und Schutzfristen
(sechs Wochen vor und nach der Geburt).

17.5.

Auf Wunsch des «Führerhauptquartiers» soll in der deutschen
Presse die Frage der «Zweiten Front» «nicht mehr besonders herausgestellt werden».

18.5.

Die Mitglieder der linkssozialistisch/kommunistisch orientierten
Herbert Baum-Gruppe (v. a. jüdische Rüstungsarbeiter) werden
nach ihrem spektakulären Brandanschlag auf die antisowjetische
Ausstellung «Das Sowjetparadies» vom 18. Mai verhaftet.

Mitte
Mai

Erste Tagung des «Kreisauer Kreises» um Helmuth James Graf
von Moltke. Das Besondere an dieser Widerstandsgruppe ist ihre

24./25.5.

Zusammensetzung aus Vertretern aller gesellschaftlichen Schichten und politischen Richtungen, ihre «Jugendlichkeit» und Aufgeschlossenheit für Reformen. Dem «Kreisauer Kreis» geht es nicht in erster Linie um Staatsstreichüberlegungen, im Mittelpunkt der oft sehr kontroversen Diskussionen stehen vielmehr christlich-sozialistisch geprägte Entwürfe für einen sozialen Ausgleich zwischen den Klassen, über die politische und gesellschaftliche Neuordnung Deutschlands und Europas nach dem Krieg.

26.5. Ein britisch-sowjetischer Bündnispakt auf 20 Jahre wird anläßlich des Molotow-Besuchs in London abgeschlossen. Er enthält noch keine territorialen Klauseln, aber die Ablehnung jedes Separatfriedens mit Deutschland.

Die letzte deutsch-italienische Offensive (Unternehmen «Theseus») in Nordafrika (Eroberung von Tobruk am 21. Juni) beginnt (vgl. 30. Juni).

26.–31.5. Die evangelischen Pfarrer Hans Schönfeld und Dietrich Bonhoeffer nehmen mit dem Bischof von Chichester, George K.A. Bell, in Schweden Kontakt auf, um Friedensmöglichkeiten nach einem Sturz des NS-Regimes zu sondieren.

27.5. Attentat zweier aus dem Exil eingeflogener tschechischer Agenten auf den stellvertretenden «Reichsprotektor von Böhmen und Mähren», Reinhard Heydrich. Dieser erliegt seinen Verletzungen am 4. Juni.

29.5. Hitler empfängt Subhas Chandra Bose, den Führer der nationalindischen Befreiungsbewegung. Dieser ist kurz vor dem deutschen Angriff auf die Sowjetunion über Afghanistan und Moskau nach Berlin gelangt, von wo aus er eine antibritische Propagandakampagne leitet.

30./31.5. Erster britischer «1000-Bomber-Angriff» auf Köln, der 474 Tote und über 5000 Verletzte fordert. Da verschiedenste Flugzeugtypen abgeschossen werden, versucht die deutsche Propaganda der Öffentlichkeit einzureden, dies sei «ein Beweis dafür, daß für diesen Propagandaangriff alle verfügbaren Kräfte zusammengekratzt» werden mußten. Zur «Vergeltung» wird in der Nacht zum 1. Juni der Bischofssitz von Canterbury bombardiert.

Mai Beginn von Massenerschießungen von Juden aus dem Reich bei Minsk (Malyj Trostenez).

Die Auflösung der Ghettos und endgültige Ausrottung der Juden im «Reichskommissariat Ukraine» läuft an. Bis November werden etwa 350 000 Menschen ermordet.

Himmler bespricht sich mit wichtigen SS-Führern im «Generalgouvernement» (Friedrich Krüger, Odilo Globocnik) über die Ermordung der Juden. 3.6.

See-Luft-Schlacht bei den Midway-Inseln im Pazifik; Wende im Pazifikkrieg. 3.–7.6.

Deutsche Truppen erobern die Festung Sewastopol auf der Krim. 7.6.–7.7.

Um alle vorhandenen Kräfte im Staatsinteresse zusammenzufassen und diese «auf die zu erstrebenden Ziele» zu konzentrieren, beauftragt Hitler Göring, zu diesem Zweck einen «Reichsforschungsrat» zu bilden: «Führende Männer der Wissenschaft sollen auf ihren Sondergebieten in Gemeinschaftsarbeit in erster Reihe die Forschung für die Kriegführung fruchtbar gestalten.» In einer Rede vor den SS-Hauptamtchefs und SS-Oberabschnittsführern verkündet Himmler: «Die Völkerwanderung der Juden werden wir in einem Jahr bestimmt fertig haben; dann wandert keiner mehr.» 9.6.

Angeblich wegen des Verdachts der Unterstützung eines Heydrich-Attentäters (vgl. 27. Mai) wird das tschechische Dorf Lidice durch deutsche Polizeikräfte «zur Vergeltung» vollkommen zerstört. 198 Männer und 7 Frauen werden erschossen, die übrigen Frauen in das KZ Ravensbrück gebracht, «die Kinder einer geeigneten Erziehung zugeführt» (von den 98 verschleppten oder zur «Eindeutschung» an SS-Familien gegebenen Kindern konnten nach 1945 noch 16 identifiziert werden), wie es in der im Deutschen Reich erst im September publizierten Notiz heißt: «Die Gebäude des Ortes sind dem Erdboden gleichgemacht und der Name der Gemeinde ist ausgelöscht worden.» 9./10.6.

In Washington wird das «Abkommen über die Prinzipien der gegenseitigen Hilfeleistung in der Kriegführung» zwischen den USA und der UdSSR unterzeichnet. 11.6.

Juden erhalten keine Rauchwaren- und Eierkarten mehr. 11./22.6.

12.6.   Himmler billigt den modifizierten Entwurf des «Generalplans Ost» (vgl. 15. Juli 1941), der die Ausrottung bzw. Vertreibung großer Bevölkerungsteile Osteuropas (ca. 30 Millionen Polen, Tschechen, Ukrainer, Weißruthenen) nach Sibirien vorsieht.

Elektrische und optische Geräte, Fahrräder und Schreibmaschinen, die sich noch in jüdischem Besitz befinden, sind abzuliefern.

18.–26.6.   Zweite Washingtoner Konferenz Roosevelts und Churchills über Probleme der «Zweiten Front» und der Atomforschung.

19.6.   Bei der Notlandung eines deutschen Generalstabsoffiziers fallen den Sowjets Befehle und Karten für die erste Phase der deutschen Sommeroffensive in die Hand. Die Folge ist die Erneuerung und Verschärfung von Hitlers «Grundsätzlichem Befehl» zur Geheimhaltung (vgl. 11. Januar 1940) am 12. Juli.

Hitler bestimmt in einem Erlaß, «daß Deutsche, die sich um das Deutsche Reich in besonderem Maße verdient gemacht haben, künftig in Ehrenhallen beigesetzt werden». Zugleich ist «Vorsorge zu treffen, daß neben ihm ein Platz für die Beisetzung seiner Gattin freigehalten wird».

21.6.   Einnahme der Festung Tobruk durch deutsche und italienische Truppen. Einen Tag später wird Rommel zum Generalfeldmarschall befördert (vgl. 26. Mai u. 30. Juni).

22.6.   Erster Transport von Juden aus dem französischen Durchgangslager Drancy nach Auschwitz.

28.6.   Die große deutsche Sommeroffensive im Raum ostwärts von Kursk und Charkow läuft an. Sie führt am 3. Juli zur Einnahme von Woronesch und am 23. Juli zur Eroberung von Rostow am unteren Don. Die Zahl der Gefangenen ist jedoch gering, weil die Rote Armee rechtzeitig einen strategischen Rückzug einleitet.

Am gleichen Tag führt eine Denkschrift der Abteilung «Fremde Heere Ost» im Generalstab des Heeres Hitler drohend vor Augen, daß für eine eventuell notwendig werdende dritte Offensive im Jahr 1943 die deutschen Kräfte nicht mehr ausreichen.

30.6.   Eine Verordnung regelt die «Einsatzbedingungen der Ostarbeiter». Das «nach ihrer Leistung abgestufte Arbeitsentgelt» wird in einer anhängenden Liste festgelegt. (Ein Beispiel: Verdient ein vergleichbarer deutscher Arbeiter am Tag 1,40–1,45 RM, so bekommt der Ostarbeiter 1,62 RM, es werden ihm allerdings davon

1,50 RM für freie Unterkunft und Verpflegung abgezogen, so daß ein auszuzahlender Betrag von 0,12 RM bleibt.) «Höhere Entgelte (...) dürfen dem Ostarbeiter nicht gewährt werden.» Urlaubs- und Familienheimfahrten «werden zunächst nicht gewährt».

Das Rassepolitische Amt der NSDAP hat eine Richtlinie herausgegeben, wie der Begriff «gemeinschaftsunfähig» «reichsverbindlich» aufgefaßt werden soll:
«Gemeinschaftsunfähig sind danach Personen, die auf Grund einer anlagebedingten und daher nicht besserungsfähigen Geisteshaltung nicht in der Lage sind, den Mindestanforderungen der Volksgemeinschaft an ihr persönliches, soziales und völkisches Verhalten zu genügen. Gemeinschaftsunfähig ist also, wer erstens infolge verbrecherischer, staatsfeindlicher und querulatorischer Neigungen fortgesetzt mit Strafgesetzen, der Polizei und den Behörden in Konflikt gerät; zweitens, wer arbeitsscheu ist und trotz Arbeitsfähigkeit schmarotzend von sozialen Einrichtungen lebt; drittens, wer den Unterhalt für sich und seine Kinder laufend öffentlichen oder privaten Wohlfahrtseinrichtungen aufzubürden sucht; viertens, wer besonders unwirtschaftlich und hemmungslos ist und aus Mangel an eigenem Verantwortungsbewußtsein weder einen geordneten Haushalt zu führen noch Kinder zu brauchbaren Volksgenossen zu erziehen vermag; fünftens Trinker, die einen wesentlichen Teil ihres Einkommens in Alkohol umsetzen und ihre Familien darüber gefährden; sechstens Personen, die durch unsittlichen Lebenswandel aus der Volksgemeinschaft herausfallen, bzw. ihren Lebensunterhalt auf diese Weise verdienen.» Über die Konsequenzen einer Einschätzung als «gemeinschaftsunfähig» schweigt sich die Richtlinie aus.
Deutsch-italienische Streitkräfte unter Rommel erreichen El-Alamein (100 Kilometer westlich von Alexandria). Mangels Kräften gelingt ein weiterer Vorstoß auf Kairo, wie von Rommel beabsichtigt, nicht, und wird nach drei Tagen abgebrochen.

Beginn der systematischen Massenmorde an Juden durch Giftgas im KZ Auschwitz-Birkenau.   Juni
Deportationen aus dem Reichsgebiet in das «Altersghetto» Theresienstadt (vgl. 24. Nov. 1941; 30. Okt. 1944; 7. Mai 1945).

Beginn von Flugblattaktionen Münchener Studenten um die Geschwister Hans und Sophie Scholl, die als «Weiße Rose» bekanntgeworden sind. Aus Empörung über die sittliche und politische Kapitulation des deutschen Bildungsbürgertums vor dem Natio-   Sommer

nalsozialismus wendet sich diese Widerstandsgruppe mit Flug-
blättern an eine sich immer mehr vergrößernde Öffentlichkeit.
Die «Weiße Rose» will jenen Teufelskreis durchbrechen helfen,
in dem «jeder wartet, bis der andere anfängt» und somit alle
schuldig würden. Sie ruft zu Sabotage und passivem Widerstand
auf, um «den Nationalsozialismus zu Fall zu bringen» und «eine
Erneuerung des schwerverwundeten Geistes von innen her zu erreichen». Die Nationalsozialisten werten den ethischen Appell
der «Weißen Rose» an das Gewissen als politisches Schwerver-
brechen.

1.7.   Jüdische Schüler dürfen nicht mehr unterrichtet werden.

3.7.   Deutschland und Italien veröffentlichen eine «Ägypten-Er-
       klärung», die die Basis für das Verhältnis zu dem als «unabhän-
       gig» und «souverän» bezeichneten Land nach der in Kürze erwar-
       teten Besetzung Kairos darstellen soll (vgl. 30. Juni).

5.7.   Goebbels äußert sich im Gespräch über den deutschen Begriff von
       Propaganda: «Unsere Propaganda wendet sich an den Geist und
       die Logik des Menschen. Sie stellt die Tatsachen nebeneinander,
       so daß der einzelne Vergleichsmöglichkeiten gewinnt und selbst
       urteilen kann. Das unterscheidet sie scharf von der Agitation der
       Gegner, die aus dem Hinterhalt lebt. Unsere Propaganda zeichnet
       sich aus durch Einfachheit, Volkstümlichkeit und Wahrheit. Und
       sie besitzt drei Kennzeichen, die uns keiner nachmachen kann,
       weil sie Ausdruck unserer Weltanschauung sind: Sie arbeitet mit
       Logik und Gedankenschärfe; sie ist ein treuer Helfer unserer Waf-
       fen; und sie steht auf dem festesten Grund, den wir haben: dem
       unbändigen Glauben an den Führer.»

10.7. Eine Polizeiverordnung erlaubt grundsätzlich das Nacktbaden,
       wenn die Beteiligten annehmen können, «daß sie von unbeteilig-
       ten Personen nicht gesehen werden» und «jedes Verhalten (...)
       unterlassen, das geeignet ist, das gesunde und natürliche Volks-
       empfinden zu verletzen». Eine entsprechende Verletzung «liegt
       nicht vor, wenn die Beschwerden eine offensichtlich lebensfremde
       oder grundsätzlich gegnerische Einstellung erkennen lassen».

12.7. «Aufruf zum Ernteeinsatz der deutschen Beamtenschaft».

14.7. Über alle «Vorgänge, die Reichsleiter, Gauleiter, Verbändeführer
       oder deren Mitarbeiter oder nächste Verwandte belasten, ist der

Leiter der Partei-Kanzlei [Martin Bormann] jeweils sofort zu unterrichten». Diese zu Bormanns Machtfülle beitragende Verfügung wird nicht veröffentlicht.

Zukünftig kann nur noch Mitglied der NSDAP werden, wer in der HJ besondere Aktivitäten entfaltet hat, wer mindestens drei Jahre aktiver Bewährung in einer Gliederung oder einem angeschlossenen Verband der Partei hinter sich gebracht hat, wer als Längerdienender aus der Wehrmacht ausscheidet. Ausnahmen behält sich Hitler persönlich vor.

Hitler empfängt den ehemaligen irakischen Ministerpräsidenten, Rashid Ali el Gailani, der sich nach seiner Flucht aus dem Irak in den deutschen Machtbereich begeben hat. In Konkurrenz zu dem ebenfalls nach Europa ausgewichenen «Großmufti» von Jerusalem, Husseini, sucht Gailani propagandistisch im Sinne der «Achse Berlin-Rom» in den arabischen Raum zu wirken.   15.7.

Erste Transporte holländischer Juden aus dem Durchgangslager Westerbork nach Auschwitz.   15./16.7.

Französische Polizei nimmt in Paris 13 000 Juden fest. 9000, davon 4000 Kinder, werden über Drancy nach Auschwitz deportiert.   16.–18.7.

Himmler ordnet die Ermordung aller «arbeitsunfähigen» Juden im «Generalgouvernement» bis Jahresende an.   19.7.

Beginn von Massentransporten aus dem Warschauer Ghetto nach Treblinka.   22./23.7.

Hitler teilt mit der «Weisung Nr. 45» die deutsche Offensive: Vorstoß nicht nacheinander, sondern gleichzeitig gegen das Wolga-Knie bei Stalingrad und in das Kaukasusgebiet (vgl. 5. April).   23.7.

«Jüdische Mischlinge ersten Grades» werden nicht mehr in die Hauptschulen, Mittelschulen und Höhere Schulen aufgenommen. Eine Ausbildung in Berufs- und Fachschulen «ist nur ausnahmsweise mit besonderer Genehmigung möglich». Normalerweise soll ihre Schulzeit zukünftig mit der Beendigung ihrer Volksschulpflicht enden. Die Aufnahme «jüdischer Mischlinge zweiten Grades in die genannten Schulen ist zulässig, sofern die Raumverhältnisse eine Aufnahme ohne Benachteiligung von Schülern und Schülerinnen deutschen oder artverwandten Blutes gestatten».   24.7.

28.–30.7. Erschießung von 10 000 weißrussischen und deutschen Juden bei Minsk.

30.7. Die jüdischen Gemeinden werden verpflichtet, Kultgegenstände aus Edelmetall abzuliefern.

Beginn einer Entlastungsoffensive der Roten Armee an der mittleren Front, die zwar zu keinem operativen Erfolg führt, aber deutsche Kräfte bindet.

Juli/ Beginn der großen sog. «Bandenbekämpfungsaktionen» in Weiß-
Aug. rußland, in der Nordukraine, auf der Krim und im Mittelabschnitt der Ostfront.

Anfang Beginn der Giftgasmorde auch im KZ Majdanek.
Aug. Die meisten Mitglieder der «Roten Kapelle» werden verhaftet. Diese Widerstandsorganisation ist lange pauschal als kommunistisch orientiert und landesverräterisch eingestuft worden. Nach dem Selbstverständnis der «Roten Kapelle», die eine große Vielfalt politisch-ideologischer Richtungen repräsentierte, mußten Widerstand, Spionage und Landesverrat jedoch nahtlos ineinander übergehen, um Deutschland von Hitler zu befreien und einer engeren Anlehnung des eigenen Landes an die Sowjetunion den Boden zu bereiten (vgl. Sommer 1939).

3.8. Erster Transport belgischer Juden aus dem Durchgangslager Mechelen nach Auschwitz.

6.8. Deutsche Truppen nehmen die Ölfelder von Maikop im Kaukasus ein, deren Anlagen zuvor jedoch unbrauchbar gemacht worden sind.

Nach Klagen verschiedener Gauleiter über die Ernährung der deutschen Bevölkerung fordert Göring die Reichskommissare ebenso wie die Militärbefehlshaber in den besetzten Gebieten zur rigorosen Erfassung von Lebensmitteln auf: Sie seien nicht auf ihren Posten, «um für das Wohl und Wehe der Ihnen anvertrauten Völker zu arbeiten, sondern um das Äußerste herauszuholen, damit das deutsche Volk leben kann (...). Es ist mir dabei gleichgültig, ob Sie sagen, daß Ihre Leute wegen Hungers umfallen. Mögen sie das tun, solange nur ein Deutscher nicht wegen Hungers umfällt (...). Mich interessieren in den besetzten Gebieten überhaupt nur die Menschen, die für die Rüstung und für die Ernährung arbeiten. Sie müssen soviel kriegen, daß sie gerade noch ihre Arbeit tun können.»

Der Maler Emil Nolde (Malverbot seit 1941) wird 75 Jahre alt. 7.8.
Sein Geburtstag darf in der Presse nicht erwähnt werden.
Das US-State Department und die britische Regierung werden von
Gerhart Riegner vom Jüdischen Weltkongreß über den deutschen
Plan zur Ausrottung aller europäischen Juden informiert («Rieg-
ner-Telegramm»).

Amerikanische Truppen landen auf Guadalcanal; Beginn monate- 7./8.8.
langer Kämpfe um die Insel.

Auf der Internationalen Messe in Budapest werden im Rahmen 9.8.
der I.G.-Schau erstmals vollsynthetische Perlon-Fasern, -Fäden,
-Borsten und -Drähte ausgestellt: «Perlon ist der Sammelbegriff
für eine Reihe von Polyamidfasern, zu denen weder Holz oder andere Zelluloseprodukte noch ausländische Erzeugnisse benötigt
werden, sondern für die als Ausgangsstoffe Kohle, Kalk und Wasser verwendet wird. Die Perlon-Faser besitzt eine sehr hohe Reiß-
festigkeit, die ungefähr 50% über der besten Naturseide liegt, ist
scheuerfest und elastisch.»

Aus Lemberg werden 40000 Juden nach Belzec deportiert. 10.–23.8.

Besprechungen zwischen Stalin, Churchill und Harriman in Mos- 12.–16.8.
kau. Die Sowjets werden über die bevorstehende Landung in
Französisch-Nordwestafrika, die Operation «Torch»(vgl. 22. Sept.;
7./8. Nov.), unterrichtet.

Himmlers «letzte Söhne»-Befehl für die SS: 15.8.
«Ihr seid auf Befehl des Führers als letzte Söhne aus der Front
zurückgezogen worden (...) weil Volk und Staat ein Interesse
daran haben, dass Eure Familien nicht aussterben. (...) Eure
Pflicht es ist, so rasch wie möglich durch Zeugung und Geburt
von Kindern guten Blutes dafür zu sorgen, dass Ihr nicht mehr
letzte Söhne seid. (...) Seid bestrebt, in einem Jahr das Fortleben
Eurer Ahnen und Eurer Familien zu gewährleisten, damit Ihr wiederum für den Kampf in der vordersten Front zur Verfügung
steht.»

Himmler wird die Partisanenbekämpfung in den unter Zivilver- 18.8.
waltung stehenden Gebieten im Osten übertragen. Im Operationsgebiet ist dafür der Chef des Generalstabs des Heeres zuständig.

1942

19.8.   Britisch-kanadische Truppen landen überfallartig bei Dieppe
          (Operation «Jubilee»). Dieser «Test» der deutschen Stärke endet
          für die Angreifer verlustreich (vgl. 25. August).
          Der Oberbefehlshaber der 6. Armee, General Friedrich Paulus,
          gibt den Befehl zum Angriff auf Stalingrad (vgl. 16. Sept.). In der
          Presse darf das Thema Stalingrad nicht angeschnitten werden:
          «Man könne heute noch nicht voraussagen, wie lange es dauern
          werde, bis die Stadt in deutschen Händen ist.»

19.–23.8. In Luzk in der Westukraine werden 14 700 Juden erschossen.

20.8.   Roland Freisler wird Präsident des Volksgerichtshofes. Sein Vor-
          gänger Otto Thierack wird neuer Reichsjustizminister als Nach-
          folger des am 29. Januar verstorbenen Franz Gürtner. Damit ist
          das Justizwesen vollends der Parteiwillkür ausgeliefert:
          Da zur «Erfüllung der Aufgaben des Großdeutschen Reiches»
          eine «starke Rechtspflege erforderlich» ist, beauftragt und er-
          mächtigt Hitler den Reichsminister der Justiz, «nach meinen
          Richtlinien und Weisungen (...) eine nationalsozialistische
          Rechtspflege aufzubauen (...). Er kann hierbei von bestehendem
          Recht abweichen.»

22.8.–   Das Unternehmen «Sumpffieber» zur Bekämpfung von Partisa-
21.9.   nen wird durchgeführt und endet mit der Ermordung von 10 000
          Menschen (davon 8000 Juden).

25.8.   Hitler befiehlt den Bau des «Atlantikwalls», um die Küste vor In-
          vasionen zu schützen.

26.8.   Der Oberbefehlshaber der Marine, Großadmiral Raeder, wird
          von Hitler mit seiner neuen Priorität in der Kriegführung ver-
          traut gemacht. Es gehe darum, einen «möglichst blockadefesten,
          nach außen hin sicher zu verteidigenden Lebensraum» zu er-
          obern, «von dem aus der Krieg noch auf Jahre weitergeführt
          werden kann». Dessen Existenz sei die unabdingbare Vorausset-
          zung für den «Kampf gegen die angelsächsischen Seemächte»,
          der für «Ausgang und Dauer» des Weltkrieges entscheidend sein
          werde.

30.8.   Gauleiter Simon, dem die Verwaltung Luxemburgs übertragen
          ist, verkündet die Einverleibung des Landes in das Großdeutsche
          Reich. Mit Rekrutierungen für die Wehrmacht wird sofort begon-
          nen, ein Generalstreik mit Gewalt gebrochen.

Beginn einer deutsch-italienischen Offensive aus dem Südteil der El-Alamein-Front. Am 2. September wird sie abgebrochen, womit der letzte Versuch zur Rückgewinnung der Initiative in Nordafrika gescheitert ist (vgl. 30. Juni). — 31.8.

Erster Höhepunkt des deutschen U-Boot-Krieges gegen alliierte Geleitzüge im Atlantik. — Aug.

Hitler ordnet die Rekrutierung von 400 – 500 000 Frauen, vor allem Ukrainerinnen, an, die als «Hausgehilfinnen» im Reich eingesetzt werden sollen. — Ende Aug.

Erschießung von 13 500 Juden in Wladimir Wolynsk in der Westukraine. — 1. – 3.9.

Der japanische Botschafter Oshima schlägt im Namen seiner Regierung einen von Japan vermittelten deutsch-sowjetischen Separatfrieden vor. Jetzt wie auch bei weiteren Vorstößen bis zum Herbst 1944 trifft er auf Hitlers strikte Ablehnung. — 2.9.

Führungskrise im deutschen Oberkommando: Hitler entläßt den Oberbefehlshaber der in den Kaukasus vorgedrungenen, aber vor Erreichen der wichtigen Erdölzentren im Raum westlich Grosnij liegengebliebenen Heeresgruppe A, Generalfeldmarschall Wilhelm List, und übernimmt selbst deren Führung. Doch auch der «größte Feldherr aller Zeiten» kann den Vormarsch nicht wieder in Gang bringen.
Die ebenfalls ins Auge gefaßte Entlassung des OKW-Chefs, Wilhelm Keitel, und des Chefs des Wehrmachtführungsstabes, Alfred Jodl, unterbleibt schließlich. — 9.9.

Beginn der Kämpfe um Stalingrad, für das das sowjetische Oberkommando am 25. August den Belagerungszustand erklärt hat. — 16.9.

Zwischen Himmler und Justizminister Thierack wird vereinbart, daß bestimmte Justizhäftlinge, vor allem Juden, «Zigeuner» und Ausländer, zur «Vernichtung durch Arbeit» in Konzentrationslager eingewiesen werden sollen. — 18.9.

Juden erhalten keine Fleisch- und Milchmarken mehr. — 19.9.

Auf Wunsch Speers lehnt Hitler eine eigene Rüstungsindustrie der SS ab. — 20./22.9.

1942

22.9.   Das von Roosevelt und Churchill vereinbarte Landungsunterneh-
men in Französisch-Nordwestafrika (Unternehmen «Torch»)
wird von General Dwight D. Eisenhower, dem Oberbefehlshaber
dieser Aktion, auf den 7. November festgelegt (vgl. 12. Aug.).

24.9.   Der Generalstabschef des Heeres, Generaloberst Franz Halder,
wird durch General Kurt Zeitzler abgelöst. Halder hatte bereits
Ende Juli in sein Tagebuch notiert: «Die immer schon vorhandene
Unterschätzung der feindlichen Möglichkeiten [nimmt bei Hitler]
allmählich groteske Formen an und wird gefährlich. Es wird immer unerträglicher. Von ernster Arbeit kann nicht mehr die Rede
sein. Krankhaftes Reagieren auf Augenblickseindrücke und völliger Mangel in der Beurteilung des Führungsapparates und seiner
Möglichkeiten geben dieser sog. Führung Gepräge.»
Göring ist auf der Suche nach «verwegenen Burschen, die im
Osten als Sonderkommandos eingesetzt werden und hinter den
Linien Störaufgaben durchführen können.» Diese aus Strafgefan-
genen (v. a. Wilderer und Schmuggler) zusammengesetzten «Banden» sollen vornehmlich in der Partisanenbekämpfung eingesetzt
werden: «In den ihnen zugewiesenen Gebieten könnten diese
Banden, deren Aufgabe in erster Linie die Vernichtung der Leitun-
gen der Partisanengruppen sein soll, morden, brennen, schänden,
im Lande kämen sie wieder unter strenge Aufsicht.»

29.9.   Himmler befiehlt, alle Konzentrationslager im Reichsgebiet «judenfrei» zu machen.

1.10.   Das nördliche, bislang zu Jugoslawien gehörende Slowenien, das
im April 1941 besetzt und seit dem 17. April 1941 unter deutscher
Zivilverwaltung (Südkärnten und Südsteiermark) steht, wird
dem Reich einverleibt.
Reichsjustizminister Thierack ruft in seinem ersten «Richterbrief»
die Richter auf, sich bei ihrer Urteilsfindung «nicht sklavisch der
Krücken des Gesetzes [zu] bedienen. Er [der Richter] wird nicht
ängstlich nach Deckung durch das Gesetz suchen, sondern verant-
wortungsfreudig im Rahmen des Gesetzes die Entscheidung finden, die für die Volksgemeinschaft die beste Ordnung des Lebens-
vorgangs ist.»

9.10.   Juden dürfen in «arischen Buchhandlungen» nicht mehr einkaufen.

14.10.   In seinem Operationsbefehl für die weitere Kampfführung im
Osten legt Hitler als «grundsätzliche Forderungen» u. a. fest:

«Die Winterstellung ist auf jeden Fall zu halten. (…) Es wird überall eine aktive Verteidigung geführt, die den Feind nicht zur Ruhe kommen läßt und ihn über unsere eigenen Absichten täuscht. (…) Bei feindlichen Angriffen gibt es kein Ausweichen oder operative Rückwärtsbewegungen.»

Das Ghetto von Brest wird aufgelöst, 19 000 Juden werden in Bronnaja Gora von Polizeikräften erschossen. — 15./16.10.

Die meisten Mitglieder der kommunistischen Widerstandsgruppe um Franz Jacob, Bernhard Bästlein und Robert Abshagen in Hamburg werden verhaftet. — Mitte Okt.

Durch eine Änderung der Personenstandsverordnung der Wehrmacht werden «Ferntrauungen» möglich. Erforderlich ist die Erklärung des «Ehewillens» vor dem Bataillonskommandeur, die zur Ferntrauung führt, wenn die Braut spätestens nach sechs Monaten vor dem heimischen Standesamt ihr Einverständnis gibt. Ist der Verlobte inzwischen gefallen oder vermißt, wird die Ferntrauung dennoch durchgeführt, Hochzeitstag ist dann das Datum der Willenserklärung des Mannes (vgl. 6. Nov. 1941). — 17.10.

Hitler erläßt in seiner «Weisung Nr. 46» den sog. «Kommandobefehl»: Der bei sog. Kommando-Unternehmen in Europa oder Afrika «von deutschen Truppen gestellte Gegner, auch wenn es sich äußerlich um Soldaten in Uniform oder Zerstörertrupps mit und ohne Waffen handelt, [ist] im Kampf oder auf der Flucht bis auf den letzten Mann niederzumachen». — 18.10.

Beginn der britischen Offensive bei El-Alamein unter Montgomery mit weit überlegenen Kräften. Gegen Hitlers Befehl («Halten um jeden Preis») leitet Rommel am 4. November einen weiträumigen Rückzug ein (vgl. 30. Juni). — 23.10.

Das Ghetto in Pinsk (Weißrußland) wird aufgelöst, 18 000 Juden werden von den Polizeibataillonen 306 und 310 ermordet. — 28.10.

Zweite Tagung des «Kreisauer Kreises» (vgl. 24./25. Mai). — Okt.

Beginn der Deportation von Juden aus dem Bezirk Bialystok nach Treblinka. — 1.11.
Schon jetzt werden Hitlerjungen mit dem Eisernen Kreuz oder dem Kriegsverdienstkreuz ausgezeichnet, wenn sie bei «feindli-

chen Fliegerangriffen (...) unerschrockenes Verhalten» an den Tag gelegt haben.

3.11.   Britischer Durchbruch bei El-Alamein, Beginn des Rückzuges des «Afrika-Korps» (vgl. 23. Okt.).

7./8.11.   Die Landung einer alliierten Invasionsarmee in Marokko und Algerien (Operation «Torch») überrascht die deutsche Führung, aber auch Charles de Gaulle, der bei Churchill gegen seine Ausschaltung protestiert (vgl. 22. Sept.).

8.11.   In seiner Rede vor den «Alten Kämpfern» in München legt sich Hitler propagandistisch-psychologisch auf die Eroberung und das Halten von Stalingrad fest: «Das Deutschland von einst [von 1918] hat um $3/412$ die Waffen niedergelegt – ich höre grundsätzlich immer erst 5 Minuten nach Zwölf auf!»

9.11.   Liquidierung des Ghettos in Lublin.

10.11.   Die Truppen der 6. Armee haben neun Zehntel des Stalingrader Stadtgebietes in wochenlangen und harten Kämpfen erobert, doch ist es nicht gelungen, strategische Schlüsselpositionen am Westufer der Wolga in Besitz zu nehmen (vgl. 16. Sept.).

11.11.   Protest Kardinal Bertrams gegen ein geplantes Gesetz zur Zwangsscheidung «rassischer Mischehen».
Das OKW erläßt eine «Kampfanweisung für die Bandenbekämpfung im Osten».
Der bisher nicht besetzte Teil Frankreichs wird bis auf Vichy und den Kriegshafen Toulon von deutschen und italienischen Einheiten als Reaktion auf die Landung der Alliierten in Nordafrika besetzt (vgl. 7./8. Nov.).

16.11.   Neue Verordnung über die Reichsverteidigungskommissare und die Vereinheitlichung der Wirtschaftsverwaltung (vgl. 1. September 1939). Alle Gauleiter werden jetzt gleichzeitig auch Reichsverteidigungskommissare.

17.11.   Erste Kampfberührung der von Algerien aus nach Tunesien vorgedrungenen Alliierten mit deutschen Truppen 50 Kilometer westlich von Bizerta (vgl. 7./8. Nov.).

Beginn der sowjetischen Großoffensiven zuerst im Norden, vom 20. November an auch im Süden Stalingrads (vgl. 10. Nov.).
Etwa 10 000 Juden aus dem Ghetto von Lemberg werden nach Belzec gebracht.

Reichsleiter, Gauleiter, Gliederungs- und Verbändeführer und «andere prominente Parteigenossen» haben von ihnen verfaßte Bücher und Schriften (auch Vorworte und sonstige Beiträge) vor der Publikation Hitler zur Prüfung vorzulegen.
Für die Parteigerichte der NSDAP sollen nicht länger «formal-rechtliche Anschauungen, sondern die politischen Notwendigkeiten der Bewegung (...) Ausgangspunkt ihres Handelns sein».

21.11.

Die Strafzumessung für landesverräterische Delikte wird verschärft.
Die 6. Armee (ca. 250 000 Soldaten) ist in Stalingrad eingeschlossen, nachdem sich die Angriffszangen der beiden russischen Offensiven bei Kalatsch am Don getroffen haben (vgl. 19./20. Nov.).
Hitler befiehlt am Abend: «Die 6.Armee igelt sich ein und wartet Entsatz von außen ab!»

22.11.

Hitler lehnt die von General Paulus erbetene Handlungsfreiheit für einen Ausbruch aus Stalingrad nach Westen ab und verspricht eine ausreichende Versorgung aus der Luft sowie Entsatz.

23./24.11.

Um dort Deutsche anzusiedeln, beginnen Massendeportationen von Polen aus dem Raum Zamość südlich von Lublin, die am 10. Juli 1943 abgebrochen werden. Daraufhin sprunghaftes Anwachsen der Partisanentätigkeit, die mit zahlreichen Massakern an der polnischen Zivilbevölkerung durch die deutschen Besatzer bekämpft wird.

24.11.

Beginn der Luftversorgung Stalingrads: statt der von Göring zugesagten 300t Nachschubgüter gelangen im Tagesdurchschnitt nur 95t in den Kessel (vgl. 23./24. Nov.).

25.11.

Beginn der Deportation von Juden aus Norwegen.

25./26.11.

Auch die «im kriegswichtigen Arbeitseinsatz stehenden Juden» sollen aus dem Reichsgebiet «evakuiert und durch Polen, die aus dem Generalgouvernement ausgesiedelt werden, ersetzt werden» (vgl. 27. Feb. – 6. März 1943).

26.11.

27.11. Der deutsche Handstreich auf den Hafen von Toulon endet mit der Selbstversenkung der französischen Flotte (61 Schiffe) (vgl. 11. Nov.).
Generalfeldmarschall Erich von Manstein übernimmt den Oberbefehl über eine neugebildete «Heeresgruppe Don», die die 6. Armee entsetzen (vgl. 12. Dez.) und die Wiederherstellung der Frontsituation von vor dem 19. November herbeiführen soll.

28.11. Fischhäute, die bei der Filetfabrikation anfallen, werden ab sofort bewirtschaftet: Sie sollen zur Herstellung von Schuhoberleder genutzt werden.

1.12. Mussolini rät Hitler, den Krieg im Osten, «der keinen Zweck mehr hat (...), auf die eine oder andere Weise» abzuschließen. Hitler lehnt ab. Auch eine Anregung Mussolinis am 18. Dezember, einen Frieden mit Stalin ähnlich dem Frieden von Brest-Litowsk zu schließen, weist er zurück (vgl. 2. Sept.).

2.12. Die NSDAP wird zuständig für den Aufbau von Heimatflakbatterien.

9.12. Letzter Transport ins Vernichtungslager Belzec, danach bis Mai 1943 Verbrennung der Leichen und Zerstörung des Lagergeländes.

12.12. Ein deutscher Entsatzvorstoß (Unternehmen «Wintergewitter») nach Stalingrad scheitert wegen Erschöpfung der Kräfte 48 Kilometer vor dem Einschließungsring und muß abgebrochen werden. Auch jetzt erteilt Hitler nicht den Befehl zum Ausbruch aus dem Kessel (vgl. 23./24. Nov.).

13.12. Adventspredigt von Bischof Preysing gegen die Willkür gegenüber Menschen anderer Nationalität und Rasse.

14.12. Über Stockholmer Kontakte erreicht Hitler das Angebot Stalins, einen Separatfrieden auf der Basis der Grenze von 1939 abzuschließen. Hitler lehnt diesen Vorschlag ebenso ab wie weitere entsprechende Offerten auf wechselnder Grundlage im April, Juni und September 1943 (vgl. 1. Dez.).

16.12. Himmler befiehlt die Deportation aller Sinti und Roma nach Auschwitz.
Das OKW gibt in einem Befehl die Weisung weiter, daß «kein in

der Bandenbekämpfung eingesetzter Deutscher (...) wegen seines Verhaltens im Kampf gegen die Banden und ihre Mitläufer disziplinarisch oder kriegsgerichtlich zur Rechenschaft gezogen werden (darf).» Der Kampf gegen die Partisanen müsse mit den «allerbrutalsten Mitteln geführt» werden.

Spanien und Portugal schließen den «Iberischen Pakt» ab und deuten damit bereits eine Abwendung von den Achsenmächten Deutschland und Italien an. 20.12.

Die Auslösung des Unternehmens «Donnerschlag», ein Gesamtausbruch der 6. Armee aus Stalingrad, wird nicht befohlen, weil Hitler seine Zustimmung verweigert. Damit überläßt der «Führer» die eingekesselten Truppen ihrem Schicksal (vgl. 8. Jan. 1943). 23.12.

Das «Smolensker Komitee» unter dem in deutsche Kriegsgefangenschaft geratenen General Andrej Wlassow wird gegründet. Wlassow hat sich bereit erklärt, mit russischen Verbänden (aus Kriegsgefangenen und Überläufern) an der Seite der Wehrmacht für eine Befreiung Rußlands von der Herrschaft Stalins zu kämpfen. Hitler lehnt dieses Ansinnen freilich (bis September 1944) ab. 27.12.

Die Heeresgruppe A zieht sich aus dem Kaukasus zurück. 28.12.

Die Zusammenarbeit der bürgerlich-konservativen Widerstandskreise um Goerdeler und Beck mit der militärischen Opposition und Oberst Henning von Tresckow sowie dem Chef des Allgemeinen Heeresamtes, General Friedrich Olbricht, wird intensiviert. Ende 1942

Dez.

Die illegale Berliner Organisation der «Zeugen Jehovas» wird zerschlagen (vgl. 1. April 1935; Aug./Sept. 1936; Dez. 1940).

5.1.   Reichsjustizminister Thierack spricht auf einer Kundgebung über die Zukunft nationalsozialistischer Rechtspflege. Dabei vergleicht er das Amt des Richters mit dem des Politischen Leiters. Denn indem der Richter «die sittlichen Werte der Staatsführung in den Vordergrund stelle, werde er zum Gehilfen der Staatsführung». Im übrigen «will ich dem deutschen Menschen selbst die Möglichkeit geben, Recht zu sprechen und bin davon überzeugt, daß jeder anständige, innerlich klare Volksgenosse genau so Recht sprechen kann wie der Richter».

6.1.   Goebbels bemängelt, daß die Propaganda seit Kriegsbeginn einer fehlerhafte Entwicklung genommen habe, und zwar: «1. Kriegsjahr: Wir haben gesiegt. 2. Kriegsjahr: Wir werden siegen. 3. Kriegsjahr: Wir müssen siegen. 4. Kriegsjahr: Wir können nicht besiegt werden. Eine solche Entwicklung sei katastrophal und dürfe unter keinen Umständen fortgeführt werden. Es müsse vielmehr der deutschen Öffentlichkeit zum Bewußtsein gebracht werden, daß wir nicht nur siegen wollen und müssen, sondern besonders auch, daß wir auch siegen *können*, weil die Voraussetzungen gegeben sind, sobald Arbeit und Leistung in der Heimat voll in den Dienst des Krieges gestellt werden.»

8.1.   Treffen des «Kreisauer Kreises» mit der bürgerlich-konservativen «Honoratiorengruppe» um Goerdeler. Zu einer programmatischen Einigung dieser beiden Widerstandsgruppen kommt es jedoch nicht: Während die «Kreisauer» sich gegenüber den «Exzellenzen» sehr kritisch verhalten, Goerdeler geradezu als einen «Reaktionär» einstufen, sehen umgekehrt die «Honoratioren» in den «Kreisauern» nicht viel mehr als «jüngere Männer ohne Erfahrung», voller Idealismus, aber ohne Realismus.
Die 6. Armee in Stalingrad wird zur Kapitulation aufgefordert; Generaloberst Paulus lehnt befehlsgemäß ab. Daraufhin beginnen am 10. Januar die Armeen der sowjetischen «Don-Front» ihre Offensive zur Zerschlagung des Kessels von Stalingrad (vgl. 23. Dez. 1942).

10.–18.1.   Straßenrazzien in Warschau und anderen Großstädten des «Generalgouvernements» zur Zwangsarbeiterrekrutierung («Asozialenaktion»).

Einrichtung des KZ Vught bei s'Hertogenbosch in den Niederlan- 13.1.
den. Die ersten Insassen sind deutsche Kriminelle, die dann als
Kapos und Funktionshäftlinge im «Judendurchgangslager» eingesetzt werden.
«Erlaß des Führers» über den umfassenden Einsatz von Männern
und Frauen für Aufgaben der Reichsverteidigung. Damit sollen
die Menschenverluste an der Ostfront ausgeglichen werden, denn
das «Ziel ist, die wehrfähigen Männer für den Fronteinsatz freizumachen» (vgl. 27. Jan.).

Konferenz von Casablanca: Festlegung der weiteren Operationen 14.–26.1.
und Verkündung der Formel von der «bedingungslosen Kapitulation» (die «unconditional surrender»-Formel stammt aus dem
amerikanischen Bürgerkrieg) Deutschlands, Italiens und Japans
als alliiertem Kriegsziel.

Ein erster Entwurf für ein «Volksgesetzbuch» wird vorgelegt. Es 18.1.
soll die allgemeinen Regeln wiedergeben, die für das nationalsozialistische Gemeinschaftsleben verbindlich sind. U. a. heißt es
darin: «Der Richter ist bei seiner Entscheidung keinen Weisungen
unterworfen. Er spricht Recht nach freier, aus dem gesamten
Sachstand geschöpfter Überzeugung und nach der von der nationalsozialistischen Weltanschauung getragenen Rechtsauslegung.
(...) Die Auslegung der Gesetze ist nicht an ihren Wortlaut gebunden, sondern hat stets den sie rechtfertigenden Zweck zu
berücksichtigen.»

Ein deutsch-japanisches Wirtschaftsabkommen bleibt wegen der 20.1.
fehlenden Landverbindung und der immer geringer werdenden
Möglichkeiten von Blockadebrechern und Handels-U-Booten
weitgehend Papier.
Beginn der bis März andauernden Großoperationen gegen jugo-
slawische Partisanen («Weiß I und II»).

Hitler ersucht seinen japanischen Alliierten um einen Entla- 21.1.
stungsangriff gegen die Sowjetunion.

Hitler verbietet erneut die Kapitulation der 6. Armee in Stalin- 23.1.
grad (vgl. 23. Dez. 1942; 8. Jan.).

Die Reichsregierung verlängert per Gesetz die Wahlperiode des 25.1.
bestehenden Großdeutschen Reichstages bis zum 30. Januar
1947.

1943

26.1.   Verordnung zur Heranziehung von Schülern zum Kriegshilfsein-
         satz der deutschen Jugend bei der Luftwaffe (vgl. 11. Februar).

27.1.   Erster US-Tagesluftangriff ohne Jagdschutz auf das Reichsgebiet;
         Zielpunkt ist Wilhelmshaven.
         Verordnung des «Generalbevollmächtigten für den Arbeitsein-
         satz», Sauckel, zur Führung des totalen Krieges (vgl. 21. März
         1942). Danach haben sich grundsätzlich alle Männer vom 16. bis
         zum 65. und alle Frauen vom 17. bis zum 45. Lebensjahr nach
         entsprechendem Aufruf bei ihrem zuständigen Arbeitsamt zu mel-
         den, um für Aufgaben der Reichsverteidigung eingesetzt werden
         zu können. Das Verpflichtungsalter der Frauen wird in Folgever-
         ordnungen weiter heraufgesetzt (vgl. 13. Jan.).

29.1.   Um Arbeitskräfte für den kriegswichtigen Einsatz freizumachen,
         ist der Reichswirtschaftsminister berechtigt, die Stillegung oder
         Zusammenlegung von Betrieben oder die Unterlassung bestimm-
         ter Tätigkeiten zu verordnen (vgl. 4. Feb.).

30.1.   Ernst Kaltenbrunner wird als Nachfolger Heydrichs zum Chef
         der Sicherheitspolizei und des SD ernannt.
         Goebbels gibt «Weisung für die deutsche Presse und den deut-
         schen Rundfunk, bei der Behandlung von Stalingrad mehr als bis-
         her den Heroismus und weniger das Grauenhafte und das Ver-
         zweifelte des Kampfes herauszustellen».
         Der Befehlshaber der deutschen U-Boote, Admiral Karl Dönitz,
         wird bei gleichzeitiger Beförderung zum Großadmiral als Nach-
         folger des zurückgetretenen Raeder Oberbefehlshaber der Kriegs-
         marine.

30./31.1.   Churchill versucht vergeblich, die Türkei zum Bruch mit Deutsch-
         land zu veranlassen. Die Türkei bleibt nicht nur neutral, sondern
         versucht angesichts der sowjetischen Erfolge einen Block der
         Neutralen mit den Donau- und Balkanstaaten zu formieren, ge-
         gen den sich die deutsche Führung allerdings nach der Stabilisie-
         rung im Süden der Ostfront im März 1943 erfolgreich wendet.

31.1./2.2.   Die 6. Armee unter dem soeben zum Generalfeldmarschall er-
         nannten Friedrich Paulus kapituliert in Stalingrad: 150 000 Solda-
         ten sind gefallen, 91 000 geraten in Kriegsgefangenschaft. Nach
         1945 kehren nur etwa 6000 von ihnen zurück (vgl. 23. Jan.).
         Im Frontbericht des OKW hörte sich das so an: «Der Kampf um
         Stalingrad ist zu Ende. Ihrem Fahneneid bis zum letzten Atemzug

getreu, ist die 6. Armee unter der vorbildlichen Führung des Generalfeldmarschalls Paulus der Übermacht des Feindes und der Ungunst der Verhältnisse erlegen. (...) Noch ist es nicht an der Zeit, den Verlauf der Operationen zu schildern, die zu dieser Entwicklung geführt haben. Eines aber kann schon heute gesagt werden: Das Opfer der Armee war nicht umsonst. (...) Sie starben, damit Deutschland lebe.»

Das fünfte Flugblatt der «Weißen Rose» wird in Umlauf gebracht. Jan.
Sprachlich klarer und politischer als bisher wendet man sich nunmehr an «alle Deutsche[n]» (vgl. Sommer 1942; Mitte Feb.).

Die kommunistische Knöchel-Organisation wird in Berlin und im Jan./
Westen Deutschlands zerschlagen. Febr.

Anton Mussert, Führer der «Nationaal Socialistische Beweging» 1.2.
bildet eine Art beratendes niederländisches Kabinett, das aber de facto dem Reichskommissar Seyß-Inquart untergeordnet bleibt.

Marschall Karl Gustav von Mannerheim erklärt auf einer Besprechung der finnischen Regierung die Notwendigkeit für Finnland, 3.2.
bei der erstbesten Gelegenheit aus dem Krieg auszuscheiden.
Auch Marschall Ion Antonescu sucht für Rumänien, Ministerpräsident Miklos von Kallay für Ungarn nach Auswegen, um eine Kapitulation vor der Sowjetunion zu vermeiden.

Mit drei Anordnungen des Reichswirtschaftsministers wird die 4.2.
Schließung aller nicht unbedingt kriegswichtigen Betriebe des Handels, des Handwerks und des Gaststättengewerbes verfügt: «Was nicht unmittelbar dem Kampf an der Front, der Rüstung und der kriegsnotwendigen Versorgung dient, hat solange keine Daseinsberechtigung mehr, bis der Sieg errungen ist.»

Hitler legt in einer Verfügung fest, daß der «Farbton des Dienstanzuges der Politischen Leiter des Arbeitsbereiches Osten der 9.2.
NSDAP. (...) mittelbraun» ist. Als besonderes Kennzeichen tragen diese Männer ein Ärmelband, auf dem in «goldgelber Schrift auf dunkelbraunem Grund» die Aufschrift «Arbeitsbereich Osten der NSDAP.» zu lesen ist.

In Weißrußland findet eine großangelegte Operation gegen Partisanen («Hornung») statt: 13 000 Tote, darunter 3300 Juden. 10.–20.2.

1943

11.2. Die Dienstverpflichtung von Schülern, die das 15. Lebensjahr vollendet haben, als «Luftwaffenhelfer» bei der Flugabwehr (vgl. 26. Januar) beginnt. «Mit Rücksicht darauf, daß die höheren Schulen ein besonderes Kontingent an Nachwuchs für die gerade im Kriege wichtigen Berufe wie z. B. Ärzte, Wissenschaftler, Ingenieure, Techniker usw. stellen, wird besonderer Wert darauf gelegt, daß der Unterricht in möglichst großem Umfange weitererteilt werden kann. (...) Mit dem Kriegseinsatz der deutschen Jugend ist ein weiterer Schritt zur totalen Mobilisierung aller Kräfte des deutschen Volkes getan.» Der erste Schub von Flakhelfern umfaßt 11 503 15–17jährige noch schulklassenweise. Anfangs wird regelmäßiger Unterricht in den Unterkünften der Batterien erteilt, der später zunehmend – nicht zuletzt wegen Übermüdung der Schüler – ausfällt. Im Juni 1944 leisten bereits 56 000 Flakhelfer für 50 Pfennig Tagessold ihren Dienst. Sie gehören offiziell der HJ an und haben keinen Kombattantenstatus.

Goebbels fordert dazu auf, «aus der deutschen Presse die Karikaturen herauszunehmen, die unsere Gegner klein machen. Wir hätten zurzeit keinen Anlaß unsere Gegner kleiner darzustellen, als sie tatsächlich sind, da uns das Volk in dieser Hinsicht nicht folgen werde.»

13.2. Hitler hat entschieden, «daß bei Familien mit fünf oder mehr wehrpflichtigen Söhnen (...) wenigstens ein männlicher Erbe aus dem Wehrdienst entlassen oder vom Wehrdienst zurückgestellt wird, wenn seine Arbeitskraft zur Aufrechterhaltung der Existenz der Familie benötigt wird und außer den im Wehrdienst stehenden Söhnen keine geeigneten männlichen Nachkommen verfügbar sind».

Mitte Febr. Sechstes und letztes Flugblatt der «Weißen Rose» (vgl. Januar). Es mahnt: «Der Tag der Abrechnung ist gekommen, der Abrechnung der deutschen Jugend mit der verabscheuungswürdigsten Tyrannis, die unser Volk je erduldet hat.» Vom 18. Februar an werden zahlreiche Mitglieder der Gruppe (Hans und Sophie Scholl, Willi Graf, Alexander Schmorell, Christoph Probst, Kurt Huber u. a.) zunächst in München, dann auch in Hamburg und anderswo verhaftet. Fast alle Beteiligten werden hingerichtet (vgl. Jan.).

18.2. Goebbels hält im Sportpalast vor einer handverlesenen, fanatisierten Zuhörerschaft aus allen Volksschichten seine berühmt-berüchtigte Rede, Höhepunkt einer großangelegten Propagandakampagne, die Deutschland aus dem Stalingrad-Schock reißen und letzte

Kräfte mobilisieren soll. Sie mündet in der suggestiven Frage: «Wollt ihr den totalen Krieg? Wollt ihr ihn, wenn nötig, totaler und radikaler, als wir ihn uns heute überhaupt noch vorstellen können?» Frenetischer Beifall und Zustimmung sind die Antwort. In dieser Rede bezeichnet Goebbels das Judentum «als die Inkarnation des Bösen, als plastischer Dämon des Verfalls», es stelle eine «infektiöse Erscheinung» dar. Die ausländischen Proteste gegen die antijüdische Politik, «das Vergießen von heuchlerischen Krokodilstränen», könnten nicht verhindern, daß man der jüdischen Bedrohung entgegentrete durch «Ausrot...» – dann verbessert sich Goebbels und sagt – «durch Ausschaltung des Judentums».

Deportation von 23 000 Sinti und Roma ins so genannte «Zigeunerlager» nach Auschwitz.
— ab 26.2.

Selbst aus Berliner Rüstungsfirmen werden jüdische Zwangsarbeiter nach Auschwitz deportiert (vgl. 26. Nov. 1942).
Nach tagelangen Protesten von zeitweise mehreren hundert «arischen» Ehefrauen in der Berliner Rosenstraße kommt es zur Freilassung ihrer jüdischen Ehemänner.
— 27.2.– 6.3.

Massendeportationen holländischer Juden nach Sobibor.
— März– Juli

Protest Kardinal Bertrams bei Reichsinnenminister Frick gegen die unmenschlichen Maßnahmen bei der «Evakuierung» von Juden.
Beamten und Angestellten des öffentlichen Dienstes wird im Jahr 1943 «Erholungsurlaub (...) nur gewährt, wenn nach Ansicht des Dienstvorgesetzten eine Urlaubsbedürftigkeit vorliegt und die Geschäftslage der kriegswichtigen Arbeiten den Urlaub zuläßt.» Der Erholungsurlaub wird auch dann nur für höchstens 14 Tage gewährt, der Übertrag von Resturlaubstagen aus dem Vorjahr ist nicht mehr zulässig, und eine «Abgeltung nicht erhaltenen Erholungsurlaubs findet in keinem Falle statt». Diese Regelung wiederholt sich auch im Jahr 1944.
— 2.3.

Die unter bulgarischer Besatzung lebenden thrakischen und mazedonischen Juden werden zunächst festgenommen und dann nach Treblinka deportiert.
— ab 4.3.

Westlich von Charkow läuft eine deutsche Gegenoffensive an, die zwar die sowjetische Offensive zum Stehen bringt, allerdings Mitte März steckenbleibt. Gewisse Stabilisierung der Ostfront.
— 6.3.

10.3. Die Mindestarbeitszeit von Beamten wird auf 56 Stunden in der Woche festgelegt. «Eine Begrenzung der täglichen Arbeitszeit auf höchstens neun Stunden fällt im Hinblick darauf, daß der Soldat an der Front keine Begrenzung seines Dienstes kennt, fort. (...) An Samstagnachmittagen und Sonntagen ist insoweit zu arbeiten, als kriegswichtige Aufgaben zu erfüllen sind.» (vgl. 24. Aug. 1944)

12.3. In Turin streiken ca. 100 000 italienische Rüstungsarbeiter für «Frieden und Freiheit», ohne daß die italienischen Behörden energisch reagieren.

13.3. Mißlungener Versuch eines Bombenattentats auf Hitler durch Henning von Tresckow und Fabian von Schlabrendorff: Eine als Cognac-Flasche getarnte und in Hitlers Flugzeug deponierte Zeitbombe detoniert nicht, weil der Zünder versagt.

15.3. Die griechischen Juden werden nach Auschwitz deportiert.

21.3. Auch der Attentatsversuch Rudolf-Christoph von Gersdorffs auf Hitler im Berliner Zeughaus erweist sich als unausführbar, da Hitler nach nur ganz kurzem Aufenthalt jene militärische Ausstellung verläßt, die die Gelegenheit geboten hätte, sich mit ihm in die Luft zu sprengen.

22.3– Die großen Krematorien mit Gaskammern (II-V) in Auschwitz
25.6. werden fertiggestellt.

26.3. Geheime Denkschrift Goerdelers für die Wehrmachtspitze, um einen Staatsstreich anzustoßen: «Lassen wir uns nicht in unserem Glauben daran irre machen, daß das deutsche Volk wie in der Vergangenheit, so auch für die Zukunft, dies will: Gerechtigkeit, Redlichkeit und Wahrhaftigkeit! (...) Es handelt sich also praktisch nur darum, einen Zustand herzustellen, in dem es (...) möglich ist, die Wahrheit wieder zu Worte kommen zu lassen und damit das allgemeine Vertrauen in den festen Willen zu gewinnen, daß Recht und Anstand wieder herrschen sollen.»

Frühjahr Eine zweite Stillegungswelle bedeutet das Aus für rund 950 private Zeitungen (vgl. Mai 1941; 7. Sept. 1944).

7.4. Die Massenmorde in Kulmhof (Chelmno) enden vorläufig; die Anlagen werden weitgehend zerstört (vgl. 5. Mai 1944).

Treffen Hitlers und Mussolinis in Kleßheim bei Salzburg.

Bormann wird als «persönlicher Sachbearbeiter» von Hitler mit 12.4.
dem Titel «Sekretär des Führers» versehen. Hintergrund dieser
Ernennung ist die Tatsache, daß Bormann laufend Sonderaufträge
bekommt, die nicht in den Aufgabenkreis der Partei-Kanzlei fallen. Bormanns besondere Stellung wird von Reichsminister Lammers am 8. Mai nochmals gegenüber allen Obersten Reichsbehörden deutlich gemacht.

Bei Katyn in der Nähe von Smolensk werden in Massengräbern 13.4.
über 4000 bereits im Frühjahr 1940 von der sowjetischen Ge-
heimpolizei ermordete polnische Offiziere gefunden. Von Goebbels wird diese grausige Entdeckung propagandistisch weidlich
ausgeschöpft.

In Jejsk und bei Woroschilowgrad werden von sowjetischen 15.4.
Behörden erste NS-Opfer aus Massengräbern exhumiert.

Aufstand im Warschauer Ghetto. Nachdem bereits 300000 Be- 19.4.
wohner des Ghettos in das Vernichtungslager Treblinka abtransportiert worden sind, wehren sich die verbliebenen 60000 Juden
gegen ihre Deportation. Bis zum 16. Mai wird der Aufstand durch
SS- und Polizeiverbände unter dem Befehl des SS-Brigadeführers
Jürgen Stroop blutig niedergeschlagen, die überlebenden Ghetto-
Kämpfer werden ermordet.

Eine ergänzende «Zwölfte Verordnung zum Reichsbürgergesetz» 25.4.
(vgl. 15. Sept. 1935) unterscheidet neben der unbeschränkten
Staatsangehörigkeit (Reichsbürgerschaft) die Staatsangehörigkeit
auf Widerruf und die Schutzangehörigkeit des Deutschen Reiches.
Gleichzeitig wird bestimmt, daß «Juden und Zigeuner (...) nicht
Staatsangehörige auf Widerruf oder Schutzangehörige sein»
können.

Denkschrift eines Kreises evangelischer Laien in München um die 25./26.4.
Verleger Albert Lempp und Walter Classen an Bischof Hans Mei-
ser, in dem der Protest gegen das Schweigen der Kirche über die
Judenverfolgung artikuliert wird. Die Denkschrift zirkuliert in
Abschriften und wird sodann im «Evangelischen Pressedienst» in
der Schweiz veröffentlicht.

1943

29.4.– Generalstreik in den Niederlanden als Protest gegen Hitlers Be-
1.5.   fehl zur Internierung der im Mai 1940 entlassenen 300 000
       Kriegsgefangenen. Diese sollen im Deutschen Reich zum Arbeits-
       einsatz kommen.

30.4. Allen Juden wird die deutsche Staatsbürgerschaft entzogen (vgl.
       25. April).

April Bergen-Belsen, das bislang als Internierungslager für Juden aus
       den westalliierten Ländern gedient hat, wird in ein Konzentrati-
       onslager umgewandelt.
       Zerschlagung des Widerstandskreises in der Abwehr: Hans Oster,
       Dietrich Bonhoeffer, Hans von Dohnanyi, Josef Müller u. a. wer-
       den verhaftet.

10.5. Hitler verlängert das Ermächtigungsgesetz vom 24. März 1933
       per Erlaß, wenngleich unter dem Vorbehalt, eine Bestätigung
       durch den Großdeutschen Reichstag nachholen zu wollen.

12.5. Die «Kriegsmaßnahmenverordnung» soll der «Entlastung der
       bürgerlichen Rechtspflege von nichtkriegswichtigen Aufgaben»
       dienen. Die Gerichte haben «die Bearbeitung bürgerlicher Rechts-
       sachen zurückzustellen, soweit deren Erledigung während des
       Krieges nicht dringlich ist. Die Entscheidung über diese Zurück-
       stellung ist unanfechtbar.»
       Die Lebensmittelzuteilungen werden gekürzt. Die allgemeine Ver-
       sorgungslage in Deutschland verschlechtert sich.

12.–25.5. Dritte Washingtoner Konferenz («Trident»). Churchill und Roo-
       sevelt beschließen eine Landung in Sizilien, die Azoren sollen als
       Stützpunkt im U-Boot-Krieg genutzt werden, eine Landung in
       Frankreich soll erst 1944 stattfinden.

13.5. Die in Tunesien verbliebenen deutschen und italienischen Trup-
       pen kapitulieren. Sie seien, wie das OKW bekanntgibt, «schließ-
       lich dem Mangel an Nachschub erlegen, nicht dem Ansturm des
       Feindes, der die Überlegenheit unserer Waffen auch auf diesem
       Kriegsschauplatz oft genug hat anerkennen müssen». Damit ist
       der Kampf in Nordafrika beendet, nachdem im Februar noch
       verschiedene Vorstöße zu keinem Erfolg geführt hatten und
       Rommel, der ein längerfristiges Halten des «Brückenkopfs Tu-
       nesien» bezweifelt hatte, bereits am 9. März von Hitler abbe-
       rufen worden war (vgl. 17. Nov. 1942).

Im «Combined Bomber Offensive Plan» der Alliierten wird fest- 14.5.
gelegt, welche Ziele systematisch zu bombardieren sind: 1. U-
Boot-Werften und -Stützpunkte, 2. Luftrüstungsindustrie, 3. Ku-
gellagerherstellung, 4. Treibstoffproduktion, 5. Synthetische Kau-
tschuk- und Reifenherstellung sowie 6. militärische Kraftfahr-
zeugproduktion (vgl. 10. Juni).

Beginn der Operation «Schwarz» (bis 17. Juni) gegen Partisanen 15.5.
in Jugoslawien. Wie bei den früheren Aktionen (vgl. 20. Januar)
gelingt es der Masse der Partisanen, sich einer Einschließung zu
entziehen bzw. auszubrechen.
Die «Kommunistische Internationale» (Komintern) wird aufgelöst. Diese Maßnahme Stalins hat sowohl außenpolitische (Blick
auf die Westalliierten) als auch innenpolitische (patriotische, nicht
ideologische Appelle im «Großen Vaterländischen Krieg») Hin-
tergründe.

Der britischen Royal Air Force gelingt die Bombardierung und 16./17.5.
Zerstörung der Staudämme der Möhne- und Edertalsperren, wobei der Wassersturz starke Verluste unter der Zivilbevölkerung
verursacht. Die Energie- und Wasserversorgung des Ruhrgebietes
wird ernsthaft gefährdet.

In einem «Erlaß des Führers» wird die «Fernhaltung internatio- 19.5.
nal gebundener Männer von maßgebenden Stellen in Staat, Partei
und Wehrmacht» befohlen. Der «schicksalhafte Kampf unseres
Volkes (...) duldet an verantwortlichen Stellen nur Männer, die
durch keinerlei abirrende Bindungen von dem fanatisch zu erstrebenden Ziel, dem Sieg des nationalsozialistischen Großdeutschen
Reiches, abgelenkt werden.» Angehörige regierender oder ehemals
regierender Fürstenhäuser sowie früher einflußreicher Gesell-
schafts- und Wirtschaftskreise mit internationalen verwandt-
schaftlichen Verflechtungen dürfen nicht länger an «maßgebenden Stellen» verwendet werden. Dasselbe gilt für Männer mit
Ehefrauen aus «den mit uns in Kriegszustand oder politischem
Gegensatz befindlichen Ländern».
Berlin wird für «judenfrei» erklärt.

Im ganzen Deutschen Reich findet eine Spinnstoff- und Schuh- 23.5.–
sammlung statt. Im Aufruf des Reichswirtschaftsministers Funk 12.6.
dazu heißt es: «Bisher hat sich das deutsche Volk noch in jeder
Phase des Krieges hart, entschlossen und opferfreudig gezeigt. So
wird auch weiterhin jede Maßnahme (...) die letzten Hoffnungen

unserer Feinde auf ein Erlahmen der deutschen Wirtschaftskraft zuschanden machen.»

24.5. Großadmiral Karl Dönitz bricht nach schweren Mißerfolgen und Verlusten die «Schlacht im Atlantik» ab. Damit ist die entscheidende Wende im U-Boot-Krieg eingetreten.

27.5. Verschiedene französische Widerstandsgruppen schließen sich im «Conseil National de la Résistance» unter Jean Moulin zusammen.

30.5. Weil ein Ersatz der zerstörten oder beschädigten Fahrzeuge und Anlagen «aus der laufenden Produktion und aus Beständen des Reiches nicht» mehr gestellt werden kann, werden Straßenbahnwagen und Oberleitungsomnibusse in den besetzen Gebieten, im «Generalgouvernement» sowie im «Protektorat Böhmen und Mähren» beschlagnahmt und ins Deutsche Reich verfrachtet.
Die zunehmende Bedeutung der Kriegsgefangenen für die Kriegswirtschaft und für die Bedürfnisse der Truppe führt zu einem geheimen «Befehl des Führers», der dazu anhält, Kriegsgefangene «an richtiger Stelle, zur rechten Zeit und nach ihrer Eignung zur Arbeit einzusetzen». Darüber hinaus ist endlich erkannt worden, daß die «Behandlung der in deutschem Gewahrsam befindlichen feindlichen Kr.Gef. [sich] auf die in feindlicher Hand befindlichen deutschen Kr.Gef.» auswirkt.

31.5. Das Speersche Ministerium übernimmt auch noch die Kontrolle der Marinerüstung. Mit Ausnahme der Luftwaffenrüstung liegt damit die gesamte Rüstungsproduktion in einer Hand.

Mai – Große «Bandenbekämpfungsaktionen» in Weißrußland (Unter-
Aug. nehmen «Cottbus» mit 13 500 Opfern und «Hermann»): es werden zumeist unbeteiligte Zivilisten erschossen.

10.6. Die «Combined Bomber Offensive» läuft an und soll die Deutschen nicht mehr zur Ruhe kommen lassen: amerikanischen Präzisionsangriffen am Tage folgen englische Flächenbombardements bei Nacht (vgl. 14. Mai).

11.6. Himmler befiehlt die «Liquidierung» sämtlicher polnischer, am 21. Juni auch aller im besetzten sowjetischen Gebiet gelegenen Ghettos.

Dritte Tagung des «Kreisauer Kreises» (vgl. 24./25. Mai 1942 und Okt. 1942), auf der u. a. Grundsätze einer «Bestrafung der Rechtsschänder» erörtert werden. Es soll der Versuch gemacht werden, neben der strafrechtlichen Ahndung das an Einzelnen und an Völkern begangene Unrecht durch eine sinnvolle Wiedergutmachung zu sühnen.

Hitler befiehlt die Bildung eines zentralen Sonder-Standgerichts 21.6. für die Wehrmacht, das «im Schnellverfahren politische Straftaten abzuurteilen [hat], die sich gegen das Vertrauen in die politische oder militärische Führung richten und bei Anlegung des gebotenen scharfen Maßstabes eine Todes- oder Zuchthausstrafe erwarten lassen. Die Vollstreckung soll der Bestätigung des Urteils auf dem Fuße folgen.»
Himmler befiehlt, nach vorheriger Erschießung aller Arbeitsunfähigen die Ghettos im Baltikum in Konzentrationslager umzuwandeln.

Hitler wünscht in Zukunft im innerdeutschen Verkehr, auch in 26.6. Gesetzen, Erlassen und Verordnungen ausschließlich als «Der Führer» bezeichnet zu werden. Im Verkehr mit dem Ausland soll zukünftig die Bezeichnug «Der Führer des Großdeutschen Reiches» verwandt werden. Deutsche sollen ihn mit «Mein Führer», Ausländer mit «Führer» ansprechen.

Die Luftangriffe auf Deutschland machen zunehmend eine Verla- 28.6. gerung «rüstungswichtiger Betriebe und Fertigungen» auch ins «Protektorat Böhmen und Mähren», ins «Generalgouvernement» und in die besetzten Ostgebiete erforderlich.
Mittlerweile muß für den «umfassenden Arbeitseinsatz der Bevölkerung für die Rüstung» verstärkt auf Fahrräder für den Berufsverkehr zurückgegriffen werden. Da die Menge an vorhandenen Rädern bei weitem nicht ausreicht, eine Neufertigung aber nicht stattfindet, muß nach einem «Erlaß des Führers» die Fehlmenge «durch Inanspruchnahme von gebrauchsfähigen Fahrrädern aus den besetzten Gebieten gedeckt» werden. Die Einzelheiten haben die Militärbefehlshaber in Paris und Brüssel sowie der Reichskommissar in Den Haag zu klären.

Das erste «Kommando 1005» zur Exhumierung von Massengrä- Juni bern und Verbrennung der Leichen zur Tilgung möglichst aller Spuren des Völkermords wird aufgestellt.

1943

1.7. Die strafrechtliche Hoheit über die Juden wird formell auf die Polizei übertragen. In der «Dreizehnten Verordnung zum Reichsbürgergesetz» (vgl. 15. Sept. 1935) heißt es lapidar: «Strafbare Handlungen werden durch die Polizei geahndet.» Nach dem «Tode eines Juden verfällt sein Vermögen dem Reich».

5.–13.7. Das Unternehmen «Zitadelle» zur Begradigung des Kursker Frontbogens scheitert und wird von Hitler abgebrochen, nicht zuletzt weil wegen der alliierten Landung auf Sizilien die Verlegung von Kräften dorthin notwendig geworden ist. Die strategische Initiative an der Ostfront geht vollkommen auf die Sowjetunion über.

10.7. Alliierte Landung auf Sizilien (Operation «Husky») unter dem Oberbefehl von US-General Dwight D. Eisenhower. Die letzten deutschen Truppen verlassen die Insel am 17. August.

12./13.7 In Krasnogorsk bei Moskau wird auf unmittelbare Veranlassung Stalins von 13 Vertretern der Exil-KPD (u. a. Wilhelm Pieck und Walter Ulbricht) und 25 deutschen Kriegsgefangenen das «Nationalkomitee ‹Freies Deutschland›» (NKFD) gegründet. Dieses Komitee soll die Erinnerung an Tauroggen (1812) und Rapallo (1922) beleben, an der Front eine national-deutsche Anti-Hitler-Bewegung entfachen und ein deutsch-russisches Zusammengehen in der Zukunft propagieren (vgl. 11./12. Sept.).
Es ist bis heute umstritten, ob das Nationalkomitee im Rahmen seiner sehr begrenzten Möglichkeiten «Widerstand hinter Stacheldraht» zu leisten versuchte, oder ob es «nur eines von vielen Instrumenten sowjetischer Deutschlandpolitik» gewesen ist. Für die letztere Auffassung spricht, daß sich schon vor Kriegsende das NKFD als das erwies, was es war, ein pures Werkzeug in Stalins Hand, das fallengelassen wurde, als es keinen Nutzen mehr brachte. Daß dieses Ergebnis der Forschung bitter für jenen Teil der militärischen Mitglieder des NKFD ist, die nicht aus an sich verständlichen Gründen wie Opportunismus oder Lebensangst, sondern aus ehrenhaften Motiven Widerstand gegen Hitler zu leisten versuchten, sei zumindest erwähnt.

17.7. Beginn der sowjetischen Sommeroffensive, die sich Zug um Zug auf den gesamten Raum zwischen dem Asowschen Meer und dem oberen Dnjepr ausweitet. Am 6. November fällt Kiew, am 4. Januar 1944 überschreitet die Rote Armee die alte polnische Grenze in Wolhynien.

Ein erneutes Treffen Hitlers und Mussolinis in Feltre bei Belluno
bleibt ohne Ergebnis im Hinblick auf die Entwicklung in Italien
angesichts der alliierten Landung auf Sizilien (vgl. 10. Juli).

Mit einem Erlaß befiehlt Hitler die beschleunigte und vermehrte 25.7.
Herstellung von A-4-Geschossen (d. h. der V-2-Raketen), weil
diese für die «erfolgreiche Fortsetzung des Krieges gegen England» erforderlich seien.
Umsturz in Italien: Nach einem Mißtrauensvotum durch den
«Großen Faschistischen Rat» demissioniert Mussolini und wird
anschließend verhaftet; neuer Regierungschef wird Marschall Pie-
tro Badoglio. Dieser erklärt, den Krieg an der Seite Deutschlands
fortsetzen zu wollen. Das faschistische System in ganz Italien
bricht ohne nennenswerten Widerstand seiner Funktionsträger in
sich zusammen.

Schwerste alliierte Luftangriffe auf Hamburg (Operation «Go- 25.7.–
morrha») fordern rund 40000 Tote unter der Zivilbevölkerung 3.8.
und zerstören große Teile der Stadt.

Die «Reichsvereinigung der Juden in Deutschland» wird verbo- Juli
ten.
Das KZ Riga-Kaiserwald wird eingerichtet.

Eine Anordnung des «Generalbevollmächtigten für den Arbeits- 1.8.
einsatz», Sauckel, tritt in Kraft, nach der «bewährten Ostarbeite-
rinnen und Ostarbeitern» in «Anerkennung ihrer Leistung in der
Arbeitsschlacht gegen den Bolschewismus und die Plutokratie»
bestimmte Vergünstigungen zuteil werden können. Dazu gehören
Prämien, ein einwöchiger Deutschlandurlaub in noch einzurich-
tenden «Ostarbeiterurlaubslagern» und ab dem dritten Beschäfti-
gungsjahr ein zweiwöchiger Heimaturlaub.
Inwieweit diese Maßnahme reine Propaganda darstellt, die die Arbeiter zu noch höheren Leistungen motivieren soll, oder sich die rein
pragmatische Erkenntnis durchzusetzen beginnt, daß sich bei besse-
rer Behandlung die Arbeitskraft erhalten und steigern ließe, muß offen bleiben. Allerdings sei auf ein «Merkblatt über die allgemeinen
Grundsätze für die Behandlung der im Reich tätigen ausländischen
Arbeitskräfte» hingewiesen, das bereits am 5. Mai gemeinsam vom
Reichspropagandaministerium und dem Reichssicherheitshauptamt herausgegeben worden war und einer «strengen, aber gerechten Behandlung» das Wort redete. Es herrscht mithin ein ständiger
Zielkonflikt zwischen Vernichtung und Ausbeutung.

2.8. Im Vernichtungslager Treblinka kommt es zu einem Häftlingsaufstand.

3.8. Sowjetische Partisanen sprengen zahlreiche Eisenbahnverbindungen im rückwärtigen Gebiet der Heeresgruppen Mitte und Süd. Die erste Etappe der Operation «Schienenkrieg» läuft bis zum 15. September.

6.8. Goebbels kündigt die Evakuierung der Berliner Bevölkerung an.

9.8. Reformentwurf des «Kreisauer Kreises» für ein Deutschland «nach Hitler». Das «zertretene Recht muß wieder aufgerichtet» werden, «Glaubens- und Gewissensfreiheit» sollen gewährleistet, die «unverletzliche Würde der menschlichen Person» die Grundlage der «zu erstrebenden Rechts- und Friedensordnung» bilden. «Die freie und friedliche Entfaltung nationaler Kultur ist mit der Aufrechterhaltung absoluter einzelstaatlicher Souveränität nicht mehr zu vereinbaren. Der Friede erfordert die Schaffung einer die einzelnen Staaten umfassenden Ordnung.» (vgl. 13./14. Juni)

14.–24.8. Roosevelt und Churchill konferieren in Quebec («Quadrant»). Die Eröffnung einer «zweiten Front» durch eine Invasion in Frankreich wird für Mai 1944 («Overlord») beschlossen; dies wird Stalin am 26. August mitgeteilt (vgl. 11.–16. Sept. 1944).

16.–23.8. Das Ghetto von Bialystok wird aufgelöst. Während 8000 Juden aus dem Ghetto deportiert werden, versuchen andere, Widerstand zu leisten.

17.8. Über Norwegen wird der Ausnahmezustand verhängt. Die 1940 aus deutscher Kriegsgefangenschaft entlassenen norwegischen Offiziere werden erneut interniert, um sie nach Deutschland zu deportieren.
Schwere Luftangriffe auf die Schweinfurter Kugellagerfabriken und die Regensburger Messerschmitt-Werke.

18.8. Die Peenemünder Raketenversuchsstation wird bombardiert.

19.8. Hirtenbrief der katholischen Bischöfe gegen die Tötung unschuldigen Lebens.

24.8. Heinrich Himmler wird Reichsinnenminister anstelle von Wilhelm Frick, der Minister ohne Geschäftsbereich bleibt und als

«Reichsprotektor in Böhmen und Mähren» fungiert, wenngleich sein Stellvertreter K.H. Frank der eigentliche Machthaber ist.

Der plötzliche Tod Boris III. schwächt die deutsche Position in   28.8.
Bulgarien, das sich zwar im Krieg gegen die UdSSR neutral ver-
hält, aber wegen seiner Mitgliedschaft im «Dreimächtepakt»
Großbritannien und den USA den Krieg erklärt hat.

Auch in Dänemark (vgl. 17. Aug.) wird der Ausnahmezustand er-   29.8.
klärt. Der Wehrmachtbefehlshaber General Hermann von Han-
neken übernimmt die vollziehende Gewalt, das dänische Heer
wird entwaffnet und interniert, die Kriegsflotte versenkt sich
selbst, die dänische Regierung tritt zurück. Streiks und Sabotageakte sind an der Tagesordnung, während der dänische Widerstand einen «Freiheitsrat» bildet.

Die letzte Ausgabe der «Frankfurter Zeitung» erscheint.   31.8.
Das «Luftschutzgesetz» und seine Folgeverordnungen werden
den neuen Erfahrungen mit Luftangriffen angepaßt. Dazu gehören die Normung von Feuerlöscheinrichtungen, die Beschaffung
von Selbstschutzgerät («Volksgasmaske»), die Entrümpelung von
Dachböden und die Verdunklungsordnung.

Die Serienfertigung der künftigen «Vergeltungswaffen» wird   Aug.
nach der Bombardierung Peenemündes (vgl. 18. August) in unter-
irdische und bombensichere Stollen und Schächte im Südharz mit
Schwerpunkt Nordhausen verlegt. Bei den entsprechenden Bauar-
beiten dieses mit dem Decknamen «Dora-Mittelbau» bezeichneten Rüstungszentrums kommen mindestens 16–20 000 Zwangsarbeiter und KZ-Insassen um.

General Olbricht erarbeitet die «Walküre»-Planung, die verschie-   Sommer
dene Attentatsvorhaben des militärischen Widerstandes ermöglicht bzw. begleitet. Offiziell dient die Planung der Bekämpfung
innerer Unruhen (vgl. 15. Juli 1944). Claus Graf Schenk von Stauffenberg wird für den Widerstand und die Umsturzpläne gewonnen.
Um Anton Saefkow, Franz Jacob, Theodor Neubauer und Georg
Schumann bilden sich in Berlin, Leipzig, Magdeburg und Thüringen kommunistische Widerstandsgruppen.

Erlaß Hitlers zur Konzentration der Kriegswirtschaft: Albert   2.9.
Speer wird «Reichsminister für Rüstung und Kriegsproduktion».

3.9. Italien und die Alliierten (USA und Großbritannien) schließen einen (zunächst geheimgehaltenen) Waffenstillstand in Cassibile (Sizilien) (vgl. 8. Sept.).

4.9. Strategie der «verbrannten Erde»: Hitler befiehlt für Rückzüge die «Räumungszerstörung»: «Der Gegner muß ein auf lange Zeit voll unbrauchbares, unbewohnbares, wüstes Land, wo noch monatelang Minensprengungen vorkommen, übernehmen.» Göring läßt am 7. September einen entsprechenden Befehl im Rahmen des Vierjahresplanbeauftragten folgen, Himmler fordert seine Höheren SS- und Polizeiführer am 7. September auf, «mit allen Kräften mitzuwirken. Es muß erreicht werden, daß (...) kein Vieh, kein Zentner Getreide, keine Eisenbahnschiene zurückbleiben; daß kein Haus stehen bleibt, kein Bergwerk vorhanden ist, das nicht für Jahre gestört ist, kein Brunnen vorhanden ist, der nicht vergiftet ist. Der Gegner muß wirklich ein total verbranntes und zerstörtes Land vorfinden. (...) tun Sie Ihr Menschenmöglichstes.»

8.9. Mit dem Bekanntwerden des Waffenstillstands in Italien (vgl. 3. September) besetzen deutsche Truppen nach seit Wochen vorbereiteten Plänen (Fall «Achse») Nord- und Mittelitalien samt Rom (10. September). Die italienischen Streitkräfte werden entwaffnet und interniert.
Im Zuge dieser Entwicklung wird eine deutsche Militärverwaltung für ganz Griechenland eingerichtet.

9.9. US-Truppen landen bei Salerno, britische in Tarent.
In Rom bildet sich unter Ivanoe Bonomi das Comitato di Liberazione Nazionale (CLN) gegen die deutschen Besatzer.
Erste Massenerschießung italienischer Zivilisten durch die Wehrmacht.

10.9. Die italienischen Provinzen Bozen, Trient und Belluno (Operationszone «Alpenvorland»), die Provinzen Triest, Görz, Udine, Pola und Fiume (Operationszone «Adriatisches Küstenland») und die Provinz Laibach («Alpenland») werden den Gauleitern von Tirol bzw. Kärnten und der Steiermark als «Obersten Kommissaren» unterstellt, die den Militärbefehlshabern als zivile Berater beigegeben sind.

11./12.9 Der «Bund Deutscher Offiziere» (BDO) wird im Kriegsgefangenenlager in Lunjowo bei Moskau gegründet. Unter dem Vorsitz des Generals Walther von Seydlitz-Kurzbach hofft der BDO, durch Kooperation mit den Sowjets das Deutsche Reich erhalten zu können. Er bleibt jedoch ohne nennenswerten Einfluß und wird – nach Vereinigung mit dem «Nationalkomitee ‹Freies Deutschland›» (NKFD) – am 2. November 1945 aufgelöst (vgl. 12./13. Juli).

Das Ghetto von Minsk wird liquidiert; fast alle Einwohner werden ermordet.   11.–14.9

Mussolini gründet nach seiner Befreiung aus der Internierung im   15.9. Berghotel Campo Imperatore auf dem Gran Sasso durch deutsche Fallschirmjäger (12.September) eine faschistische Republik mit Sitz in Salò am Gardasee. Dieses Staatsgebilde steht allerdings praktisch unter deutscher Oberaufsicht.

Sardinien wird von deutschen Truppen geräumt.   20.9.

Das Ghetto von Wilna wird aufgelöst, seine Insassen werden nach   23./24.9. Estland und Sobibor deportiert.

Goebbels veröffentlicht in der Wochenzeitung «Das Reich»   26.9. dreißig «Kriegsartikel für das deutsche Volk», die Durchhalteparolen in Gebotsform propagieren.

Eine nächtliche Aktion zur Verhaftung der dänischen Juden   1./2.10. schlägt weitgehend fehl. Die vorgewarnte Bevölkerung kann etwa 7200 Personen verstecken und/oder nach Schweden schaffen.

Im «Generalgouvernement» wird das Standrecht eingeführt.   2.10.

Himmler hält vor SS-Gruppenführern in Posen eine Rede, in der   4.10. er «in aller Offenheit (...) ein ganz schweres Kapitel» erörtert, «ich meine jetzt die Judenevakuierung, die Ausrottung des jüdischen Volkes». Diese der SS zufallende und von ihr durchgeführte Aufgabe bezeichnet der Reichsführer SS als «ein niemals geschriebenes und niemals zu schreibendes Ruhmesblatt ihrer Geschichte»: «Von Euch werden die meisten wissen, was es heißt, wenn 100 Leichen beisammen liegen, wenn 500 daliegen oder wenn 1000 daliegen. Dies durchgehalten zu haben, und dabei – abgesehen von Ausnahmen menschlicher Schwächen – anständig geblieben zu sein, das hat uns hart gemacht. (...) Wir hatten das moralische Recht, wir hatten die Pflicht gegenüber unserem Volk, dieses Volk, das uns umbringen wollte, umzubringen. (...) Insgesamt aber können wir sagen, daß wir diese schwerste Aufgabe in Liebe zu unserem Volk erfüllt haben. Und wir haben keinen Schaden in unserem Inneren, in unserer Seele, in unserem Charakter daran genommen.»

6.10. Weitere Ansprache Himmlers über die Judenvernichtung, diesmal vor den Reichs- und Gauleitern: «Ich bitte Sie, das, was ich Ihnen in diesem Kreise sage, wirklich nur zu hören und nie darüber zu sprechen. Es trat an uns die Frage heran: Wie ist es mit den Frauen und Kindern? – Ich habe mich entschlossen, auch hier eine ganz klare Lösung zu finden. Ich hielt mich nämlich nicht für berechtigt, die Männer auszurotten – sprich also umzubringen oder umbringen zu lassen – und die Rächer in Gestalt der Kinder für unsere Söhne und Enkel groß werden zu lassen. Es mußte der schwere Entschluß gefaßt werden, dieses Volk von der Erde verschwinden zu lassen. Für die Organisation, die den Auftrag durchführen mußte, war es der schwerste, den wir bisher hatten. Er ist durchgeführt worden, ohne daß – wie ich glaube sagen zu können – unsere Männer und unsere Führer einen Schaden an Geist und Seele erlitten hätten (...). Damit möchte ich die Judenfrage abschließen. Sie wissen nun Bescheid, und Sie behalten es für sich. Man wird vielleicht in ganz später Zeit einmal überlegen können, ob man dem deutschen Volk etwas mehr darüber sagt. Ich glaube, es ist besser, wir – wir insgesamt – haben das für unser Volk getragen, haben die Verantwortung auf uns genommen (die Verantwortung für eine Tat, nicht nur für eine Idee) und nehmen das Geheimnis mit in unser Grab.»

8.10. Franco fordert die Rückkehr der spanischen «Blauen Division» (insgesamt 17 900 Mann), die seit Juni 1941 am Unternehmen «Barbarossa» teilgenommen hat (vgl. 2. Juli 1941), nach Spanien. «Blaue Division» heißt die Einheit wegen der blauen Falange-Hemden, die die Spanier zur Uniform tragen dürfen. Das OKW gibt sie nach längeren Verhandlungen frei; zurück bleibt nur noch eine Legion aus Freiwilligen (vgl. 20. Februar 1944).

11.10. In einem «Erlaß des Führers» wird die Vorbereitung des Wiederaufbaus bombengeschädigter Städte geregelt: Er soll durch städtebauliche Planungsarbeiten unter der Zuständigkeit Albert Speers «in seiner Eigenschaft als Generalbauinspektor für die Reichshauptstadt» in Angriff genommen werden.

Kriegserklärung Italiens (Badoglio-Regierung) an Deutschland 13.10.
(von den Alliierten als «Mitkriegführender» anerkannt).

Im Vernichtungslager Sobibor kommt es zu einem Häftlingsauf- 14.10.
stand.

Die Bekenntnissynode der Evangelischen Kirche der Altpreu- 16./17.10.
ßischen Union verurteilt die Tötung von Menschen aus Alters-,
Krankheits- und Rassegründen: in der «göttlichen Ordnung»
hätten Begriffe wie «Ausmerzung», «Liquidieren» und «unwer-
tes Leben» keinen Platz.

Abschluß der «Aktion Reinhard»: zwischen März 1942 und Ok- 19.10.
tober 1943 wurden in den Lagern Belzec, Sobibor und Treblinka
über 1,6 Millionen Juden ermordet. Deren Besitz, verwaltet durch
das SS-Wirtschafts-Verwaltungs-Hauptamt und abgeführt an das
Reich, dient u. a. der Rüstungsfinanzierung.

Alliierte Außenministerkonferenz (Molotow/Eden/Hull) in Mos- 19.–
kau: Abstimmung der Nachkriegsplanung, Gründung der Euro- 30.10.
pean Advisory Commission (EAC) mit Sitz in London. Außerdem
vereinbart man die Wiederherstellung Österreichs in den Grenzen
von 1937 und die Verurteilung deutscher Kriegsverbrecher.

Der britische Propagandasender «Soldatensender Calais» beginnt 24.10.
seine speziell auf deutsche Soldaten abgestimmte Ausstrahlung
(bis zum 14. April 1945). Der von D. Sefton Delmer geleitete Sender mischt geschickt Nachrichten und Unterhaltung und wird
rasch eine gefürchtete Waffe der psychologischen Kriegführung
der Alliierten.

Aus Norditalien werden etwa 8300 Juden nach Auschwitz depor- Okt./
tiert. Nov.

Im Rahmen der «Aktion Erntefest» werden in Lagern des 2./3.11.
Distrikts Lublin 42000 Juden erschossen.

Mit der «Weisung Nr. 51» (der letzten strategischen Weisung, die 3.11.
er erteilt) befiehlt Hitler die Verstärkung der militärischen Kräfte
im Westen zur Abwehr einer alliierten Invasion.

Ein «Erlaß des Führers» regelt: «Die Firma Fried. Krupp hat sich 12.11.
als Familienunternehmen in 132 Jahren überragende, in ihrer Art

einzige Verdienste um die Wehrkraft des deutschen Volkes erworben. Es ist daher mein Wille, daß sie als Familienunternehmen erhalten bleibt.» Der jeweilige Inhaber des Unternehmens hat deshalb den Namen Krupp vor seinem Familiennamen zu führen.

18.11.– 3.12. Fünf große britische Luftangriffe auf Berlin fordern 2700 Tote unter der Zivilbevölkerung und machen 250 000 Menschen obdachlos. Sie sind der Auftakt der britischen «Battle of Berlin», die mit ständigen Bombenangriffen gegen Berlin als Regierungszentrale und Sitz kriegswichtiger Werke der Maschinen- und Elektroindustrie bis in den März 1944 anhält.

27.11. Hitler zeigt sich entschlossen, «mit den rücksichtslosesten Methoden die Kampfkraft der kämpfenden Front wieder herzustellen und jeden Widerstand gegen die dazu erlassenen Befehle mit drakonischen Strafen zu brechen.» Das Mißverhältnis zwischen fechtender Truppe und Soldaten in den rückwärtigen Diensten («Etappe») habe sich «derart gesteigert, daß es nicht nur eine rein militärische, sondern auch eine psychologische Gefahr zu werden droht.» Hitler fordert daher, daß von den Wehrmachtteilen und der Waffen-SS sofort *mindestens eine Million Männer* aus dem eigenen Bestand erfaßt und dem Fronteinsatz zugeführt werden». Am 12. Dezember folgt eine entsprechende Verfügung zur «Auskämmung überzähliger Kräfte im Bereich der NSDAP».

28.11– 1.12. Konferenz von Teheran: Roosevelt, Stalin und Churchill einigen sich trotz unterschiedlicher Pläne «im Prinzip» über eine Aufteilung Deutschlands. Die zukünftige sowjetisch-polnische Grenze wird auf die sog. Curzon-Linie festgelegt, das nördliche Ostpreußen mit Königsberg der UdSSR zugeschlagen.

Nov. Ein von Axel von dem Bussche geplantes Attentat auf Hitler anläßlich der Vorführung neuer Uniformen kann nicht ausgeführt werden, weil das Vorführmaterial einem Luftangriff zum Opfer fällt.

2.12. Weitere Verordnung über die Heranziehung der deutschen Jugend zur Erfüllung von Kriegsaufgaben (vgl. 26. Jan.).

2.–31.12. Erneute «Säuberungsaktionen» gegen Tito-Partisanen in Jugoslawien («Kugelblitz», «Ziethen», «Panther», «Herbstgewitter II»), bei denen etwa 23 000 Partisanen umkommen.

Friedensfühler Himmlers über Schweden zu den USA. Der Kontakt kommt jedoch nicht zustande, da der Vertreter der USA bereits wieder nach Amerika zurückgekehrt ist.

Goebbels «bittet» in einer Mitteilung an alle Führer von Parteigliederungen, die Chefs sämtlicher Reichsbehörden und an das OKW darum, «daß aus allen Organisationsplänen, Erlassen und Verordnungen und aus dem gesamten Sprachgebrauch das Wort ‹Katastrophe› ausgemerzt wird, da es sich psychologisch und politisch unerfreulich auswirkt. Ich empfehle (...) einheitlich die Verwendung des Wortes ‹Soforthilfe›» im Zusammenhang mit Luftangriffen und der Beseitigung ihrer Folgen.

Landesbischof Wurm und Kardinal Bertram protestieren erneut bei Hitler gegen die Unterdrückung der Kirchen und die Tötung von Geisteskranken.

Die Sowjetunion und die tschechische Exilregierung unter Edvard Beneš unterzeichnen einen «Freundschafts- und Beistandspakt» und manifestieren damit die Ostorientierung der Tschechoslowakei für die Nachkriegszeit.

Im Zusammenhang der Partisanenbekämpfung richten Soldaten der 117. Jägerdivision in der Gegend um Kalavryta (Griechenland) ein Massaker an, dem etwa 700 Menschen zum Opfer fallen.

In Charkow findet der erste Kriegsverbrecherprozeß gegen Deutsche statt.

Hitler befiehlt die Aufstellung eines «NS-Führungsstabes» beim OKW zur verstärkten ideologischen Indoktrination der Wehrmacht. Bis Ende 1944 kommen rund 47 500 «Nationalsozialistische Führungs-Offiziere» (NSFO; von den Soldaten bald «NSF Null» genannt) zum Einsatz. Offiziere für «wehrgeistige Führung» gab es schon seit dem 15. Juli 1942.

Weihnachten 1943 vollzieht sich einem Flüsterwitz nach folgendermaßen: «Die Engländer setzen die Christbäume, die Flak liefert die Kugeln, Goebbels erzählt uns Märchen, und wir sitzen im Keller und warten auf die Bescherung.»

1.1.   Hitler hält eine Neujahrsansprache voller Durchhalteparolen, denn schließlich habe das Deutsche Reich «nicht einen Quadratkilometer seines Bodens verloren». Front und Heimat könnten sich gegenseitig als «strahlende Vorbilder» dienen, die zerstörten Städte werde der nationalsozialistische Volksstaat «schöner errichten, als sie vorher waren». Zugleich gibt er jedoch zu bedenken: «Wer hier alles verloren hat, muß wissen, daß nur der Sieg ihm seine Habe wiedergibt. Nur der Erfolg dieses Krieges wird unsere deutschen Städte aus Schutthalden wieder in blühende Gemeinwesen verwandeln.»
Generalfeldmarschall Erwin Rommel übernimmt – im voraussichtlichen Invasionsgebiet der Alliierten – als Oberbefehlshaber der Heeresgruppe B das Kommando über alle Streitkräfte im Westen nördlich der Loire.

14.1.   Bei einer sowjetischen Großoffensive wird die Heeresgruppe Nord von Leningrad bis zum Peipus-See zurückgedrängt. Die neue Frontlinie von Narwa über Pleskau-Witebsk bis zu den Pripjetsümpfen hält dann bis zur erzwungenen Kampfpause während der Frühjahrsschlammperiode.

15.1.   Vorlage eines Entwurfs zur Aufteilung Deutschlands in Besatzungszonen durch die «Europäische Beratende Kommission» (EAC) in London (vgl. 19.–30. Okt. 1943). Die Ost-West-Demarkationslinie ist vorgesehen auf der Höhe Lübeck-Helmstedt-Eisenach-Hof. Die Sowjetunion stimmt nach Anullierung des britischen Plans, gemischte Besatzungsverbände in den Zonen einzusetzen, am 18. Februar, die amerikanische Regierung am 1. Juni zu.

21./22.1.   Beginn der bis zum 27. April andauernden starken deutschen Luftangriffe auf London («Little Blitz»).

22.1.   Überraschende Landung amerikanischer Truppen hinter der deutschen Italienfront bei Anzio und Nettuno südlich von Rom.

27.1.   Hitler hält vor den Oberbefehlshabern der Ostfront einen Vortrag über die «Notwendigkeit nationalsozialistischer Erziehung des Heeres» (vgl. 22. Dez. 1943).

Bormann-Denkschrift über die Notwendigkeit der Einführung einer Zweitehe nach dem «Endsieg»: «Unsere volkliche Lage wird nach diesem Kriege eine katastrophale sein, denn unser Volk erlebt jetzt den zweiten gewaltigen Aderlaß im Zeitraum von dreißig Jahren. (…) Nach diesem Krieg werden wir (…) 3 000 000 bis 4 000 000 Frauen haben, die keine Männer mehr haben bzw. bekommen. (…) Nun können die[se] Frauen (…) ihre Kinder ja nicht vom heiligen Geist bekommen, sondern nur von den dann noch vorhandenen deutschen Männern. Verstärkte Fortpflanzung des einzelnen Mannes ist – selbstverständlich vom Standpunkt des Volkswohls – nur bei einem Teil dieser Männer erwünscht.» Deshalb sollen neben diversen anderen Möglichkeiten bestimmte Männer «auf besonderen Antrag (…) nicht nur mit einer Frau, sondern mit einer weiteren ein festes Eheverhältnis eingehen können». Als Vorarbeit sei es «notwendig, daß wir die jetzigen ‹Verhältnis›-Bezeichnungen, die einen mehr oder weniger anrüchigen Klang haben, abschaffen und verbieten.» Mache man sich nicht rechtzeitig über diese Probleme Gedanken, dann «fehlen uns die Divisionen, die wir unbedingt brauchen, wenn unser Volk nicht untergehen soll.»
Protestschreiben Kardinal Bertrams gegen die Deportation «nichtarischer» Ehepartner aus sog. «privilegierten Mischehen».

Verhaftung der Mitglieder des Widerstandskreises um Hanna Solf, der v. a. versucht hatte, politisch und rassisch Verfolgten bei der Flucht ins Ausland zu helfen. Jan.

Nach der Verhaftung von Helmuth James Graf von Moltke und Peter Graf Yorck von Wartenburg wird der «Kreisauer Kreis» durch die Gestapo zerschlagen (vgl. 9. Aug. 1943). Jan./
Febr.

Der französische militärische Widerstand wird zu den «Forces Françaises de l'Intérieur» (FFI) vereinigt. 1.2.

Der stellvertretende Oberbefehlshaber West, Generalfeldmarschall Hugo Sperrle, befiehlt die rücksichtslose Bekämpfung des französischen Widerstands. 3.2.

Mit der Kaltstellung von Admiral Wilhelm Canaris nach dem Überlaufen von Abwehragenten zu den Briten ist auch der Widerstandskreis im OKW Amt Ausland/Abwehr ausgeschaltet.
Ein geplantes Bombenattentat auf Hitler und Himmler gemeinsam wird aufgegeben, als Himmler zu der angesetzten Besprechung nicht erscheint. 11.2.

1944

12.2. Hitler erteilt Himmler den Auftrag zur Schaffung eines einheitlichen geheimen Meldedienstes. Das bedeutet im Grunde eine Fusion des OKW Amtes Ausland/Abwehr mit dem Sicherheitsdienst (SD) der SS (vgl. 11. Feb.).

15.2. Das nicht in die deutsche Verteidigungsstellung in Italien einbezogene Kloster Monte Cassino wird durch alliierte Bomber und Artillerie nahezu völlig zerstört.

20.2. Das OKW gibt die Rückführung der nach dem Abzug der «Blauen Division» an der Ostfront verbliebenen spanischen Freiwilligen-Legion frei. Damit sind alle Spanier vom östlichen Kriegsschauplatz abgezogen (vgl. 2. Juli 1941 und 8. Oktober 1943).

20.–25.2. «Big Week» der USAAF: Schwere amerikanische Luftangriffe gegen Deutschland bei Tage.

Febr. Ein geplantes Attentat auf Hitler anläßlich einer erneuten Uniformvorführung (vgl. Nov. 1943) durch Ewald Heinrich von Kleist kommt nicht zustande.

1.3. Der italienische Widerstand organisiert mehrtägige Streiks in Großstädten Norditaliens.

4.3. Bei einer sowjetischen Großoffensive an der ukrainischen Front wird die deutsche Front durchbrochen. Große Raumgewinne nach Westen und Süden.

8.3. «Führerbefehl» Nr. 11 zur Einrichtung von «festen Plätzen», die sich nach rechtzeitiger Bevorratung als «Wellenbrecher» zur Verteidigung wichtiger Verkehrsstützpunkte und zur Bindung feindlicher Kräfte einschließen lassen sollen. Ihr Kommandant soll «ein besonders ausgesuchter, harter Soldat» sein, der «mit seiner Soldatenehre für die Erfüllung seiner Aufgaben bis zum letzten» haftet. Hohe Verluste sollten die Folge dieser Idee sein, ohne daß sie ihren Zweck zu erfüllen vermochte.

9.3. Erneut scheitert die Absicht, Hitler zu erschießen, weil der betreffende Offizier an diesem Tag nicht zur Lagebesprechung zugelassen wird.

13.3. Die Sowjetunion erkennt die neue italienische Regierung (Badoglio) an.

Für das «todeswürdige Verbrechen», am «Endsieg» zu zweifeln, findet der Berliner Witz makabren Ausdruck: «Ick will lieber an den Sieg jlooben, als ohne Kopp rumloofen!»

Der General der Gebirgstruppen, Ferdinand Schörner, wird (für kurze Zeit) Chef des NS-Führungsstabes des Heeres. Er hat die «einheitliche politische und weltanschauliche Führung» im Heer sicherzustellen (vgl. 22. Dez. 1943). **14.3.**

Amerikanischer Luftangriff auf Wien.
In Kairo beginnen heimliche Waffenstillstandsverhandlungen rumänischer Oppositionsvertreter mit alliierten Vertretern. **17.3.**

Deutsche Truppen besetzen Ungarn (Unternehmen «Margarethe I»), nachdem Reichsverweser Horthy am Tag zuvor unter Druck zugestimmt hat. Der bisherige Gesandte in Berlin, Döme Sztójay, wird am 23. März neuer Ministerpräsident. **19.3.**

Bei einem Sprengstoffanschlag des «Comitato di Liberazione Nationale» in der Via Rasella in Rom kommen über 30 Angehörige einer deutschen Polizeieinheit und acht italienische Zivilisten um. Zur Vergeltung werden am nächsten Tag 335 italienische Geiseln in den Ardeatinischen Höhlen am südlichen Stadtrand von Rom erschossen. **23.3.**

Hitler läßt 50 britische Offiziere, die aus dem Kriegsgefangenenlager Sagon geflohen waren, nach ihrer Wiederergreifung zur Abschreckung von weiteren Fluchtversuchen erschießen. **24./25.3.**

Reichsjustizminister Thierack führt in einer Rundfunkansprache aus: «Ein Staat, der sein Volk nicht mit dem Recht, sondern mit brutaler Gewalt regiert, hat schon verloren, bevor er mit dem Aufbau begonnen hat. (...) Was [aber] die Justiz dazu beitragen kann, um Zersetzungserscheinungen und Angriffe auf die innere Front zu verhindern, wird geschehen. Jede falsche Rücksichtnahme wäre hier eine unverzeihliche Schwäche (...). So sehen wir die Justiz im Kriege auf allen Lebensgebieten ständig in wachsamer Bereitschaft. Das deutsche Volk kann sich auf seine Justiz verlassen.» **25.3.**

In New York wird der «Council for a Democratic Germany» gegründet (u.a. von Paul Tillich, Reinhold Niebuhr). Unter gleichberechtigter Beteiligung von Kommunisten, Linkssozialisten, So- **März** zialdemokraten und Liberalen wird ein gemeinsames Programm für ein demokratisches Gesamtdeutschland als Alternative zu den Planungen der Alliierten entworfen.

1.4. In Abweichung von der Verfassung der Reichshauptstadt Berlin beauftragt Hitler Goebbels, «die Verwaltung der Reichshauptstadt zu lenken. Er führt hierbei die Bezeichnung ‹Stadtpräsident›.»

5.4. Beginn der alliierten Bombardierung der rumänischen Ölfelder von Ploesti, von Ölraffinerien und Hydrierwerken bei Wien, Budapest und in Oberschlesien.

11.4. Verstärkte Wiederaufnahme der Aktion «14 f 13» zur Selektion von KZ-Häftlingen und ihrer Ermordung in ehemaligen «Euthanasie»-Anstalten.

13.4. Amerikanischer Luftangriff auf Schweinfurt. Eine endgültige Ausschaltung der Kugellagerwerke gelingt jedoch nicht.

21.4. Auf alliierten Druck hin stellt die Türkei ihre Chrom-Erzlieferungen an das Deutsche Reich ein und erklärt, die Türkei sei kein neutraler, sondern ein alliierter Staat.

24./25.4. Schwerer britischer Luftangriff auf München. Verstärkt werden jetzt Eisenbahnziele in Deutschland angegriffen.

30.4. Zur «schnellsten Beseitigung von Fliegerschäden bei entscheidenden Produktionen» bestellt Hitler einen «Generalkommissar für die Sofortmaßnahmen». Dieser ist befugt, für die von ihm bezeichneten Aufträge «alle bestehenden Dringlichkeitseinstufungen» zu seinen Gunsten aufzuheben. Er kann selbst Rüstungsarbeiten stillegen und der Wehrmacht in Hitlers Auftrag Weisungen für die Durchführung von bestimmten Arbeiten erteilen.

April Das Vernichtungslager Kulmhof (Chelmno) wird wiedereingerichtet (vgl. 7. April 1943); bis zur endgültigen Auflösung am 18. Januar 1945 werden dort noch etwa 7200 Juden ermordet.

5.5. Auf alliierten Druck schließt Spanien das deutsche Generalkonsulat in Tanger, weist alle Deutschen aus Spanisch-Marokko aus und schränkt außerdem seine Wolfram-Lieferungen an Deutschland ein.

Britischer Vorschlag an die Sowjetunion zur Aufteilung Südosteuropas in «Operationszonen»: Rumänien soll sowjetische, Griechenland britische Operationszone werden. In den Verhandlungen wird Jugoslawien zur britischen, Bulgarien zur sowjetischen Zone hinzugenommen. Roosevelt stimmt der Absprache am 12. Juni zu.

Die tschechische Exilregierung und die Sowjetunion schließen ein Abkommen über die «Befreiung» der ČSR ab.   8.5.

Beginn gezielter Bombardierungen von Anlagen zur synthetischen Treibstoffherstellung im Deutschen Reich. Betroffen sind vor allem Merseburg (60% Ausfall), Tröglitz (100%), Böhlau (50%), Pölitz (29. Mai) und Brüx (100%). Die Möglichkeiten deutscher Treibstofferzeugung werden auf ein Minimum reduziert.   12.5.
Beginn der entscheidungsuchenden alliierten Großoffensive in Italien.

Etwa 438000 ungarische Juden werden nach Auschwitz deportiert. Nur wenige von ihnen kommen zum Arbeitseinsatz, die meisten werden ermordet.   15.5.–19.7.

Ende der Schlacht um Monte Cassino (vgl. 15. Feb.).   18.5.

Beginn des deutschen Rückzuges in Italien von der Adria bis zum Tyrrhenischen Meer.   23./25.5.

Tito entkommt einem deutschen Luftlandekommando-Unternehmen (Unternehmen «Rösselsprung») auf sein Hauptquartier bei Drvar/Bosnien.   25.5.

Die deutsche Opposition versucht erneut und erfolglos eine Kontaktaufnahme mit der britischen Regierung.   Mai

Martin Bormann verbietet in einem geheimen Schreiben an alle Politischen Leiter das Einschreiten gegen die «Volksjustiz» an Besatzungsmitgliedern abgeschossener alliierter Bomber: «Von polizeilicher und strafrechtlicher Verfolgung der dabei beteiligten Volksgenossen» ist abzusehen.   30.5.
Am 28./29. Mai hatte Goebbels bereits einen entsprechenden Hetzartikel im «Völkischen Beobachter» publiziert: Es sei wohl zuviel verlangt, «wenn man von uns forderte, daß wir deutsche

Soldaten zum Schutz für Kindermörder einsetzen, gegen die die von rasender Wut ergriffenen Eltern, die gerade ihr kostbarstes Gut durch den brutalen Zynismus des Feindes verloren haben, zur Selbstwehr schreiten. (...) Es ist immer unser Wunsch gewesen, daß der Krieg sich in ritterlichen Formen abspielt. Der Feind scheint das nicht zu wollen.»

1.–5.6. Durch die Bombardierung von Straßen, Eisenbahnlinien, Küstenanlagen etc. in Frankreich und Belgien bereiten die Alliierten die Invasion in der Normandie vor (vgl. 6. Juni).

2.6. Die bulgarische Regierung beginnt in Istanbul geheime Waffenstillstandsverhandlungen mit den Westalliierten.
Wegen fehlenden Betriebsstoffes haben alle Wehrmacht- und Waffen-SS-Einheiten 30% ihrer PKW-Ausstattung stillzulegen.

4.6. Alliierte Truppen ziehen in das zuvor zur «Freien Stadt» erklärte Rom ein, am 26. Juli werden Pisa, am 4. August Florenz eingenommen.

6.6. Landung alliierter Truppen an der Normandieküste zwischen der Orne-Mündung bei Caen und Cherbourg (Unternehmen «Overlord»). Bereits am ersten Tag werden acht Divisionen an Land gesetzt. Schon am Abend des «D-Day» (D= Decision) steht fest, daß die Invasion gelungen ist, da sich Rommels Konzept, den Gegner umgehend ins Meer zurückzuwerfen, nicht verwirklichen läßt wegen der absoluten alliierten Luftherrschaft und der massiven Schiffsartillerieunterstützung durch die Invasionsflotte. Bis zum 12. Juni sind bereits 326000, bis zum 29. Juli 1 566000 Mann in der Normandie gelandet.

9.6. Die sowjetische Offensive gegen Finnland läuft an.

10.6. Zerstörung des französischen Dorfes Oradour-sur-Glane und Ermordung seiner Einwohner durch Einheiten der Waffen-SS-Division «Das Reich» (3./PzGrenRgt 4) als Vergeltung für Überfälle der Résistance.

12./13.6. Der Beschuß Londons mit den so genannten «Vergeltungswaffen» (V1) – unbemannten Flugkörpern – beginnt. Eine stärkere Wirkung geht vom Einsatz dieser «Wunderwaffen» (im Volksmund spöttisch: Wuwa) allerdings nicht aus, nicht zuletzt weil die Zielgenauigkeit zu wünschen läßt, und eine gehörige Stückzahl von britischen Jägern abgeschossen werden kann. In Großbritannien kommen bis Anfang Juli gleichwohl 2752 Menschen durch deutsche V-Waffen um (vgl. 8. Sept.).

Nach einem «Erlaß des Führers» sollen Rüstung und Kriegsproduktion nochmals konzentriert werden. Der Schwerpunkt wird auf die Massenherstellung, auf Vereinheitlichung und «Entfeinerung» gelegt, außerdem werden nur noch Waffen und Geräte neu entwickelt, «die durch umstürzende neue Eigenschaften in der Lage sind, uns gegenüber der Entwicklung des Feindes bedeutende Vorteile zu bringen».
Am gleichen Tag befiehlt Hitler das «Infanterie-Rüstungsprogramm», um «zahlreiche neue Infanterie-Divisionen» ausstatten zu können. Nur noch ganz bestimmte leichte Waffen und Panzerabwehrmittel, «deren Ausstoß kurzfristig auf ein Höchstmaß zu steigern ist», sollen produziert werden.
Weil die im Reich eingesetzten Ostarbeiter auf ihre Weise am «Kampf gegen die jüdisch-bolschewistische Weltgefahr» teilgenommen haben, «verleiht» ihnen Himmler eine besondere Kennzeichnung: Sie haben auf dem linken Oberarm stets sichtbar ein «Volkstumsabzeichen» zu tragen (ein ovaler Sonnenblumenkranz, der bei Ukrainern einen Dreizack, bei Weißruthenen Ähre und Zahnrad, bei Russen das Andreaskreuz umschließt). Hinzukommen kann bei ehemaligen Hilfswilligen ein Ärmelband: «Den mit diesem Ärmelstreifen ausgezeichneten Ostarbeitern und -arbeiterinnen ist der Besuch von öffentlichen Veranstaltungen und von Gaststätten sowie die Benutzung öffentlicher Verkehrsmittel innerhalb des Ortsbereichs gestattet.»

_19.6._

In einer der größten Sabotage-Operationen des Krieges legen sowjetische Partisanen mit etwa 10 000 Sprengungen das Eisenbahnnetz im Rücken der Heeresgruppe Mitte lahm.

_20.6._

Sowjetische Großoffensive am Jahrestag von «Barbarossa» gegen die Front der Heeresgruppe Mitte. Bis Anfang Juli wird dieser Frontabschnitt völlig aufgerieben. 28 Divisionen mit 350 000 Mann gehen verloren, die gefallen, vermißt oder in sowjetische Kriegsgefangenschaft geraten sind.

_22.6._

Das Ghetto Lodz wird liquidiert, die Insassen nach Kulmhof (Chelmno) transportiert.

_23.6.–_
_14.7._

1944

30.6.   Mehrtägiger Generalstreik in Dänemark, der zur Aufhebung der von den deutschen Besatzern verhängten Ausgangssperre in Kopenhagen führt.

Ende   Ermordung von etwa 6500 Insassen von Gefängnissen und La-
Juni   gern in Minsk durch die Gestapo.

1.7.   Stauffenberg wird Chef des Stabes beim Befehlshaber des Ersatzheeres, Generaloberst Fromm: damit ist er Teilnehmer der Lagebesprechungen im «Führerhauptquartier».

1.–22.7.   In der Konferenz von Bretton Woods werden fiskalische und ökonomische Fragen einer weltweiten Nachkriegsordnung diskutiert. Ein internationaler Geldfonds von 10 Milliarden US-Dollar und eine internationale Bank für Wiederaufbau und Entwicklung sollen eingerichtet werden.

Anfang   Zusammenbruch der Heeresgruppe Mitte an der Ostfront (Vgl.
Juli   22. Juni).
Zerschlagung von kommunistischen Widerstandsorganisationen in Berlin, Magdeburg, Leipzig und Thüringen.

6./11./   Stauffenberg hat jeweils Sprengstoffpakete bei den Lagebespre-
15.7.   chungen auf dem Obersalzberg bzw. in der «Wolfsschanze» bei sich, doch wird das Attentat aus verschiedenen Gründen immer wieder verschoben.

8.7.   Das KZ Kaunas/Litauen wird aufgelöst, 8000 Juden werden evakuiert, 2000 Untergetauchte erschossen.

8.–22.7.   Evakuierung des Ghettos von Siauliai/Litauen.

13.7.   Hitler regelt die militärische und zivile Befehlsgewalt in einem Operationsgebiet für «den Fall eines Vordringens feindlicher Kräfte auf deutsches Reichsgebiet».
Erlaß Hitlers «über die Zusammenarbeit von Partei und Wehrmacht in einem Operationsgebiet innerhalb des Reiches». Ein zweiter Erlaß folgt am 19. September.
Josef Grohé wird als Leiter einer deutschen Zivilverwaltung «Reichskommissar für die besetzten Gebiete in Belgien und Nordfrankreich», deren Militärverwaltung aufgelöst wird.

General Olbricht löst in Erwartung der «Initialzündung» des Stauffenbergschen Attentats auf Hitler (vgl. 6./11. Juli) den Plan «Walküre» aus. (Bei «Walküre» handelt es sich um Planungen, die offiziell zur Niederschlagung von inneren Unruhen und Aufständen von Zwangsarbeitern entwickelt worden sind.) Ihm gelingt die Rücknahme des Befehls nach erneuter Verschiebung des Attentats und Tarnung des Unternehmens als Übung.

Reisebeschränkungen im Eisenbahnverkehr werden eingeführt. 17.7. US-Flugzeuge werfen in der Normandie erstmals Napalm-Bomben ab.

Der Chef des OKW, Generalfeldmarschall Keitel, befiehlt «Vorbe- 19.7. reitungen für die Verteidigung des Reiches».

Das Attentat auf Hitler im «Führerhauptquartier Wolfsschanze» 20.7. bei Rastenburg in Ostpreußen mißlingt. Bereits in den frühen Nachtstunden werden Stauffenberg, Albrecht Mertz von Quirnheim, Friedrich Olbricht und Werner von Haeften auf Befehl von General Friedrich Fromm standrechtlich erschossen. Generaloberst a.D. Ludwig Beck bekommt nach einem gescheiterten Selbstmordversuch einen «Gnadenschuß».
Himmler wird «mit sofortiger Wirkung» zum Befehlshaber des Ersatzheeres ernannt. Er übt außerdem über das Ersatzheer alle Befugnisse als Disziplinarvorgesetzter und als Gerichtsherr aus, die an sich dem Oberbefehlshaber des Heeres zustehen.
Bormann wird mit allen «zur Herbeiführung eines totalen Kriegseinsatzes notwendigen Anordnungen» in der NSDAP, ihren Gliederungen und angeschlossenen Verbänden beauftragt. Er ist zu Stillegungen und Umsetzungen innerhalb der «Bewegung» befugt und kann «freiwerdende Kräfte» der Wehrmacht und Rüstung «zur Verfügung» stellen.

Im Zusammenhang mit dem Attentat am 20. Juli werden umfas- 21.7. sende Fahndungs- und Verhaftungsmaßnahmen eingeleitet.

Der «Deutsche Gruß» wird mit sofortiger Wirkung auf Initiative 23.7. von Göring als rangältestem Offizier in der Wehrmacht verbindlich eingeführt «als ein Zeichen unverbrüchlicher Treue zum Führer und engster Verbundenheit zwischen Wehrmacht und Partei».
Der Chef des Generalstabes des Heeres, Generaloberst Guderian, verliest im Rundfunk Hitlers Tagesbefehl, den dieser am 21. Juli an das deutsche Heer erlassen hat: «Soldaten des Heeres! Ein klei-

ner Kreis gewissenloser Offiziere hat auf mich und den Stab der Wehrmachtführung einen Mordanschlag verübt, um die Staatsgewalt an sich reißen zu können. Die Vorsehung hat das Verbrechen mißglücken lassen. Durch das sofortige tatkräftige Eingreifen treuer Offiziere und Soldaten des Heeres in der Heimat wurde die Verräterclique in wenigen Stunden ausgelöscht oder festgenommen. Ich hatte das nicht anders erwartet. Ich weiß, daß Ihr wie bisher in vorbildlichem Gehorsam und treuer Pflichterfüllung tapfer kämpft, bis am Ende der Sieg trotz allem unser sein wird.»

Anschließend unterstreicht Guderian die Worte Hitlers: «Ich bürge dem Führer und dem deutschen Volk für die Geschlossenheit der Generalität, des Offizierskorps und der Männer des Heeres in dem einzigen Ziel der Erkämpfung des Sieges und unter dem Wahlspruch, den der ehrwürdige Feldmarschall von Hindenburg uns oft einprägte. Die Treue ist das Mark der Ehre! Es lebe Deutschland und unser Führer Adolf Hitler! Und nun Volk: Ans Gewehr!»

Die letzten Häftlinge des KZ Majdanek werden von sowjetischen Truppen befreit.

24.–25.7. Britische Luftangriffe auf Stuttgart fordern rund 900 Tote unter der Zivilbevölkerung und verwüsten die Innenstadt schwer.

25.7. Da die Kriegslage «zur vollen Ausschöpfung aller Kräfte für Wehrmacht und Rüstung» zwingt, wird Göring als Vorsitzender des Ministerrats für die Reichsverteidigung beauftragt, das «gesamte öffentliche Leben den Erfordernissen der totalen Kriegführung in jeder Beziehung anzupassen» (sog. 2. Proklamation des «totalen Krieges»). Zur Durchführung dieser Aufgabe soll ein «Reichsbevollmächtigter für den totalen Kriegseinsatz» benannt werden. Endziel ist der «restlose rationelle Einsatz von Menschen und Mitteln». Goebbels soll diesen Auftrag als Reichsbevollmächtigter durchführen.

Die «Europäische Beratende Kommission» (EAC) in London (vgl. 19.–30. Oktober 1943 und 15. Januar) billigt den Entwurf einer politischen Kapitulationsurkunde Deutschlands.

Die NSDAP übernimmt die Führung und den organisatorischen Ausbau des Selbstschutzes, der Reichsluftschutzbund ist künftig nur noch eine von der NSDAP betreute Organisation.

28.7. Speer legt die zweite «Hydrier-Denkschrift» vor (erste Denkschrift am 30. Juni 1944) und verdeutlicht darin die katastrophale

Lage der synthetischen Treibstoffherstellung als Folge alliierter Luftangriffe.
Bei US-Luftangriffen auf die Leuna-Werke wird erstmals der neue Raketenjäger Me 163 B («Kraftei») eingesetzt.

«Terror- und Sabotage-Erlaß» Hitlers: «Wer uns im entscheidenden Stadium unseres Daseinskampfes in den Rücken fällt, verdient keine Rücksicht.»
In den besetzten Gebieten erlischt die Zuständigkeit der Wehrmachtgerichtsbarkeit für Widerstandsdelikte: Stattdessen wird die sofortige «Niederkämpfung» der Betroffenen an Ort und Stelle oder die Übergabe an die Sicherheitspolizei oder den SD befohlen.
Keitel gibt am gleichen Tag einen Befehl heraus, nach dem die bei der «Bandenbekämpfung» gefangengenommenen Angehörigen ausländischer Militärmissionen (angloamerikanische wie sowjetrussische) nicht als Kriegsgefangene, sondern nach obigem Erlaß als Terroristen und Saboteure zu behandeln sind.

Durchbruch der amerikanischen Truppen bei Avranches, danach rasches weiteres Vorrücken bei geschlossenen Absetzbewegungen der deutschen Einheiten. Die Reste des Westheeres werden auf eine neue improvisierte Frontlinie (belgisch-niederländische Grenze – Westwall bis Trier – westlich Elsaß-Lothringen) zurückgeführt.
Letzter Transport belgischer Juden aus Mechelen nach Auschwitz.

Beginn der Lagerevakuierungen im Osten, zunächst noch per Eisenbahn.

In Folge des gescheiterten Attentats vom 20. Juli wird für Familienangehörige von Regimegegnern aus den «alten Eliten» die «Sippenhaft» angeordnet: Frauen, Kinder, mitunter auch Enkel, Eltern sowie Geschwister und deren Familien werden in Gefängnissen und Lagern inhaftiert. Am 5. Februar 1945 verfügt das OKW darüberhinaus: «Für Wehrmachtsangehörige, die in der Kriegsgefangenschaft Landesverrat begehen und deswegen zum Tode verurteilt werden, haftet die Sippe mit Vermögen, Freiheit oder Leben.»
Mit dieser Maßnahme hofft das Regime, jede Zusammenarbeit mit den Gewahrsamsmächten verhindern zu können.

Aufstand der polnischen «Heimatarmee» in Warschau. Weil die erwartete sowjetische Offensive ausbleibt, müssen die Aufständischen am 2. Oktober kapitulieren: 15 000 Angehörige der «Heimatarmee» gehen in deutsche Kriegsgefangenschaft. Gesamtzahl der Opfer: etwa 180 000 Polen (davon 16 000 militärische Opfer und 90 000 Zivilisten als Opfer gezielter Massenexekutionen). Warschau wird auf Befehl Hitlers fast völlig zerstört.

2.8. Die Türkei bricht ihre diplomatischen Beziehungen zum Deutschen Reich ab.

Da die «Möglichkeiten der Menscheneinsparung nach den bisherigen Methoden (...) keine wesentlichen Ergebnisse mehr (versprechen)», wird nun Himmler beauftragt, alle Organisations- und Verwaltungsgrundlagen von Heer, Waffen-SS, Polizei und Organisation Todt «zu überprüfen und zu vereinfachen», um sodann den kämpfenden Verbänden «beschleunigt die notwendigen Verstärkungen in Gestalt neu aufgestellter Truppen oder als Personalersatz zuzuführen».

Anfang Aug. Ausstoßung der im Zusammenhang mit dem 20. Juli Beschuldigten aus der Wehrmacht durch einen «Ehrenhof» unter Vorsitz des Generalfeldmarschalls Gerd von Rundstedt (weitere von Hitler bestimmte Mitglieder: Keitel, Guderian, Schroth, Specht, Kriebel, Kirchheim). Diese Ausstoßung ermöglicht eine spätere Aburteilung durch den Volksgerichtshof.

ab 6.8. Evakuierung des KZ Riga-Kaiserwald.

7.–8.8. Beginn der Prozesse vor dem Volksgerichtshof gegen Teilnehmer am Umsturzversuch des 20. Juli, die sich bis ins Frühjahr 1945 hinziehen: Todesurteile unter anderem gegen Generalfeldmarschall Erwin von Witzleben und Generaloberst Erich Hoepner.

7.–30.8. Die letzten Juden aus Lodz werden nach Auschwitz deportiert.

12.8. Der am Umsturzversuch vom 20. Juli beteiligte Carl Goerdeler, «auf dessen Ergreifung eine Million Reichsmark ausgesetzt war, [wird] durch die Aufmerksamkeit einer Luftwaffenstabshelferin unter Mitwirkung von zwei Angehörigen der Luftwaffe in Westpreußen festgenommen».

Die Reichspressekammer beschränkt den Umfang von Zeitungen auf maximal vier Seiten (vgl. 7. April 1943; März 1945).

15.8. Alliierte Landung (Operation «Dragoon») in Südfrankreich zwischen Cannes und Toulon mit raschem Vorstoß zur französisch-italienischen Alpengrenze und Rhône-aufwärts in Richtung Lyon-Dijon.

Bei der «Aktion Gewitter» werden etwa 5000 «Gegner» des Regimes aus den alten Weimarer Parteien, Regierungen und Verbänden durch die Gestapo verhaftet.

Mitte
Aug.

Pétain und Laval werden von Hitler gezwungen, zunächst nach Belfort, später nach Sigmaringen überzusiedeln: Er will die «legale» französische Regierung in seinem Machtbereich halten.

17.8.

Aufstand der Résistance in Paris. Der deutsche Stadtkommandant General Dietrich von Choltitz lehnt die von Hitler befohlene Zerstörung der Stadt ab und schließt einen Waffenstillstand mit der Résistance.

19.8.

Hitler befiehlt den «Ausbau der ‹deutschen Weststellung› mit den Mitteln eines Volksaufgebots». Es soll «in erster Linie ein durchgehendes Panzerhindernis entstehen, die Vorbereitungen für eine Zerstörungszone feindwärts der Stellungen getroffen werden und ein durchlaufendes tief gegliedertes Stellungs-System erreicht» werden. Am 28. August folgt ein entsprechender Befehl für den verteidigungsmäßigen Ausbau der gesamten Nordseeküste.

20.8.

In Dumbarton Oaks tagt eine Konferenz von Vertretern der USA, der Sowjetunion, Großbritanniens und Chinas zur Gründung der «Vereinten Nationen» (vgl. 1. Jan. 1942).

21.8.–
7.9

Deutsche Truppen können den Sturz des rumänischen Staatschefs Antonescu nicht verhindern. Nachfolger wird Constantin Sănătescu. Rumäniens Frontwechsel wird proklamiert.

23.8.

Als Maßnahme des totalen Kriegseinsatzes wird eine Urlaubssperre für Beamte eingeführt, am 31. August folgt die allgemeine Einführung der 60-Stunden-Mindestarbeitszeit in der Woche.

24.8.

Nach deutschen Luftangriffen auf Bukarest erklärt Rumänien dem Deutschen Reich den Krieg.
Einmarsch amerikanischer und französischer Truppen (de Gaulle) in Paris. General de Gaulle bildet am folgenden Tag eine provisorische Regierung (vgl. 23. Okt.).

25.8.

1944

29.8. Der Slowakische Nationalrat ruft zum Volksaufstand auf, der von Teilen der Armee unterstützt wird. Die Folge sind schwere Kämpfe mit deutschen Truppen. Als die sowjetische Offensive am Dukla-Paß am 29. Oktober scheitert, bricht der Aufstand zusammen und wird als Partisanenkampf fortgesetzt.

29./30.8 Alliierte Luftangriffe auf Stettin und auf Königsberg, dessen Innenstadt weitgehend zerstört wird.

30.8. Die Rote Armee nimmt das rumänische Ölgebiet ein.

3.9. Letzter Transport aus dem Lager Westerbork nach Auschwitz.

4.9. Der belgischen Untergrundarmee und der kommunistisch beeinflußten «Front de l'indépendance» gelingt die Besetzung des Hafens von Antwerpen bis zum Eintreffen der Alliierten.

5./6.9. Das KZ Vught bei s'Hertogenbosch in den Niederlanden wird befreit.

6.9. Reichsinnenminister Himmler verfügt die Einweisung kranker «Ostarbeiter» in psychiatrische Anstalten, wo der Großteil der Opfer ermordet wird.

7.9. Dritte Stillegungsaktion bei Tageszeitungen (vgl. Frühj. 1943): «Der größte Teil der bisher in Deutschland noch erscheinenden rund 1500 Zeitschriften wird stillgelegt. Nur wirklich kriegswichtige Zeitschriften erscheinen weiter, werden jedoch im Umfang eingeschränkt.» Dadurch werden große Papiermengen und «viele Tausende» Arbeitskräfte frei. Der Eher-Verlag kontrolliert inzwischen 82,5% der Gesamtauflage deutscher Presseerzeugnisse.

8.9. Nach dem sowjetischen Einmarsch erklärt Bulgarien dem Deutschen Reich den Krieg.

ab 8.9. Von beweglichen Abschußrampen beginnt der Einsatz von A4 (V2)-Raketen gegen London und Antwerpen, deren tatsächliche Wirkung von der NS-Propaganda stark übertrieben wird, wenngleich die psychische Belastung der betroffenen Bevölkerung nicht unterschätzt werden darf. Bis zum 27. März 1945 werden insgesamt 1115 «V2» gegen London, bis zum 2. April 1945 weitere 2050 gegen Antwerpen, Brüssel und Lüttich abgeschossen (vgl. 12./13. Juni).

US-Truppen stehen nördlich von Trier an der Reichsgrenze.

Zweite Konferenz Roosevelts und Churchills in Quebec. Das 11.–16.9.
Zonenprotokoll wird unterzeichnet (drei Besatzungszonen), eine
Einigung über die gemeinsame Verwaltung Groß-Berlins erzielt
sowie der revidierte «Morgenthau-Plan» zur Reagrarisierung
Deutschlands vorläufig gebilligt (von Roosevelt nach Protesten im
eigenen Land am 22. September zurückgenommen).

In einer Verfügung beauftragt Hitler den Leiter des Hauptarchivs 12.9.
der NSDAP, Prof. Dr. Brügmann, mit der Aufnahme von Vorar-
beiten für eine spätere Geschichtsschreibung über den Einsatz der
NSDAP im Kriege.
Unterzeichnung des rumänisch-sowjetischen Waffenstillstandsab-
kommens in Moskau: Rumänien nimmt mit seiner Armee am
Kampf gegen Deutschland teil.

Speer versucht, weitgehende Zerstörungen von Industrieanlagen 15.9.
in den Westgebieten des Deutschen Reiches mit dem Argument zu
verhindern, Hitler habe festgestellt, «daß er die Rückgewinnung
der jetzt verlorengegangenen Gebiete in kurzer Frist vollziehen
kann». Deshalb solle die Fertigung bis zum letzten Augenblick
aufrechterhalten werden, die Betriebe sollten sodann nur «ge-
lähmt», aber nicht zerstört werden (vgl. 19. März 1945).

Beginn der «Reeducation» als offizielles britisches Kriegsgefange- Mitte
nen-Programm unter Mithilfe deutscher Emigranten. Sept.

Generalstreik in Dänemark: daraufhin Internierung der Polizei 16.–21.9.
und Deportation dänischer Offiziere ins Reich durch die deutschen Besatzungstruppen.

Bei Arnheim und Nimwegen (Niederlande) mißlingt eine alliierte 17.9.
Luftlandeoperation unter hohen Verlusten. Der britische Oberbefehlshaber, Feldmarschall Bernard Montgomery, hatte versuchen
wollen, die Rheinbrücken in Besitz zu nehmen, um über sie einen
Vorstoß ins Ruhrgebiet und in die norddeutsche Tiefebene zu
führen mit dem Ziel, die Kriegsentscheidung doch schon 1944
herbeizuführen.

Sowjetisch-britisch-finnischer Waffenstillstand. Deutsche Trup- 19.9.
pen haben Finnland innerhalb von 15 Tagen zu räumen, Petsamo
wird der UdSSR überlassen.

20.9. «Politische Straftaten» von Angehörigen der Wehrmacht, der Waffen-SS und der Polizei werden ab sofort wie bei Zivilisten vom Volksgerichtshof und den Sondergerichten abgeurteilt.

25.9. Einberufung aller «waffenfähigen Männer im Alter von 16 bis 60 Jahren» zum «Deutschen Volkssturm», dessen Aufstellung und Leitung den Gauleitern übertragen wird: «Dem uns bekannten totalen Vernichtungswillen unserer jüdisch-internationalen Feinde setzen wir den totalen Einsatz aller deutschen Menschen entgegen». Der Volkssturm «wird den Heimatboden mit allen Waffen und Mitteln verteidigen, soweit sie dafür geeignet erscheinen». Dieser Erlaß Hitlers wird erst am 18. Oktober veröffentlicht.
Das Kriegsgefangenen- und Interniertenwesen geht in die Befugnis des «Befehlshabers des Ersatzheeres», Heinrich Himmler, über.

Sept. Streik der niederländischen Eisenbahner zur Unterstützung der alliierten Operationen. Die Folge ist ein deutsches Lebensmittelembargo, welches zum «Hungerwinter» 1944/45 mit über 10 000 holländischen Opfern führt.
Nach der Besetzung der Slowakei werden die Deportationen von Juden nach Auschwitz wieder aufgenommen.

3.10. Hitler befiehlt die vollständige Räumung Griechenlands, Südalbaniens und Südmazedoniens.

6./7.10. Das im Krematorium arbeitende Häftlings-Sonderkommando in Auschwitz revoltiert.

9.–20.10. Churchill und Stalin konferieren in Moskau. Die jeweiligen «Einflußsphären» in Südosteuropa werden geklärt (praktisch der gesamte Balkan mit Ausnahme Griechenlands wird sowjetische Einflußzone); die Curzon-Linie als künftige polnische Ostgrenze wird von Vertretern der polnischen Exilregierung abgelehnt.

10.10. Angeblich 70% des Jahrgangs 1928 der Hitler-Jugend haben sich als Kriegsfreiwillige gemeldet. Dazu Hitler: «Meine Hitler-Jugend! Mit Stolz und Freude habe ich eure Meldungen als Kriegsfreiwillige des Jahrganges 1928 entgegengenommen. In der Stunde der Bedrohung habt ihr ein leuchtendes Beispiel kämpferischer Gesinnung und fanatischer Einsatz- und Opferbereitschaft gegeben. (...) Ihr aber als junge nationalsozialistische Kämpfer müßt unser ganzes Volk an Standfestigkeit, zäher Beharrlichkeit und unbeugsamer Härte noch übertreffen. Der Lohn des Opfers unseres heldenmutigen jungen Geschlechtes wird im Sieg zur stolzen und freien Zukunft unseres Volkes und nationalsozialistischen Reiches führen.»

Die Heeresgruppe Nord räumt Riga und zieht sich nach Kurland 13.10. zurück, wo sie abgeschnitten wird, sich aber in sechs großen, verlustreichen «Kurlandschlachten» bis Kriegsende halten kann.

Generalfeldmarschall Rommel entzieht sich durch (erzwungenen) 14.10. Selbstmord der Anklage vor dem Volksgerichtshof wegen Mitwisserschaft am Umsturzversuch vom 20. Juli. Offiziell ist er seinen schweren Verletzungen, die er bei einer Frontfahrt erlitten hatte, erlegen. Hitler ordnet ein Staatsbegräbnis an.

Ein geheimer Präliminarwaffenstillstand zwischen Ungarn und 15.10. der Sowjetunion wird in Moskau unterzeichnet. Reichsverweser Horthy proklamiert diesen Waffenstillstand über den Budapester Rundfunk.

Staatsstreich in Ungarn. Widerrufung des Waffenstillstands mit 16.10. der UdSSR nach der durch den Handstreich eines SS-Kommandos erzwungenen Abdankung des Reichsverwesers Horthy bei gleichzeitiger Einsetzung des Führers der Pfeilkreuz-Partei, Férencz Szálasi.
Erstes Vordringen der Roten Armee nach Ostpreußen. Die sowjetische Offensive in Richtung Ostpreußen kann jedoch nach Anfangserfolgen abgeschlagen und das Gebiet um Nemmersdorf (Kreis Gumbinnen) und Goldap bis zum 5. November zurückerobert werden. In Nemmersdorf werden Spuren von Greueltaten an der deutschen Zivilbevölkerung entdeckt, die von Goebbels umgehend für seine Durchhaltepropaganda mißbraucht werden.

Hitlers Erlaß zur Bildung des Volkssturms wird veröffentlicht 18.10. (vgl. 25. Sept).

Aachen wird nach schweren Kämpfen als erste deutsche Groß- 21.10. stadt von amerikanischen Truppen besetzt.

Japan wird in der bis dahin größten Seeschlacht im Golf von Leyte 22.–25.10. entscheidend geschlagen.

23.10. Die «Provisorische französische Regierung» Charles de Gaulles wird von den USA, der Sowjetunion und Großbritannien anerkannt (vgl. 25. Aug.).

28.10. Die Alliierten und Bulgarien unterzeichnen einen Waffenstillstand, in dem sich Bulgarien verpflichtet, am Krieg gegen das Deutsche Reich teilzunehmen.

30.10. Aus Theresienstadt (vgl. 24. Nov 1941) geht ein letzter Transport nach Auschwitz, dessen Teilnehmer zum größten Teil umgebracht werden.

7.11. Roosevelt wird ein viertes Mal zum Präsidenten der Vereinigten Staaten von Amerika gewählt.

8.11. Beginn des Todesmarsches von 76000 Juden aus Budapest nach Österreich und Bayern.

10.11. Die Alliierten erkennen die neue kommunistische Regierung in Albanien unter Enver Hodscha an.

Herbst Verhaftung der Kölner «Edelweißpiraten»: öffentliche Hinrichtung von 13 Mitgliedern in Köln-Ehrenfeld. Bei den «Edelweißpiraten» handelt es sich um Jugendgruppen, die 1941/42 außerhalb der HJ vor allem im Ruhrgebiet, in Sachsen und anderen Industriezentren entstanden sind. Diese Jugendlichen wollen dem eintönigen HJ-Dienst entgehen und orientieren sich teilweise an bündischen Traditionen. Sabotageakte, Prügeleien mit der HJ, das Abhören von «Feindsendern», Kontakte zu ausländischen Zwangsarbeitern sind Ausdruck einzelner oppositioneller Aktivitäten. Verhaftete «Edelweißpiraten» werden meist als «Verwahrloste» oder «Gemeinschaftsschädlinge» in Erziehungslager oder KZ eingewiesen oder gar zum Tode verurteilt.

14.11. Das 2. Zonenprotokoll und das Kontrollabkommen zur Zoneneinteilung werden paraphiert: ein «alliierter Kontrollrat», bestehend aus den Militärbefehlshabern der Besatzungszonen in Deutschland, soll die oberste Instanz der Besatzungsmächte werden (vgl. 11.–16. Sept.).

25.11. Geheimbefehl Hitlers über «standhaftes Ausharren» auch in «aussichtslos erscheinende[n] Lagen»: «Glaubt ein Truppenführer, der auf sich selbst gestellt ist, den Kampf aufgeben zu müssen, so hat er erst seine Offiziere, dann Unteroffiziere, danach die Mannschaften zu befragen, ob einer von ihnen den Auftrag erfüllen und den Kampf fortführen will. Ist dies der Fall, übergibt er diesem – ohne Rücksicht auf den Dienstgrad – die Befehlsgewalt und tritt selbst mit ein.»

Zum Jahrestag der Gründung der NS-Gemeinschaft «Kraft durch Freude» (vgl. 27. Nov. 1933) richtet ihr Gründer, Reichsorganisationsleiter Ley, «ein Telegramm an den Führer, in dem er meldet, daß die deutschen Arbeiter und Arbeiterinnen in Rüstung und Kriegsproduktion mit zähem Willen und gläubiger Einsatzbereitschaft ihre Leistungen von Monat zu Monat steigerten, durch phantasivolle Improvisationen die durch Feindeinwirkung entstandenen Schäden ausglichen und diese Leistungen in der Gewißheit auf eine wahrhaft sozialistische Zukunft vollbrächten.» | 27.11.

Himmler ordnet die Einstellung der Massenmorde durch Giftgas in Auschwitz an. Ab dem 25. November werden die Krematorien demontiert und gesprengt, um möglichst viele Spuren zu verwischen. | Nov.

Aufruf zur «Wehrhilfe der deutschen Frauen» durch die Reichsreferentin des BDM, Dr. Jutta Rüdiger, und die Reichsfrauenführerin Gertrud Scholtz-Klink. Ein Wehrmachthelferinnenkorps soll aufgebaut werden, «in dem jede wehrwillige deutsche Frau ab 18. Lebensjahr an Stelle eines Soldaten jeglichen Dienst leisten kann, der ihr in diesem Korps nach ihrer Eignung zugewiesen wird. (...) Freiwillige vor! Meldepflichtige und noch nicht Eingesetzte schließt euch an! (...) Wir treten an zur Wehrhilfe der deutschen Frauen und Mädel für die kämpfende Front. Unsere Parole heißt: Hilf dir selbst, so hilft dir Gott!» Grundlage dieser Aufstellung ist die «Verordnung über den Luftwaffeneinsatz des Reichsarbeitsdienstes der weiblichen Jugend» vom 28. November und die «Zweite Anordnung für die Durchführung des totalen Kriegseinsatzes» vom 29. November. | 4.12.

Starke Luftangriffe auf Karlsruhe und Heilbronn (hier 7000 Tote). | 4./5.12.

Der zukünftige aktive Offizier- bzw. Führernachwuchs des Heeres und der Waffen-SS soll nach einem Befehl Hitlers vor seinem Eintritt in Nationalpolitischen Erziehungsanstalten, Adolf-Hitler-Schulen, der Reichsschule Feldafing oder weiteren vom Reichsführer SS zu bestimmenden Heimschulen erzogen worden sein. | 7.12.

1944

8.12. Fünfzig der achtzig in der Sowjetunion kriegsgefangenen Generale mit Generalfeldmarschall Friedrich Paulus an der Spitze veröffentlichen im Namen des «Nationalkomitees ‹Freies Deutschland›» (vgl. 12./13. Juli 1943) ihren Aufruf «An Volk und Wehrmacht» mit der Forderung nach einer «rettenden Tat gegen Hitler». Der Aufruf setzt eine Besetzung Deutschlands bereits als selbstverständlich voraus, der Sturz Hitlers erscheint hier als letzte souveräne Tat des deutschen Volkes.

10.12. Alle Wehrmachtteile sowie Waffen-SS und Polizei im «Heimatkriegsgebiet» werden nochmals «durchkämmt», um potentielle Soldaten für Frontverwendungen «freizumachen».
Unterzeichnung eines gegen Deutschland gerichteten sowjetisch-französischen Bündnisvertrages mit 20 Jahren Geltungsdauer. Stalin lehnt allerdings den Rhein als von de Gaulle geforderte französische Ostgrenze ab.

11.12. Letzte Giftgasmorde in Hartheim an selektierten KZ-Häftlingen aus Mauthausen (Aktion «13 f 14»), danach Beseitigung der Vergasungsanlagen.

15.12. Rede Churchills vor dem britischen Unterhaus: die Westverschiebung Polens auf Kosten Deutschlands und die Totalaustreibung der Deutschen aus den Ostgebieten werden angekündigt, weil dies «das befriedigendste und dauerhafteste Mittel» sei.

16.– Die deutsche Ardennenoffensive (Unternehmen «Wacht am
24.12. Rhein»), die nach Hitlers Idee durch einen massiven Gegenschlag die Alliierten militärisch durcheinander bringen soll. Er erläutert die Motive seines Offensivplans vor den eingesetzten Kommandeuren folgendermaßen: «Ist man selbst zur Abwehr, zur Defensive gezwungen, dann ist es erst recht die Aufgabe, von Zeit zu Zeit durch rücksichtslose Schläge dem Gegner wieder klarzumachen, daß er trotzdem nichts gewonnen hat, sondern daß der Krieg unentwegt weitergeführt wird. Ebenso ist es wichtig, (...) dem Gegner klarzumachen, daß (...) er nie auf eine Kapitulation rechnen kann, niemals, niemals ... Wenn ihm das durch die Haltung eines Volkes, einer Wehrmacht und zusätzlich noch durch schwere Rückschläge, die er bekommt, klargemacht wird, dann wird er am Ende eines Tages einen Zusammenbruch seiner Nevenkraft erleben.» Das Unternehmen scheitert nach ersten Überraschungserfolgen. Die deutschen Kräfte, letzte Reserven, die unter Entblößung aller anderen Fronten zusammengezogen worden

sind, bleiben vor Malmédy, im Raum von Bastogne und im nörd-lichen Luxemburg stecken, als bei Aufklaren des Himmels die alli-ierte Luftüberlegenheit wieder voll zum Tragen kommt.

1.1.   Tausend deutsche Flugzeuge greifen in einem Überraschungscoup alliierte Flugplätze in Holland, Belgien und Nordfrankreich an (Unternehmen «Bodenplatte»). Zwar werden fast 500
Flugzeuge zerstört oder abgeschossen, doch gehen auch knapp
300 deutsche Flugzeuge verloren – zwei Drittel durch deutsche
Flak, die über das Unternehmen nicht unterrichtet worden war.
Die deutsche Luftwaffe ist nun zu keiner größeren Aktion mehr
in der Lage.

3.1.   Alliierte Gegenoffensive in den Ardennen.

7.–28.1.   Mit einem Aufruf zu einem weiteren «Volksopfer» werden
nochmals Kleidung und Ausrüstungsgegenstände für Wehrmacht
und Volkssturm gesammelt (Altstoffe, Wäsche, Kleidung – auch
von Frauen –, Uniformen, Schuhwerk etc.), «wobei jeder alles ab-
geben müsse, was er nicht unbedingt benötige».

12.1.   Eine neue sowjetische Großoffensive gegen die deutsche Ostfront
läuft an. Sie löst eine gewaltige Fluchtbewegung unter der Zivilbevölkerung aus. Unzählige Menschen finden auf dem Treck nach
Westen den Tod.

16.1.   Hitler verlegt sein letztes «Führerhauptquartier» in die Reichskanzlei nach Berlin.

20.1.   Die Ausstellung von «Unabkömmlichkeitsbescheinigungen» (uk)
für Soldaten in Dienststellungen, die nicht unmittelbar zur kämpfenden Truppe gehören, wird durch einen «Befehl des Führers»
noch einmal verschärfend erschwert. Alle verfügbaren Kräfte sollen an die Front geworfen werden.

21.1.   Himmler erhält den Befehl, mit einer neuzubildenden «Heeresgruppe Weichsel», deren Oberbefehl er zu übernehmen hat (24.
Januar), die entstandene Lücke zwischen den Heeresgruppen A
und Mitte zu schließen und den Durchbruch des Feindes in Richtung Danzig und Posen (und damit die Abschneidung Ost-
preußens) zu verhindern. Außerdem soll er hinter der gesamten
Ostfront auf deutschem Boden «die nationale Verteidigung (...)
organisieren».
Rekrutenvereidigungen finden eine neue Form: In der neuen Ze-

remonie wird nach Himmlers Vorstellungen nunmehr «der einheitlichen kämpferischen Ausrichtung von Front und Heimat sinnfällig Ausdruck» gegeben. Die Vereidigung findet «in Anwesenheit des örtlichen Hoheitsträgers der Partei und von Männern der Rüstung statt. Der Einheitsführer überreiche im Laufe der Feier den Rekruten die Waffen, die er aus den Händen der Rüstungsarbeiter empfange».

Sowjetische Truppen erreichen in Schlesien die Oder.   23.1.
Die Deutsche Reichsbahn hat eine Einschränkung des Reiseverkehrs «durch Entfall aller D- und Eilzüge vorgenommen».

Die deutsche Marine evakuiert bis Kriegsende mehr als 2 Millionen Flüchtlinge aus dem Osten über die Ostsee.   ab 23.1

Aus den Konzentrationslagern werden mit Beginn der sowjetischen Offensive die Insassen in so genannten «Todesmärschen» ins Innere des Reichs geschafft; mehrere Hunderttausend gehen unterwegs zugrunde oder werden ermordet.   Mitte/ Ende Jan.
Am 17. Januar beginnt die Räumung von Auschwitz, am 25. Januar wird das KZ Stutthof evakuiert. Nach dem Beginn dieser Maßnahmen werden am 30. Januar etwa 6000 Juden aus den Nebenlagern des KZ Stutthof am Ostseestrand erschossen: «Massaker von Palmnicken».

Mit den «Aachener Nachrichten» beginnt die erste amerikanisch-britisch kontrollierte Zeitung auf deutschen Boden wieder zu erscheinen.   25.1.

Die «Verordnung zur Sicherung des Fronteinsatzes» droht Zuchthausstrafe oder den Tod demjenigen an, der «vorsätzlich bei der Überprüfung zur Freimachung von Soldaten für die Front falsche oder unvollständige Auskünfte erteilt».   26.1.

Die Rote Armee erreicht Auschwitz und findet nur noch knapp 8000 «lebende Skelette» vor. 58000 KZ-Häftlinge waren noch auf einen Todesmarsch nach Westen getrieben worden, wobei mindestens 9000 von ihnen umkamen.   27.1.

Sowjetische Truppen erreichen auch im Norden die Oder, nördlich und südlich von Küstrin werden Brückenköpfe gebildet.   30.1.
Das mit Flüchtlingen vollbesetzte ehemalige KdF-Schiff «Wilhelm Gustloff» sinkt vor der pommerschen Küste nach Torpedo-

treffern eines sowjetischen U-Bootes. Über 5300 Menschen kommen um, etwa 1200 können gerettet werden (vgl. 6. Mai 1937).
Letzte Rundfunkansprache Hitlers aus Anlaß des Jahrestages der «Machtergreifung». Er kündigt an, daß er seinen Weg «auch in den kommenden Jahren (...) kompromißlos in der Vertretung der Interessen meines Volkes weiterwandeln [werde], unbeirrt um jede Not und jede Gefahr und durchdrungen von der heiligen Überzeugung, daß am Ende der Allmächtige den nicht verlassen wird, der in seinem ganzen Leben nichts anderes wollte, als sein Volk vor einem Schicksal zu retten, daß es weder seiner Zahl noch gar seiner Bedeutung nach jemals verdient hat. (...) Wie schwer auch die Krise im Augenblick sein mag, sie wird durch uns gemeistert werden. Es wird auch in diesem Kampf nicht Innerasien siegen, sondern Europa und an der Spitze die Nation, die seit anderthalbtausend Jahren Europa als Vormacht gegen den Osten vertreten hat und in alle Zukunft vertreten wird: unser Großdeutsches Reich, die deutsche Nation!»
In der «Atlantik-Festung» La Rochelle und in Berlin wird der Durchhaltefilm «Kolberg» uraufgeführt.

3.2.   Schwerer amerikanischer Luftangriff auf Berlin mit rund 22 000 zivilen Todesopfern. Bei diesem Angriff wird auch der berüchtigte Präsident des Volksgerichtshofes, Roland Freisler, getötet.

4.2.   Es strömen inzwischen so viele Flüchtlinge nach Westen, daß diese «aus dem Osten des Reichs vorübergehend rückgeführte[n] Volksgenossen» zur Entlastung der Transportlage auch nach Dänemark geleitet werden sollen, sofern sie beispielsweise von Stettin und Swinemünde mit der Bahn dorthin befördert werden können.

4.–11.2.   Alliierte Konferenz von Jalta: Frankreichs Hinzuziehung als vierte Besatzungsmacht mit eigener Zone (zu Lasten der britischen und amerikanischen) wird beschlossen, ebenso die Verwaltung Deutschlands durch einen Alliierten Kontrollrat, Reparationsleistungen, die Westverschiebung Polens und der Eintritt der UdSSR in den Krieg gegen Japan. Ohne definitive Festlegungen einigt man sich auf das Ziel einer Demokratisierung Deutschlands durch Entmilitarisierung und Entnazifizierung.

8.2.   Südöstlich von Nimwegen beginnt eine britisch-kanadische Offensive, die jedoch wegen hartnäckigen deutschen Widerstands nur langsam vorankommt.

Bormann, Leiter der Parteikanzlei, ruft Frauen zum Hilfsdienst für den «Volkssturm» auf (vgl. 25. Sept. 1944).
Eine weitere Kürzung der Lebensmittelrationen um etwa 11% wird bekanntgegeben: Die Lebensmittelkarten müssen für neun statt für acht Wochen reichen. Überdies wird eine Kürzung der Kartoffel-, Zucker- und «Nährmittel»-Zuteilung vorgenommen.

Alliierte Luftangriffe auf das mit Flüchtlingen vollgestopfte, wehrlose und militärisch bedeutungslose Dresden mit mehr als 35 000 Todesopfern (manche frühere Schätzung ging bis zu 245 000 Opfern). Dieses Massaker bildet den Höhepunkt der zur Demoralisierung der deutschen Zivilbevölkerung unternommenen Bombenangriffe der Alliierten.

Reichsjustizminister Thierack gibt die Bildung von Standgerichten bekannt: «Die Härte des Ringens um den Bestand des Reiches erfordert von jedem Deutschen Kampfentschlossenheit und Hingabe bis zum Äußersten.» Diejenigen, die sich ihren «Pflichten gegenüber der Allgemeinheit zu entziehen» versuchen, sollen «sofort mit der notwendigen Härte zur Rechenschaft gezogen werden». Zu diesem Zweck werden in den «feindbedrohten Reichsverteidigungsbezirken (...) Standgerichte gebildet. (...) Die Standgerichte sind für alle Straftaten zuständig, durch die die deutsche Kampfkraft oder Kampfentschlossenheit gefährdet wird. (...) Das Urteil des Standgerichts lautet auf Todesstrafe, Freisprechung oder Überweisung an die ordentliche Gerichtsbarkeit.» (vgl. 26. Feb.)

Hitler erwägt, sich von der Genfer Konvention loszusagen, «um dem Gegner zu bekunden, daß wir entschlossen sind, mit allen Mitteln bis zum Äußersten um unser Dasein zu kämpfen und auch die eigene Bevölkerung durch diese Maßnahme zum äußersten Widerstand aufgerufen werde.»

Separatfriedensfühler Himmlers zu den Westmächten über den schwedischen Grafen Folke Bernadotte. Der gewünschte Kontakt zu Eisenhower kommt jedoch nicht zustande, da die Alliierten Gespräche mit Himmler ablehnen und auf der «bedingungslosen Kapitulation» bestehen (vgl. 23./24. April).
Amerikanische Landung auf Io-Jima.

Die Türkei erklärt, daß sie sich ab dem 1. März als im Kriegszustand mit dem Deutschen Reich befindlich betrachte.

24.2.   Hitler erklärt in einer Proklamation zum Jahrestag der Partei-
        gründung, daß im Krieg «noch in diesem Jahr die geschichtliche
        Wende eintritt».

25.2.   Goebbels prägt in einem «Das Jahr 2000» betitelten Leitartikel
        der Zeitung «Das Reich» den Begriff des «Eisernen Vorhanges»,
        der gemeinhin Winston Churchill (Telegramm an Truman vom
        12. Mai 1945, Rede in Fulton (USA) am 5. März 1946) zuge-
        schrieben wird: «Wenn das deutsche Volk die Waffen niederlegte,
        würden die Sowjets, auch nach den Abmachungen zwischen Roo-
        sevelt, Churchill und Stalin, ganz Ost- und Südosteuropa zuzüglich
        des größten Teiles des Reiches besetzen. Vor diesem einschließlich
        der Sowjetunion riesigen Territorium würde sich sofort ein eiserner
        Vorhang heruntersenken, hinter dem dann die Massenabschlach-
        tung der Völker, wahrscheinlich noch unter dem Beifall der Londo-
        ner und New Yorker Judenpresse, begänne. Uebrig bliebe nur ein
        gewisser Rohstoff Mensch, eine dumpfe, gärende Masse von Mil-
        lionen proletarisierter und verzweifelter Arbeitstiere, die von der
        anderen Welt nur das zu wissen bekämen, was der Kreml für seine
        Zwecke für dienlich hielte.»

26.2.   Erlaß Himmlers zur Errichtung von «Sonderstandgerichten zur
        Bekämpfung von Auflösungserscheinungen» (vgl. 15. Feb.).

5.3.   Der Jahrgang 1929 wird eingezogen.
        Das westliche Rheinufer nördlich von Neuß mit Ausnahme eines
        Brückenkopfes bei Wesel ist in alliierter Hand.
        Keitel erweitert die Sippenhaftung in einem Befehl des OKW:
        «Wer in Gefangenschaft gerät, ohne verwundet zu sein oder nach-
        weisbar bis zum äußersten gekämpft zu haben, hat seine Ehre ver-
        wirkt. Die Gemeinschaft der anständigen und tapferen Soldaten
        stößt ihn von sich. Seine Angehörigen haften für ihn.» (vgl. 1. Aug.
        1944)

7.3.   US-Truppen stoßen über die unzerstörte Rheinbrücke bei Rema-
        gen vor und bilden einen – bald ausgeweiteten – Brückenkopf. Die
        Ludendorff-Brücke bricht erst am 17. März, beschädigt durch
        einen erfolglosen Sprengungsversuch und infolge extremer Bela-
        stung, zusammen.
        Eroberung Kölns durch amerikanische Soldaten.

9.3.   Hitler ordnet die Errichtung eines «Fliegenden Standgerichts» an.
        Es ist «zuständig für strafbare Handlungen von Angehörigen aller

Wehrmachtteile und der Waffen-SS ohne Unterschied des Ranges. Der Gerichtsherr kann außerdem jede strafbare Handlung (...) an sich ziehen, auch wenn schon ein Verfahren schwebt. (...) Er trifft die Vollstreckungsentscheidung. (...) Das Gnadenrecht entfällt.» (vgl. 26. Feb.)

Die Erziehungsarbeit der «Nationalsozialistischen Führungsoffiziere» (NSFO) soll zum Zwecke des «Einsatz[es] aller Kräfte für den Sieg» intensiviert werden: «Die vordringlichste Aufgabe des Truppenführers ist die politische Aktivierung und Fanatisierung seiner Truppe, für deren nationalsozialistische Haltung er mir [Hitler] voll verantwortlich ist» (vgl. 22. Dezember 1943). 13.3.

Wegen der rapide abnehmenden Transportkapazität befiehlt Hitler bei Räumungen folgende Rangfolge: «Wehrmacht für operative Zwecke, Kohle, Ernährungsräumungsgut. Selbst Flüchtlingstransporte können erst nach voller Erfüllung dieses Bedarfs gefahren werden, wenn nicht wirklich ungenutzter Leerraum zur Verfügung steht.» 14.3.

Friedensfühler des Reichsaußenministers Ribbentrop zu den Westmächten über Schweden. 15.3.

Hitler ist der Auffassung, daß, «wenn der Krieg verlorengeht, wird auch das Volk verloren sein». Es hätte sich dann «als das schwächere erwiesen und dem stärkeren Ostvolk gehöre dann ausschließlich die Zukunft». 18.3.

Hitlers sog. «Nero-Befehl» verlangt, daß alle für den Feind nützlichen und nutzbaren Verkehrs-, Nachrichten-, Industrie- und Versorgungsanlagen sowie Sachwerte beim Zurückgehen zu zerstören sind: «Es ist ein Irrtum, zu glauben, nicht zerstörte oder nur kurzfristig gelähmte Verkehrs-, Nachrichten-, Industrie- oder Versorgungsanlagen bei der Rückgewinnung verlorener Gebiete für eigene Zwecke wieder in Betrieb nehmen zu können. Der Feind wird bei seinem Rückzug uns nur eine verbrannte Erde zurücklassen und jede Rücksichtnahme auf die Bevölkerung fallenlassen.» Der Befehl wird jedoch von verantwortungsbewußten Repräsentanten des Staates, der Partei und der Wirtschaft sabotiert. Auch die Ausführungsbestimmungen des OKW vom 30. März und 4. April heben den Befehl praktisch auf (vgl. 15. Sept. 1944). 19.3.

23.3. Ganz neue Probleme erwachsen den deutschen Regierungsbehör-
den durch den außerordentlichen «Zustrom von Treckpferden
aus den Ostgebieten des Reiches und de[n] durch Ausfall der Fut-
terüberschußgebiete entstandene[n] Futtermangel». Überzählige,
d. h. nicht ernährbare Pferde sollen deshalb «der allgemeinen
Fleischversorgung» zugeführt werden.

24.3. Britische und amerikanische Truppen überschreiten den Rhein
und bilden bei Wesel einen weiteren großen Brückenkopf, von
dem aus sie, wie die Truppen von Remagen aus (vgl. 7. März),
zangenartig um das Ruhrgebiet und das Bergische Land vor-
stoßen.

28.3. Hitler verfügt «die Aufstellung eines Freikorps ‹Adolf Hitler›, das
sich aus den Aktivisten der Bewegung, Freiwilligen des Volkssturm-
mes und Freiwilligen der Werkschar zusammensetzt. Jeder, der
über 18 Jahre alt ist und sich freiwillig meldet, muß von der Partei, dem Volkssturm und den Betrieben freigegeben werden». Mit
der Aufstellung und Führung wird der Reichsorganisationsleiter
der NSDAP, Robert Ley, beauftragt.
US-General Eisenhower teilt Stalin telegraphisch mit, bis zur Linie Erfurt-Leipzig gegen die obere Elbe vorgehen und dort die
Rote Armee erwarten zu wollen. Sodann wolle er mit der Masse
seiner Kräfte die «Alpenfestung» erobern (vgl. 18. April).

29.3. Die Anordnung, «mit Rücksicht auf die Kriegsnotwendigkeiten»
auch an «Führers Geburtstag», dem 20. April, «wie an anderen
Werktagen Dienst zu leisten», ist die chronologisch letzte Be-
kanntmachung des ohnehin nur noch 52 Seiten starken Reichsge-
setzblattes des Jahrgangs 1945.

März Ostpreußen wird vom Reich abgeschnitten, die 4. Armee fast völ-
lig aufgerieben.
Die Reichspressekammer reduziert den erlaubten Umfang von
Zeitungen auf zwei Seiten (vgl. 12. Aug. 1944).

1.4. Der Ruhrkessel mit der stärksten noch im Westen verfügbaren
Heeresgruppe unter Generalfeldmarschall Model wird durch US-
Truppen geschlossen: Kapitulation der deutschen Truppenteile bis
zum 18. April.

2.4. Über Rundfunk wird der – tatsächlich kaum existente – «Werwolf» als nationalsozialistische Untergrundarmee und politisch-

revolutionärer «Volksaufstand» proklamiert: «Dem Feind erwachse ein Gegner, mit dessen Vorhandensein er nicht mehr gerechnet habe, der ihm aber um so gefährlicher würde, je weniger er Rücksicht zu nehmen brauche auf veraltete Vorstellungen einer sogenannten bürgerlichen Kampfführung (...). Haß sei das Gebot, und Rache sei das Feldgeschrei!» Die insgesamt wenigen Aktionen richten sich nicht so sehr gegen die Besatzungstruppen als gegen den «inneren Feind». Spektakulär ist die Ermordung des von den Amerikanern eingesetzten Aachener Oberbürgermeisters Franz Oppenhoff am 25. März. Die Angst vor «Werwolf»-Aktionen bewirkt harte Abwehrmaßnahmen der Alliierten.

Proklamation des Oberbefehlshabers der alliierten Truppen im Westen, General Eisenhower, an die deutsche Zivilbevölkerung: «In den von meinen Truppen besetzten Gebieten Deutschlands werden wir die Nationalsozialistische Partei liquidieren und die von ihr aufgestellten grausamen Gesetze und Unterjochungsbestimmungen aufheben. Wir werden den deutschen Militarismus, der den Weltfrieden sooft gestört hat, ausmerzen. Die Militär- und Parteichefs, die Angehörigen der Gestapo und die übrigen für Verbrechen und Grausamkeiten verantwortlichen Personen werden abgeurteilt und bestraft werden, wie sie es verdienen.» **3.4.**

Die UdSSR kündigt ihren Neutralitätsvertrag mit Japan vom 13. April 1941. **5.4.**
Die zur Zeit zur Verfügung stehenden Nahrungsmittelrationen liegen im Reichsgebiet unter dem Lebenserhaltungsminimum.

Todesmarsch von Häftlingen aus dem KZ Buchenwald: Ermordung von etwa 12500 der 40000 Häftlinge. **7.–10.4.**

Königsberg kapituliert. **9.4.**
Im Konzentrationslager Flossenbürg werden Admiral Canaris und Generalmajor Oster ermordet (vgl. 11. Feb. 1944).

Die Sowjetunion und Jugoslawien (Tito) schließen einen Freundschaftsvertrag. **11.4.**
In Buchenwald übernehmen bewaffnete Häftlinge das Konzentrationslager nach der Flucht der Wachmannschaften und übergeben es an US-Truppen. Ähnliches geschieht auch in anderen Lagern.

Vizepräsident Harry S. Truman wird nach dem plötzlichen Tod Roosevelts US-Präsident, während Hitler in diesem Zusammen- **12.4.**

hang illusorisch auf ein «Mirakel des Großdeutschen Reiches» hofft (eine historische Anspielung auf das Ausscheiden Rußlands aus der antipreußischen Koalition 1762 nach dem Tod der Zarin Elisabeth): «Im Augenblick, in dem das Schicksal den größten Kriegsverbrecher aller Zeiten von dieser Erde genommen hat, wird sich die Wende dieses Krieges entscheiden», heißt es im Tagesbefehl Hitlers an die Soldaten der Ostfront vom 15. April.
Ein von Keitel, Himmler und Bormann gemeinsam unterzeichneter Befehl fordert die Verteidigung aller deutschen Städte «bis zum äußersten».

13.4.   Die Rote Armee erobert Wien, wo der frühere Bundeskanzler (1919/20) Karl Renner schon am 27. April eine österreichische Regierung bildet. Am 1. Mai wird die österreichische Verfassung von 1920 wieder in Kraft gesetzt (vgl. 27. April).

15.4.   Britische Truppen befreien das KZ Bergen-Belsen. In der Folgezeit sterben noch etwa 14 000 Häftlinge an Unterernährung.

16.4.   Beginn des Großangriffs der Roten Armee auf die Reichshauptstadt Berlin. Am 25. April ist die Stadt eingeschlossen, am 2. Mai kapituliert sie.

18.4.   Hitler erwägt in einer Lagebesprechung seinen Rückzug in die «Alpenfestung», in der er abwarten will, wie die «widernatürliche» Kriegskoalition von Angelsachsen und Sowjets zerbricht. Er entscheidet sich jedoch am 22. April, in Berlin zu bleiben. Als echte Kampfstellung hat die «Alpenfestung» nie existiert, aber Einfluß auf die alliierten Planungen genommen, da Eisenhower sich mit dem Gros seiner Kräfte nach Süden wendet (vgl. 28. März).
Französische Truppen überschreiten den Oberrhein.
Amerikanische Einheiten landen auf Okinawa.

18./19.4.   US-Truppen stoßen bis Magdeburg und Leipzig vor, die Engländer erreichen die Elbe bei Lauenburg.
Letzter westalliierter Luftangriff auf Berlin.

21.–28.4.   In den Konzentrationslagern Ravensbrück und Mauthausen werden an selektierten Häftlingen die letzten Giftgasmorde verübt.

22.4.   «Jeder, der Maßnahmen, die unsere Widerstandskraft schwächen, propagiert oder gar billigt, ist ein Verräter! Er ist augen-

blicklich zu erschießen oder zu erhängen!», heißt es in einem Hit-
lerschen Befehl aus dem «Führerhauptquartier».
Stuttgart wird von französischen Truppen eingenommen.
Das KZ Sachsenhausen wird befreit, am nächsten Tag auch das
KZ Flossenbürg.

Hitler setzt Göring als seinen potentiellen Nachfolger ab. Den 23.4.
entsprechenden Führererlaß vom 29. Juni 1941 erklärt er «hiermit für ungültig (...). Ihr Verhalten und Ihre Maßnahmen sind
ein Verrat an meiner Person und der nationalsozialistischen Sache.
Ich bin in vollem Besitz meiner Handlungsfreiheit und verbiete
jede weitere Maßnahme. Adolf Hitler» Bormann erhält den Befehl, Göring verhaften zu lassen. Dieser hatte von Berchtesgaden
eine Mitteilung nach Berlin gesandt, worin er anbot, «zum Wohle
des Volkes und Vaterlandes» als Stellvertreter des «Führers» sofort
die gesamte Macht zu übernehmen, sofern er nicht in allerkürzester
Frist eine Antwort erhalte. In diesem Fall müsse er davon ausgehen,
daß Hitler keine Handlungsfreiheit mehr besitze. Hitler konnte
darin nur den Versuch sehen, zu einer von ihm nicht gewünschten
Kapitulation zu kommen.

Himmler, der sich gleichfalls als Nachfolger Hitlers sieht und seine 23./24.4.
SS nach wie vor für einen unentbehrlichen «Ordnungsfaktor im
mitteleuropäischen Raum» hält, bietet über den schwedischen
Grafen Folke Bernadotte, allerdings ohne Erfolg, die Teilkapitula-
tion der Westfront an (vgl. 19. Feb.). Hitler erfährt davon, weil ein
ausländischer Nachrichtendienst Einzelheiten darüber berichtet:
«Nun hat auch Himmler mich verraten.»

Konferenz von San Francisco, wo am 26. Juni von 51 Staaten die 24.4.–
UN-Charta unterzeichnet wird. 26.6.

Amerikanische und sowjetische Truppen stoßen bei Torgau an der 25.4.
Elbe zueinander (durch das berühmte, wenn auch nachträglich
gestellte Photo händeschüttelnder US-Soldaten und Rotarmisten
ist dieses «erste» Zusammentreffen im kollektiven Bewußtsein
verankert, obwohl es bereits einige Stunden zuvor zu ähnlichen
Begegnungen gekommen war): dadurch ist das noch von deutschen Wehrmachteinheiten gehaltene Gebiet in einen Nord- und
einen Südraum zerschnitten. Für Hitler, der jeden Bezug zur Realität verloren hat, stellt sich die symbolische Vereinigung der tri-
umphierenden Sieger in der Mitte des zerfallenden Reiches so dar,
als lasse er die Alliierten planmäßig «aufeinanderprallen»: «Wer

von den beiden zuerst an mich gelangt, mit dem werde ich mich gegen die anderen verbünden.»

26.4. Die Briten, die ins Emsland und in die Lüneburger Heide vorgedrungen sind, nehmen Bremen ein.

27.4. Vertreter der drei österreichischen Parteien (Sozialistische Partei, Österreichische Volkspartei, Kommunistische Partei) erklären Österreich für unabhängig: «Der im Jahre 1938 dem österreichischen Volke aufgezwungene Anschluß ist null und nichtig. (...) Die demokratische Republik Österreich ist wiederhergestellt und im Geiste der Verfassung von 1920 einzurichten» (vgl. 13. April).

28.4. Auf der Flucht in die Schweiz wird Mussolini zusammen mit seiner Geliebten Clara Petacci von italienischen Partisanen aufgegriffen; beide werden erschossen. Ihre Leichen werden an der Piazzale Loreto in Mailand aufgehängt und öffentlich zur Schau gestellt.

29.4. Kapitulation der deutschen Streitkräfte in Italien.
Das KZ Neuengamme wird evakuiert.

30.4. Hitler begeht im Bunker der Reichskanzlei gemeinsam mit Eva Braun, die er am Tag zuvor geheiratet hat, Selbstmord. Im Rundfunk zu hören bzw. in der Zeitung zu lesen ist allerdings: «Der Führer Adolf Hitler ist heute nachmittag auf seinem Befehlsstand in der Reichskanzlei, bis zum letzten Atemzuge gegen den Bolschewismus kämpfend, für Deutschland gefallen.» In seinem «politischen Testament» stößt er Göring und Himmler aus der NSDAP aus und ernennt Dönitz zum «Reichspräsidenten». Hitler schließt mit einer Bekundung seiner Unerbittlichkeit: «Vor allem verpflichte ich die Führung der Nation und die Gefolgschaft zur peinlichen Einhaltung der Rassegesetze und zum unbarmherzigen Widerstand gegen den Weltvergifter aller Völker, das internationale Judentum.»
München wird von amerikanischen Truppen eingenommen, das KZ Dachau befreit. Da die Amerikaner hartnäckigen deutschen Widerstand aus der «Alpenfestung» (vgl. 18. April) befürchten, operieren sie mit stärkeren Kräften im Süden statt in Mitteldeutschland.
Die KPD-»Gruppe Ulbricht» kehrt aus dem Exil in Moskau zurück und übernimmt Verwaltungsaufgaben im Besatzungsgebiet der Roten Armee.
Befreiung des KZ Ravensbrück.

Vor allem in Süddeutschland («Freiheitsaktion Bayern») wird in zahlreichen lokalen und regionalen Widerstandsaktionen versucht, sinnlose Kämpfe, Verteidigungsmaßnahmen und Zerstörungen zu verhindern.

In Plön erfährt Großadmiral Karl Dönitz vom Tod Hitlers und übernimmt die ihm von Hitler übertragene Nachfolge als Staatsoberhaupt (Reichspräsident) (vgl. 30. April).

1.5.

Kapitulation der Verteidiger Berlins vor der Roten Armee, während in Flensburg eine neue geschäftsführende Reichsregierung von «Reichspräsident» Karl Dönitz installiert wird mit dem bisherigen Reichsfinanzminister Lutz Graf Schwerin von Krosigk als «Leitendem Minister». Dönitz entläßt Ribbentrop und Himmler (am 6. Mai). Sein Ziel ist es, durch Teilkapitulationen Zeit zu gewinnen, um einem möglichst großen Teil des Ostheeres und der Flüchtlinge den Weg in den westalliierten Machtbereich offenzuhalten.
Die Briten nehmen Lübeck, die Amerikaner Schwerin und Wismar. Damit verlegen die Westalliierten der Roten Armee den Weg nach Schleswig-Holstein.

2.5.

Ein britischer Luftangriff auf den Kieler Hafen beschließt den strategischen Luftkrieg auf Deutschland. Am 3. Mai rücken englische Truppen in das zur «Offenen Stadt» erklärte Hamburg ein.

2./3.5.

Teilkapitulationen der deutschen Wehrmacht in der abgeschnittenen «Festung Holland», in Dänemark und in Nordwestdeutschland. Montgomery erklärt sich mündlich mit dem Übertritt der noch in Mecklenburg gegen die Rote Armee kämpfenden deutschen Truppen in britische Kriegsgefangenschaft einverstanden.

4./5.5.

Befreiung des KZ Mauthausen.
Bildung einer «Geschäftsführenden Reichsregierung» unter dem bisherigen Reichsfinanzminister Lutz Graf Schwerin von Krosigk.

5.5.

Die Rote Armee befreit Theresienstadt (vgl. 30. Okt. 1944).
Spanien bricht die diplomatischen Beziehungen zum Deutschen Reich ab.

7.5.

Generaloberst Alfred Jodl unterzeichnet am 7. Mai die deutsche Gesamtkapitulation im US-Hauptquartier in Reims; Wiederholung der Zeremonie am 9. Mai im sowjetischen Hauptquartier in Berlin-

7.–9.5.

Karlshorst durch Generalfeldmarschall Wilhelm Keitel, Admiral Hans-Georg von Friedeburg und Generaloberst Hans-Jürgen Stumpff. Seit 0.01 Uhr schweigen die Waffen. Damit ist der Zweite Weltkrieg in Europa beendet (die «Festungen» Dünkirchen, Kanal-Inseln (Jersey, Guernsey, Alderney), Lorient, St. Nazaire und La Rochelle werden am 10. Mai übergeben), während er in Ostasien erst mit der Kapitulation Japans am 2. September zu Ende geht.

8.5.   In seiner Rundfunkansprache beschreibt Großadmiral Dönitz die Lage des Deutschen Reiches so: «Mit der Besetzung Deutschlands ist die Macht an die Okkupationsarmeen übergegangen.»

11.5.   Die Rote Armee besetzt Bornholm.

23.5.   Die Alliierten lösen die von Dönitz ernannte letzte «Geschäfts-führende Reichsregierung» (vgl. 5. Mai) auf, die vom 11. Mai bis zu diesem Zeitpunkt in Flensburg-Mürwik mit einer alliierten Kontrollkommission kooperiert hat. Alle Mitglieder der Regierung und des OKW werden verhaftet. Damit ist de facto die de jure noch bestehende und als solche von den Alliierten anerkannte deutsche Zentralregierung beseitigt.

5.6.   Berliner Deklaration der vier alliierten Militärbefehlshaber Dwight D. Eisenhower (USA); Georgij Konstantinowitsch Schukow (UdSSR); Bernard Law Montgomery (GBR); Jean de Lattre de Tassigny (F): Übernahme der obersten Regierungsgewalt in Deutschland und Inkraftsetzung des am 14. November 1944 vereinbarten Kontrollabkommens.
Die Deutschen fühlen sich nach einem Wort des späteren Bundespräsidenten Theodor Heuss zu diesem Zeitpunkt «erlöst und vernichtet in einem».

Personenregister

Sachregister

Aus dem Verlagsprogramm

Nationalsozialismus und Holocaust

Christoph Studt (Hrsg.)
Das Dritte Reich
Ein Lesebuch zur deutschen Geschichte 1933–1945
4. Auflage. 1998. 350 Seiten mit 6 Abbildungen. Paperback
Beck'sche Reihe Band 1257

Wolfgang Benz (Hrsg.)
Lexikon des Holocaust
2002. 264 Seiten. Paperback
Beck'sche Reihe Band 1477

Patrick Wagner
Hitlers Kriminalisten
Die deutsche Kriminalpolizei und der Nationalsozialismus
2002. 218 Seiten. Paperback
Beck'sche Reihe Band 1498

David A. Hackett (Hrsg.)
Der Buchenwald-Report
Bericht über das Konzentrationslager Buchenwald bei Weimar
2002. 456 Seiten mit 2 Abbildungen und einer Karte. Paperback
Beck'sche Reihe Band 1458

Peter Steinbach/Johannes Tuchel (Hrsg.)
Lexikon des Widerstandes 1933–1945
2., überarbeitete und erweiterte Auflage.
1998. 251 Seiten. Paperback
Beck'sche Reihe Band 1061

Norbert Frei/Johannes Schmitz
Journalismus im Dritten Reich
3., überarbeitete Auflage. 1999. 232 Seiten. Paperback
Beck'sche Reihe Band 376

Verlag C. H. Beck München

Autobiographische Zeugnisse

Else R. Behrend-Rosenfeld
Ich stand nicht allein
Leben einer Jüdin in Deutschland 1933 – 1944
Mit einem Nachwort von Marita Krauss.
1988. 270 Seiten mit 2 Porträts der Autorin. Paperback
Beck'sche Reihe Band 351

Saul Friedländer
Wenn die Erinnerung kommt
Aus dem Französischen von Helgard Oestreich.
2. Auflage. 1998. 192 Seiten. Paperback
Beck'sche Reihe Band 1253

Bernat Rosner / Fritz Tubach
Eine ungewöhnliche Freundschaft
Zwei Leben im Schatten des Holocaust
In Zusammenarbeit mit Sally Patterson Tubach.
Aus dem Amerik. von Sylvia Höfer.
2002. 310 Seiten mit 22 Abbildungen und auf 16 Tafeln. Gebunden

Rudi Assuntino / Wlodek Goldkorn
Der Hüter
Marek Edelman erzählt
Aus dem Italienischen unter Heranziehung
der poln. Ausgabe von Friedrich Griese.
2002. 181 Seiten. Gebunden

Christabel Bielenberg
Als ich Deutsche war
Eine Engländerin erzählt
Autorisierte deutsche Fassung von Christian Spiel
7. Auflage. 2000. 320 Seiten. Paperback
Beck'sche Reihe Band 326

Barbara Bronnen (Hrsg.)
Geschichten vom Überleben
Frauentagebücher aus der NS-Zeit
Unveränderter Nachdruck der 1998 erschienenen 1. Auflage 1999.
251 Seiten. Paperback
Beck'sche Reihe Band 1264

Verlag C. H. Beck München

Deutsche Geschichte im 20. Jahrhundert

Verlag C. H. Beck München